GESCHICHTE UNTERRICHTEN

Christoph Kühberger/Elfriede Windischbauer

Individualisierung und Differenzierung im Geschichtsunterricht

Offenes Lernen in Theorie und Praxis

WOCHEN SCHAU GESCHICHTE

Bibliografische Information der Deutschen Nationalbibliothek

Die Deutsche Nationalbibliothek verzeichnet diese Publikation in der Deutschen Nationalbibliografie; detaillierte bibliografische Daten sind im Internet über http://dnb.d-nb.de abrufbar.

Mit freundlicher Unterstützung:

bm:uk

[ZAG] Zentrale Arbeitsstelle für Geschichtsdidaktik und Politische Bildung

www.wochenschau-verlag.de

Satz und Layout: Anne Fuß, Frankfurt/M.
Umschlagbild: Christian Schwier-Fotolia.com

Gesamtherstellung: Wochenschau Verlag
Gedruckt auf chlorfreiem Papier

Printed in Germany

ISBN 978-3-89974738-6

Inhalt

Vorwort

Im vorliegenden Band werden grundlegende Ansätze, die von Heinz Strotzka und Elfriede Windischbauer vor über einer Dekade mit dem Buch „Offenes Lernen im Geschichtsunterricht“ (1999) entwickelt worden waren und die in der in den 1990er Jahren vorherrschenden Tradition der Inhaltsorientierung des Geschichtsunterrichts standen, aufgegriffen und im Hinblick auf die in der aktuellen geschichtsdidaktischen Diskussion stehende Kompetenzorientierung gänzlich neu gewendet. Verstärkt eingebunden werden auch Ergebnisse der aktuellen Bildungsforschung, welche ein größeres Ausmaß an Individualisierung und Differenzierung des Unterrichts fordern, um einerseits den heterogenen Gruppen von Schülerinnen und Schülern gerechter zu werden, und um andererseits Vorstellungen konstruktivistischer Lerntheorien in der Praxis umsetzen zu können.

Der besondere Dank des Autorenteams für das Zustandekommen dieses Bandes richtet sich an den leider viel zu früh verstorbenen Heinz Strotzka, der Meilensteine in der österreichischen Geschichtsdidaktik setzte, die auch heute noch inspirieren können, dem Keltenmuseum Hallein, insbesondere Direktor Stefan Moser und dem Museumspädagogen Florian Knopp für die hilfreiche Beratung und das Zurverfügungstellen der Rekonstruktionszeichnungen und Bilder von Funden, dem Illustrator Graham Wiseman, der sehr flexibel und kreativ auf besondere Wünsche und Vorstellungen eingegangen ist, sowie den vielen Kollgen/innen in der Praxis, mit denen wir unsere Beispiele diskutieren und optimieren konnten.

Christoph Kühberger und Elfriede Windischbauer,
Salzburg im Jänner 2011

A. Offenes Lernen als Unterrichtsform

I. Lernen in einer postmodernen Gesellschaft

Vorstellungen über homogene Gesellschaften entbehren meist einer realen Grundlage, denn auch vorindustrielle Gesellschaften waren durch Heterogenität aufgrund der Zugehörigkeit zu einer bestimmten sozialen Gruppe, zu einem Geschlecht, zu einem Milieu u.v.m. gekennzeichnet. Allerdings bestanden zwischen unterschiedlichen Gruppen wahrnehmbare Grenzziehungen (vgl. Preuss-Lausitz 2004, 14). Auch die postmodernen Gesellschaften hochindustrialisierter Länder sind durch das (auch politisch) thematisierte Nebeneinander unterschiedlicher Lebensstile und Wertorientierungen geprägt. Traditionelle Bindungen, Normen, Rituale und Konzepte, die etwa aus der Religion oder einem Vaterlandsglauben entsprangen, haben viel von ihrer ursprünglich einigenden Bedeutung – selbst als symbolischer Wert – verloren. Offene Grenzen innerhalb der EU, Arbeitsmigration, aber auch internationale Fluchtbewegungen verstärken die Entwicklung hin zu multikulturellen Gesellschaften. Im Zuge der so genannten „Globalisierung" werden zukünftige Generationen zudem internationaler und globaler handeln und leben. In Verbindung mit einem vorher noch nie dagewesenen Angebot an Informationen und Freizeitmöglichkeiten steht jungen Menschen ein großes Repertoire an Wahlmöglichkeiten zur Gestaltung des privaten und beruflichen Lebens zur Verfügung, das Selbstbewusstsein, Vertrauen in die eigene Entscheidungsfähigkeit und Selbstmanagement erfordert (vgl. Salner-Gridling 2009, 13). Als wesentliche gesellschaftliche Institution muss Schule daher auf die sich verändernden gesellschaftlichen Bedingungen reagieren, um der in den Schulklassen real zu begegnenden Heterogenität gerecht zu werden und die individuellen Bedürfnisse und Fähigkeiten der Schüler/innen besser wahrzunehmen. „Die Heterogenität von Kindern und Jugendlichen anzuerkennen bedeutet, die Unterschiedlichkeit in den Lernbegabungen, den Interessen, den Lerntypen, den ethnischen und kulturellen Hintergründen zu erkennen und sie im Unterricht zu berücksichtigen. Ein modernes Bildungssystem fördert das Potential jedes Kindes und unterstützt das Lernen des Einzelnen, denn jedes Kind, jeder Jugendliche lernt anders und hat andere Voraussetzungen." (Dräger 2009, 4)

Die Traditionen homogenisierender Maßnahmen wie z.B. die Schaffung von Jahrgangsklassen, von Schulformen und -typen, die sich nach Leistung (Gymnasium oder Hauptschule) oder Interesse (z.B. Wirtschafts-, Sprachen-, Sportzweige) unterscheiden, die Selektion mittels Leistungsbeurteilung (z.B. Wiederholung einer Schulstufe, Abstufen in eine niedrigere Leistungsgruppe, Zuweisung zu einer Allgemeinen Sonderschule) reichen Jahrzehnte, teilweise sogar Jahrhunderte in die Vergangenheit zurück und haben sich dementsprechend in den Vorstellungen über

Schule eingegraben. Und obwohl Homogenisierung nur sehr unvollständig gelingt, wie z.B. große Überschneidungen bei Intelligenztests zwischen Schüler/innen der dritten Leistungsgruppe der Hauptschule und der gymnasialen Unterstufe in Österreich gezeigt haben (Altrichter 2009, 342), stehen viele Lehrer/innen, aber auch Eltern und Vertreter/innen der Politik einer Heterogenisierung skeptisch gegenüber. Diese Vorbehalte bleiben bestehen, obwohl wissenschaftliche Befunde belegen, dass eine dauerhafte Homogenisierung (eine zeitweise Homogenisierung in Förderkursen scheint durchaus sinnvoll) als gesellschaftlich kontraproduktive Maßnahme zu bewerten ist, da sich die Konzentration von leistungsschwachen und aus sozial benachteiligtem Milieu stammenden Schüler/innen als erheblicher Risikofaktor für schulische Leistungen herausstellt (Altrichter 2009, 350).

1. Heterogenität braucht Individualisierung und Differenzierung

Schulklassen sind in vielerlei Hinsicht heterogen: Schüler/innen unterscheiden sich z.B. hinsichtlich ihrer Herkunft (kulturell und sozial), ihres Geschlechts, ihres Lern- und Lebensalters, ihrer Lernfähigkeit, Intelligenz, Vorkenntnisse, Lernstile, Arbeitshaltung, Interessen und ihres Lerntempos (vgl. Salner-Grindling 2009, 15 f.). Auf abstrakterem Niveau spricht man im schulischen Zusammenhang dann von Heterogenität, „wenn eine zu unterrichtende Gruppe (Teilgruppe, Klasse, Schulform, gesamte Schüler/innen/population) im Hinblick auf ein oder mehrere Merkmale als ‚sehr unterschiedlich' empfunden wird. Was als ‚sehr unterschiedlich' gilt, hängt jedoch von historisch wandelbaren Maßstäben ab" (Altrichter 2009, 342). Grundlage jeder Individualisierung und Differenzierung[1] im Unterricht ist ein Bewusstsein über die hochgradige Individualität aller Prozesse der Wissenskonstruktion und Kompetenzbildung. Ihre lerntheoretische Fundierung finden diese Anforderungen im pädagogisch-didaktischen Konstruktivismus, der Lernen als stark individuell geprägte aktive Tätigkeit der Lernenden wahrnimmt, die von außen nur angeregt und durch Impulse und Rückmeldungen beeinflusst, nicht aber linear-kausal gesteuert werden kann (vgl. zur konstruktivistischen Didaktik Reich 2005, 187 ff.; Voß 2005, 8 ff.; Siebert 2005, 133 ff.; Wustinger o.J.). Da ein kompetenzorientierter Unterricht in diesem Sinn verstärkt den individuellen Kompetenzerwerb der Lernenden in den Mittelpunkt stellt, bedeutet dies, „dass es neben Phasen der direkten Instruktion verstärkt Phasen einer individuellen Bearbeitung von (speziell ausgewählten) Lernangeboten geben muss. Für Schülerinnen und Schüler bedeutet dies, dass sie in den individualisierten Phasen des Lernens selbstgesteuert arbeiten müssen. In vielen Fällen mehr als im bisherigen Unterricht" (Feindt 2010, 86).

Im vorliegenden Band wird daher unter Individualisierung ein Unterricht verstanden, der zum Ziel hat, den „Schüler/inne/n durch Aufgabenstellungen und flexible Unterrichtsmethoden solche Lernwege und Lernziele zu ermöglichen, die ihren individuellen Voraussetzungen im Hinblick auf Leistungsvermögen, Interesse usw. gut entsprechen, sie durch die ‚Passung' zu optimaler Ausschöpfung ihrer Lernpotenziale motivieren und sie dabei auf ihrem Lernweg zu unterstützen" (Altrichter 2009, 344). Unterrichtselemente, die individualisiert werden können, sind dabei Lerntempo, Arbeitsmenge, Lernmaterialien, Leistungsniveau und -ziele, Lernhilfen, Arbeitsweisen und Interessen.

In den letzten Jahren wurde zunehmend auch der Begriff der „Personalisierung" in die Debatte eingebracht. Da personalisierter Unterricht die Herstellung größerer Chancengleichheit durch Verbesserung der Lernkompetenzen der Schüler/innen zum Ziel hat, ist eine Analyse der Lernstile der Schüler/innen notwendig, die Lehrer/innen und Schüler/innen Hinweise auf förderliche und störende Faktoren in den Bereichen Denkstil, Sinneswahrnehmung, psychische Bedürfnisse, Lernumgebung, soziale Ebene und Einstellungen zum Lernen liefert (vgl. Prashnig 2008, 10 ff.).

Der Hauptgrund, warum in Teilen der pädagogischen Auseinandersetzung versucht wird, den Terminus „Personalisierung" anstatt

1 Gemeint ist hier eine so genannte Binnen- oder innere Differenzierung im Unterschied zur so genannten äußeren Differenzierung, die z.B. durch die Trennung in Gymnasium und Hauptschule stattfindet.

„Individualisierung und Differenzierung" zu verwenden, liegt wohl darin begründet, dass man ältere Diskussionen aus den 1970er Jahren hinter sich lassen möchte.

„One flaw in the '70s approach was that we tried doing something different for each of the 30-plus students in a single classroom. When each student had a different reading assignment, for example, it didn't take long for teachers to become exhausted. A second flaw was that in order to ‚match' each student's precise entry level, we chopped up instruction into skill fragments, thereby making learning fragmented and largely irrelevant. While it is true that differentiated instruction offers several avenues to learning, it does not assume a separate level for each learner." (Tomlinson 2005, 2)

Auch wenn man in der Rezeption von älterer Literatur auf diese Problemlage achten sollte, überschneiden sich die pädagogisch-didaktischen Konzeptionen im Lichte der aktuellen Diskussion stark.

2. Offener Unterricht – begriffliche Annäherung

Die Forderung, durch offenere Lernformen besser auf die individuellen Bedürfnisse und Stärken der Kinder einzugehen, entstand bereits an der Wende vom 19. zum 20. Jahrhundert und ist mit den Namen großer Reformpädagogen/innen wie Maria Montessori, Peter Petersen oder Céléstin Freinet verbunden. In den 1970er und 1980er Jahren bemühten sich engagierte Pädagogen/innen und Didaktiker/innen, diese Ideen in der Schulrealität wieder verstärkt aufleben zu lassen, Handreichungen für offene Unterrichtsformen wurden entwickelt, Kurse abgehalten, Material-Tauschbörsen eingerichtet. Besonders im Grundschulbereich waren diese Maßnahmen auch von Erfolg gekrönt und Freiarbeitsphasen, Wochenpläne u.Ä. werden an vielen Schulen erfolgreich eingesetzt.[2] Anders ist die Lage in der Sekundarstufe I, für welche nach wie vor in vielen Bereichen Umsetzungen fehlen (vgl. Paradies/Linser 2001, 10).

Eine genauere inhaltliche Bestimmung der Begriffe „Offene Lernformen", „Offener Unterricht" und „Offenes Lernen" stößt aber auch auf Schwierigkeiten, weil Offenes Lernen als Gegenbegriff zum herkömmlichen Unterricht (der im Folgenden als „gebundener" oder „gelenkter Unterricht" bezeichnet wird) entstanden ist und weil es divergierende Vorstellungen gibt über den Grad an Freiheit, der Schüler/innen im Lernprozess zugestanden werden soll, und über das Verhältnis von Differenzierung durch Lehrer/innen und Individualisierung durch Schüler/innen. Gemeinsame Elemente in den unterschiedlichen Definitionen beziehen sich darauf, dass Schüler/innen durch Offenen Unterricht zu selbstständigem, handlungsorientiertem Lernen befähigt werden sollen, dass Schüleraktivitäten und die Mitsprache der Schüler/innen bei Unterrichtsplanung und Themenwahl gefördert und die Vorgaben durch Lehrer/innen zurückgenommen werden sollen (vgl. Reketat 2001, 19). Dies führt im Offenen Unterricht zu einer Änderung der Rollenverteilung zwischen Lehrenden und Lernenden, zu einem Bedeutungszuwachs für den Lernweg im Verhältnis zum Lernprodukt und durch die stärkere Berücksichtigung der individuellen Lernvoraussetzungen der Schüler/innen zu einer Änderung der Unterrichtsorganisation, die verschiedene Arbeitsvorhaben gleichzeitig ermöglicht (vgl. Hofmann/Moser 2006, 32 f.).

Im Allgemeinen werden mit dem Konzept des Offenen Lernens verschiedene Unterrichtsformen bezeichnet wie z.B. Freiarbeit, Wochenplanarbeit, Stationenbetrieb, Lernzirkel und Projektunterricht. Ziele all dieser Offenen Lernformen sind verstärkte Selbsttätigkeit und Eigenverantwortung der Schüler/innen, größere Entscheidungsfreiheit und Wahlmöglichkeit im Lernprozess (vgl. Windischbauer 2006, 628).

---

2 Angesichts der Fülle der angebotenen Materialien sei an dieser Stelle auf einige Veröffentlichungen verwiesen: Joost, Annemarie/Keuter, Birgitta: Freiarbeit leicht gemacht: Abwechslungsreiche Materialien für die Vor- und Grundstufe – vielseitig einsetzbar – leicht herzustellen. Dortmund 2006; Morgenthau, Lena: Was ist offener Unterricht? Wochenplan und Freie Arbeit organisieren. Mülheim/Ruhr 2003; Haas-Hausmann, Sylvia/Schütz, Claudia: Wochenplan von Anfang an. Ein Leitfaden für das 1. und 2. Schuljahr. München 2000.

In den hier vorgestellten fachdidaktischen Zugängen wird von der Definition Wulf Wallrabensteins eines Offenen Unterrichts ausgegangen, der darin die individualisierenden Elemente betont: „Kinder wählen aus einem Angebot von Lernmöglichkeiten in einer Lernlandschaft freie Aktivitäten für sich aus, folgen ihren Lernbedürfnissen und beginnen im Rahmen ihrer Lernbiographie eigene Lernwege." (Wallrabenstein 1997, 95) In der Sekundarstufe I wird insbesondere in Zusammenhang mit den zu erwerbenden fachspezifischen Methoden und Denkmodi die Ausgestaltung mancher Lernwege nicht der völligen individuellen Ausgestaltung der Schüler/innen überlassen werden können. Um die dadurch bedingte Einengung der Freiheit möglichst gering zu halten, muss jede Domäne für sich klären, welche fachlichen Methoden und Konzepte verstanden und angewandt werden müssen, um damit eigene Lernwege beschreiten zu können (vgl. dazu Kapitel A.I.4).

3. Offene Unterrichtsformen im pädagogischen Spannungsverhältnis

Differenzierende Unterrichtsformen werden in der Unterrichtswirklichkeit bisher relativ selten eingesetzt. So ergab eine in acht Ländern durchgeführte Studie aus dem Jahr 1995, dass lediglich 5 % der Lehrer/innen Verfahren der inneren Differenzierung konsequent einsetzen (Astleitner 2007, 137 f.). Während – wie bereits erwähnt – in vielen Grundschulen differenzierende Lernformen zum Schulalltag gehören, wird der Unterricht – empirisch belegt – aus der Sicht der Schüler/innen im Laufe der Schuljahre zunehmend weniger auf individuelle Voraussetzungen der Schüler/innen abgestimmt (Altrichter 2009, 348).

Die möglichen Gründe für die zögerliche Verbreitung differenzierender Unterrichtsformen sind vielfältig und im Folgenden soll anhand einer Grafik (Abb. 1, S. 10) veranschaulicht werden, in welchem Spannungsverhältnis sich individualisierende und differenzierende Maßnahmen aufgrund von Einfluss nehmenden Faktoren an öffentlichen Schulen befinden.

Ganz unmittelbar wirken sich strukturelle Vorgaben aus wie etwa 45 bzw. 50 Minuten lange Unterrichtseinheiten, die durch festgelegte Pausen getrennt werden, in denen häufig Klassen- und Gruppenwechsel (z.B. im Leistungsgruppensystem der Hauptschulen) stattfinden. Das Fachlehrersystem in den traditionellen Formen führt oft zu Einzelstunden, in denen vertiefendes selbstständiges Arbeiten aufgrund des Zeitdruckes erschwert wird. Allerdings wären solche Hindernisse teilweise durch einfache organisatorische Maßnahmen, wie z.B. das Zusammenlegen zu Doppelstunden oder durch das Ermöglichen von Kooperationen mit anderen Fachlehrer/innen zu bewältigen.

Eine wichtige gesetzliche Grundlage für den Unterricht (und die Schulbücher) bilden die Lehrpläne, in denen zumindest in Österreich im allgemeinen didaktischen Teil Maßnahmen zur Differenzierung und Individualisierung eindeutig eingefordert werden:

„Förderung durch Differenzierung und Individualisierung

Die Schülerinnen und Schüler haben vielfältige und unterschiedliche Fähigkeiten, die je nach deren Entwicklungsstand sowie nach Themenstellung und Herangehensweise im Unterricht in unterschiedlicher Weise zum Ausdruck kommen. Aufgabe der Schule ist es, die Schülerinnen und Schüler zur bestmöglichen Entfaltung ihrer individuellen Leistungspotenziale zu führen. Leistungsfähigkeit und besondere Begabungen sind dabei kontinuierlich zu fördern." (BGBl. 134/11.5.2000, www.bmukk.gv.at/medienpool/866/hs2.pdf)

In diesen didaktischen Grundsätzen wird von Lehrer/innen auch gefordert, dass im Unterricht entsprechende Maßnahmen zu setzen seien, wie z.B. Erstellen differenzierter Lernangebote, Individualisierung der Arbeitszeit, Berücksichtigung unterschiedlicher Lerntypen, vorhandener Vorkenntnisse und des kulturellen Umfeldes, der Stärken und Schwächen der Schüler/innen usw. (ebda).

Angesichts hoher fachlicher Anforderungen und oft eher traditioneller Vorstellungen von „gutem Unterricht" wird vermutlich oftmals auf Offene Lernformen verzichtet und auf frontale, hinsichtlich der Stoffvermittlung meist als besonders effizient empfundene Unterrichtsmethoden vertraut. Insbesondere in Abschlussklassen – vor allem bei näher rückendem Abitur- bzw. Maturatermin – sinkt die Beliebtheit von Offenen Lernformen bei Schülern/innen, die diesen aber prinzipiell positiv gegenüberstehen. Dies dürfte auch mit einer

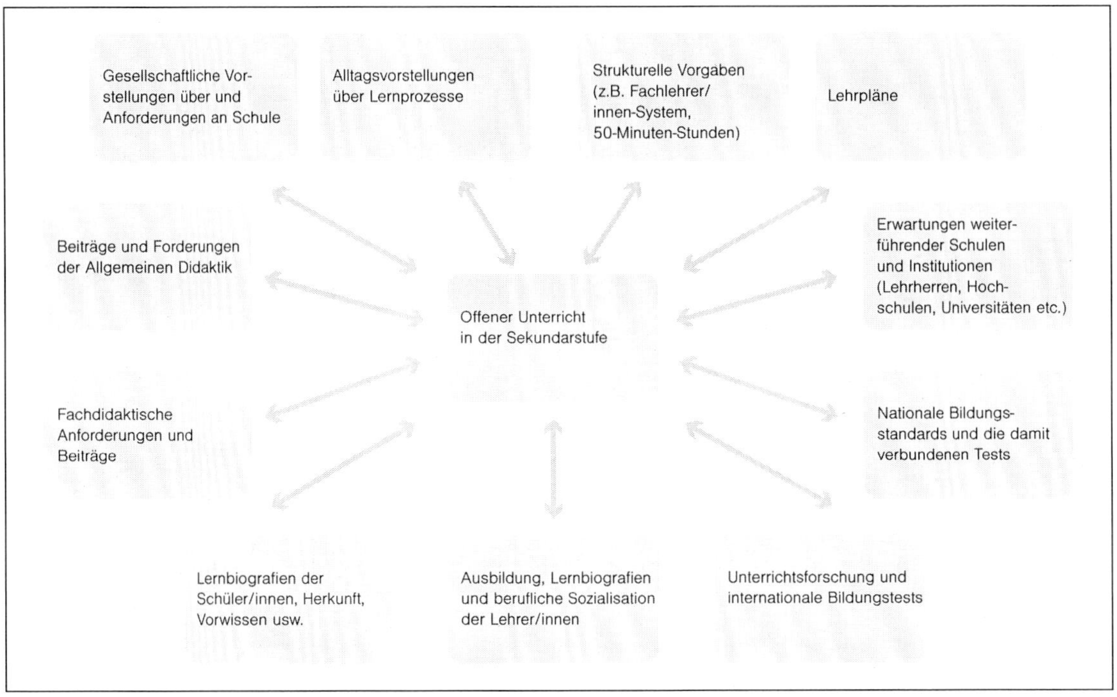

Abb. 1: Offener Unterricht in der Sekundarstufe im pädagogischen Spannungsverhältnis

fehlenden Prüfungskultur zusammenhängen, die auf Offene Lernformen abgestimmt ist und daher bei den Schüler/innen Unsicherheit und Sehnsucht nach „erprobten“ Lernformen hervorruft (Hofmann/Moser 2006, 14 f.). Eine adaptierte Prüfungskultur ist daher notwendig (vgl. Kapitel A.VII).

Gleichzeitig bestehen Erwartungen der weiter führenden Bildungseinrichtungen wie z.B. von Hochschulen, Universitäten, Berufsschulen, lehrlingsausbildenden Unternehmen usw. über die Fähigkeiten und Fertigkeiten der Absolvent/innen des Schulsystems, die nicht ignoriert werden können.

Inwieweit sich die gesetzliche Einführung von nationalen Bildungsstandards der letzten Jahre auf den Einsatz Offener Unterrichtsformen auswirkt, wurde angesichts der kurzen Zeit noch nicht untersucht. Es bleibt allerdings zu hoffen, dass sich die Formulierung und Testung nationaler Standards nicht in Richtung einer verstärkten Rückbesinnung auf stark lenkende Unterrichtsmethoden auswirken.

Darüber hinaus wird von Erziehungswissenschaftler/innen vermutet, dass Offene Lernformen wenig angewendet werden, weil viele Lehrer/innen aufgrund ihrer Ausbildung und ihrer beruflichen Sozialisation zu wenig über individuelle Unterschiede bei Schüler/innen wissen und oft nur über ein eingeschränktes Methodenrepertoire verfügen, dass sie zu viele Probleme hinsichtlich des Unterrichtsmanagements und des Zeitplans sehen oder meinen, die Schüler/innen müssten sich an den Unterricht anpassen und nicht umgekehrt (vgl. Hofmann/Moser 2006 14 f.). Weiters dürften Lehrer/innen eine Umstellung ihres Unterrichts vermeiden, um nicht in Gefahr zu geraten, die Kontrolle zu verlieren oder zu scheitern (Wustinger o.J., 3).

Während für die „Schularbeitenfächer“ – Deutsch, Englisch und Mathematik – bereits eine Reihe von Materialien für den Offenen Unterricht (häufig sogar mit Schulbüchern gekoppelt) vorliegen, sind Lehrer/innen der so genannten „Nebenfächer“, zu denen auch Geschichte zählt, vor allem in den höheren Klassen meist auf eigene Produktionen angewiesen, was durchaus zeitaufwändig ist und erhöhte fachdidaktische Reflexionsfähigkeit erfordert, denn wie die weiteren Ausführungen zeigen werden, stellt es eine Herausforderung dar, aktuellen fachdidaktischen Anforderungen – vor allem dem Paradigmenwechsel von der Inhalts- hin zur Kompetenzorientierung – in sinnvollen Materialien für Offene Lerneinheiten gerecht zu werden.[3]

3 An dieser Stelle sei auf vorliegende didaktische Abhandlungen und methodische Beispiele für den Bereich der Geschichte verwiesen, die allerdings in ihrer Konzeption noch inhaltsorientiert sind: Strotzka, Heinz/

4. Perspektiven und Grenzen der Freiheit und Individualisierung

Besonders kontrovers diskutierte Fragen sind jene über das Ausmaß der den Schülern/innen zugestandenen Freiheit und über die des Materials: In einem Offenen Unterricht, der intensiv auf vorbereiteten Materialien beruht, wird die Lenkung des Unterrichts durch die Lehrperson möglicherweise nur verschleiert durch die Tatsache, dass die Lenkung über das Material – und somit erst recht, wenn auch indirekt durch die Lehrperson – erfolgt. Radikale konstruktivistische Ansätze wie jener von Falko Peschel fordern daher einen „vom Schüler selbst gesteuerten Unterricht", eine „weitgehende Freigabe der Lernmethode des Schülers und der Inhalte" (Peschel 2009, 69) und einen weitgehenden Verzicht auf jegliche didaktisierte Arbeitsmittel, um eine direkte Belehrung zu vermeiden und „die Auseinandersetzung zwischen Schüler und Stoff möglichst direkt, ohne verfälschende oder ablenkende Lehrmittel" zu ermöglichen. Als vertretbare Arbeitsmaterialien betrachtet er daher lediglich Materialien, die nicht speziell von Fachleuten für den schulischen Lehrplan aufbereitet wurden, sondern etwa Bücher und Zeitschriften, die der Lebenswelt der Schüler/innen entstammen (Peschel 2009, 92). Hierbei bleibt jedoch unbeachtet, dass diese Materialien aus der Lebenswelt der Schüler/innen nicht in einem wertfreien und didaktikfreien Raum entstanden sind, sondern von Verlagen oder Softwarefirmen – vermutlich vor allem aus ökonomischen Gründen – für ein bestimmtes Zielpublikum und mit bestimmten Zielen und Absichten in Auftrag gegeben und dementsprechend didaktisiert wurden. Dennoch gilt es hier das rechte Maß zu finden, da aus fachdidaktischer Perspektive zwar Originalmaterialien (im Geschichtsunterricht z.B. Quellen der Alltagsgeschichte aus den Haushalten der Schüler/innen) durchaus als begrüßenswerte Elemente angesehen werden, gleichzeitig der Zugang zur Beschäftigung mit derartigen „Alltagsmaterialien" über Didaktisierungen stattfinden sollte, ohne die kein domänenspezifischer systematischer Aufbau von fachspezifischen Kompetenzen möglich ist.

Überdies kann das Lernen angesichts aktueller bildungstheoretischer Debatten nicht auf die Auseinandersetzung der Schüler/innen mit dem „Stoff" reduziert werden: Während „Stoff", also Inhalte, nach dem Erwerb bestimmter allgemeiner Kompetenzen (wie z.B. Lesekompetenz; Fähigkeit, Sachtexte zu verstehen und zusammenzufassen) unabhängig vom Fach und Thema tatsächlich selbstständig erarbeitet werden kann, braucht die Anbahnung domänenspezifischer Kompetenzen systematische Anstöße und Hilfestellungen.

Da Offene Lernformen darüber hinaus aber sowohl von Lehrer/innen als auch von Schüler/innen bestimmte, von der Domäne unabhängige Fähigkeiten wie z.B. Kooperationsbereitschaft und Verantwortung für den eigenen Lernprozess erfordern, scheint es sinnvoll, bei der Umstellung von gebundenem auf Offenen Unterricht kleinschrittig vorzugehen. Allerdings darf hierbei das angestrebte Ziel – nämlich das Erreichen zunehmender Freiheit und Selbstbestimmtheit des Lernprozesses – nicht aus dem Auge verloren werden.

Je nach systemischen Voraussetzungen ist es notwendig zu überlegen, welche Öffnung des Unterrichtes sinnvoll und möglich erscheint und unter welchen Voraussetzungen weitere Entwicklungsschritte gesetzt werden. Die Allgemeindidaktik versucht ein Stufensystem zu etablieren, um entlang der dort definierten Dimensionen diesen Weg der Öffnung zu beschreiben. Thorsten Bohl und Diemut Kucharz systematisieren auf diese Weise vier Dimensionen (Abb. 2, S. 12). Als Optimum setzen sie dabei jene Konzepte, die „eine Mitbestimmung in inhaltlicher und/oder politisch-partizipativer Hinsicht ermöglichen". Eine Öffnung im Bereich der Organisationsstruktur bzw. im Bereich der methodischen Herangehensweisen wird hingegen nur als notwendige Vorstufe angesehen, jedoch nicht als offener Unterricht (Bohl/Kucharz 2010, 19).

Durch eine derartige Sichtweise, die weitgehend Ramseger (1985), Brügelmann (1998) und Peschel (2009) folgt, wird vor allem im Bereich der inhaltlichen Öffnung das

---

Windischbauer, Elfriede: Offenes Lernen im Geschichtsunterricht. Wien 1999. – Hofer, Gabriele: Die griechische Antike. Offenes Lernen im Geschichtsunterricht. Linz 1998. – Hofer, Gabriele: Offenes Lernen in der Oberstufe. Stundenblätter zum Einstieg Deutsch & Geschichte. Linz 2000.

Abb. 2: Dimensionen der Öffnung (Bohl/Kucharz 2010, 19)

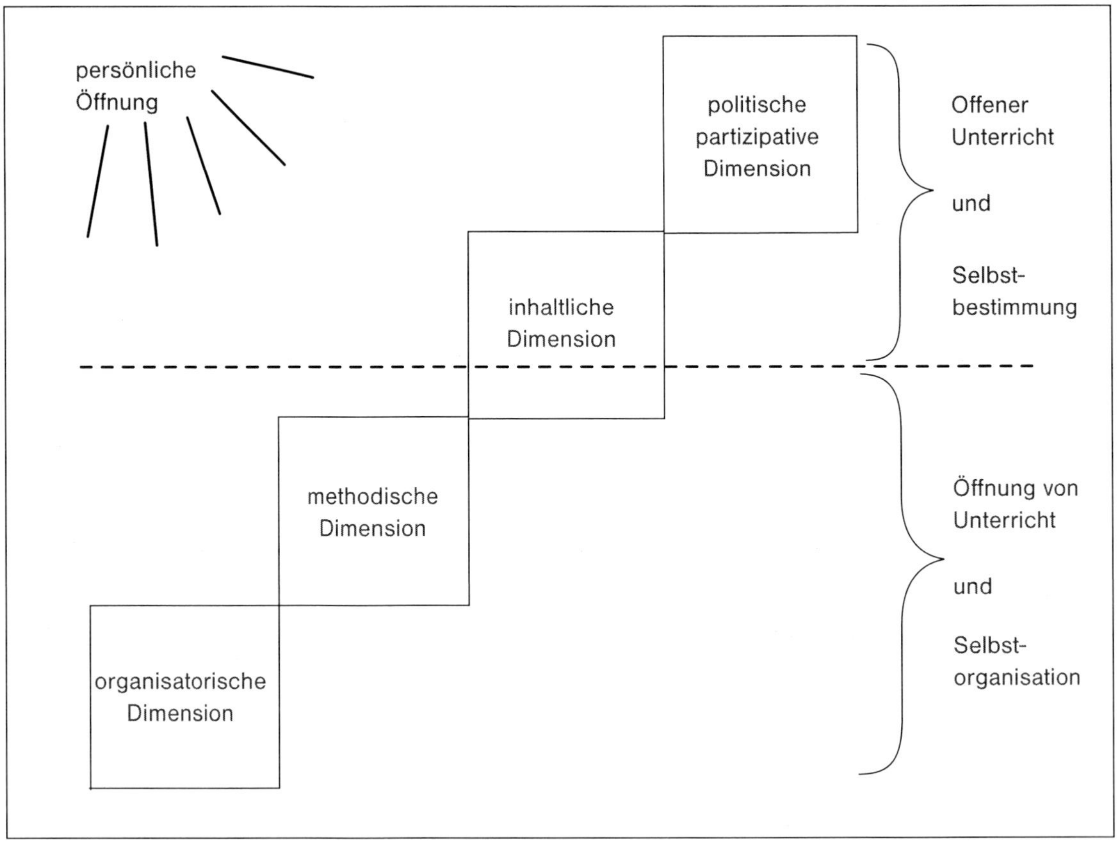

Moment erkannt, an dem sich offener Unterricht messen sollte. Erst wenn Schüler/-innen ein Thema bzw. eine Aufgabe aus mehreren und anspruchsvollen Angeboten auswählen können, würde nach Bohl/Kucharz ein hinreichender Qualitätsstandard erfüllt sein (Bohl/Kucharz 2010, 20). Dieser Einschätzung ist insofern zuzustimmen, da sie das oben beschriebene Spannungsverhältnis (vgl. Abb. 1) nicht außer acht lässt. Betrachtet man die Stufung jedoch aus fachdidaktischer Perspektive, sollte man durchaus die positiven Aspekte hervorheben, die auch in der Debatte um den historischen Kompetenzerwerb in ähnlicher Weise diskutiert werden. So scheinen die Überlegungen zur inhaltlichen Offenheit jenen Argumentationen entgegenzukommen, die einen historisch-inhaltlichen Kanon ablehnen und ein exemplarisches Lernen für den Erwerb von historischen Kompetenzen für ausreichend erachten. Gerade die Versuche einer Umorientierung von der Inhaltsorientierung zur Kompetenzorientierung kommen den Konzeptionen einer inhaltlichen Öffnung entgegen, da in der Planung des Unterrichtes verstärkt darauf geachtet wird, welche domänenspezifischen Kompetenzen angebahnt werden sollen, und nicht, welche Inhalte abgearbeitet werden. Das Anbieten von unterschiedlichen thematisch-inhaltlichen Zugängen, anhand derer man etwa Aspekte eines bestimmten Kompetenzbereiches erwerben kann, kann sich dabei als nützlich herausstellen. Versucht man etwa, den Schülern/-innen im Bereich der historischen De-Konstruktionskompetenz zu verdeutlichen, dass unterschiedliche narrative Muster auf die Bewertung einer historischen Person Einfluss nehmen, ist es durchaus denkbar, unterschiedliche Materialien anzubieten, welche diese Problematik in unterschiedlichen Medien aufwerfen (anhand von Sachbuchtexten, TV-Dokumentationsausschnitten, Rekonstruktionszeichnungen etc.).

Fachdidaktische und allgemeindidaktische Konzeptionen kollidieren jedoch u.a. im Bereich der methodischen Öffnung, wie dies oben bereits angedeutet wurde. Während nämlich einerseits der Forderung zuzustimmen ist, wonach die Schüler/-innen ihren Lernweg möglichst selbstständig bestimmen sollten, ist es aus fachdidaktischer Perspektive fraglich, wie dabei die konventionellen fachspezifischen Methoden erworben werden können. Aus diesem Grund muss für jede Domäne geklärt werden, welche fachlichen Methoden verstanden werden müssen, um im Anschluss durchaus eigene Wege beschreiten zu können. Ein Beispiel aus dem Geschichtsunterricht soll dies verdeutlichen. Geschichtsunterricht organisierte sich lange Zeit über einen Daten- und Faktenkanon sowie über die Wiedergabe von als „wahr“ angenommenen *Erzählungen über die Vergangenheit* (Geschichte). Das Schulbuch oder die Lehrperson erzählte und die Schüler/-innen reproduzierten. Versucht man jedoch eine methodische Öffnung vorzunehmen, sollten auch Schüler/-innen – ganz im Sinn der historischen Kompetenzorientierung – die Gelegenheit erhalten, selbstständige Darstellungen über die Vergangenheit anzufertigen (zumindest in Teilschritten), die ergebnisoffen sind. Dabei können grundlegende geschichtstheoretische Methoden (Quellenkritik, historische Bildanalyse uvm.) nicht durch gänzlich selbstständig erdachte Methoden ersetzt werden, aber die Ergebnisse der Erzählung, welche die Schüler/-innen anfertigen, stehen a priori nicht fest. Sie unterliegen damit einer großen Offenheit im Arbeits- bzw. Lernprozess und müssen sich nur an fachspezifischen Momenten messen lassen (Quellenbeleg, Vetorecht der Quelle, Logik etc.). Aber bereits die Art der historischen Darstellung könnte man öffnen, um neben schriftlichen Darstellungsformen auch Comics oder Videodokumentationen zuzulassen, wenn die Schüler/-innen dabei auch die Spezifika der jeweilig genutzten Gattungen (in Ansätzen) mitreflektieren. Damit soll keinem naiven Rückschritt in ein eng didaktisiertes Lernsetting das Wort geredet werden, es sollte aber sehr wohl darüber nachgedacht werden, welche fachlich-methodischen Zugänge unumgänglich sind und wo Öffnungen den Unterricht im Sinn des Offenen Lernens im Geschichtsunterricht sinnvoll ergänzen.

Studien zeigen, dass sowohl individualisierender als auch frontaler Unterricht gut oder schlecht umgesetzt sein und dementsprechend wirken können (vgl. Helmke 2008, 259).

Helmke fordert aufgrund der Ergebnisse von Untersuchungen, die ergaben, dass sowohl Klassen mit ausschließlichem Frontalunterricht als auch Klassen mit exzessiv vielen Unterrichtsformen gleichermaßen schlecht abschnitten, ein „Optimum“ an Methodenvarianten, das in einer überschaubaren Anzahl unterschiedlicher Lehr-Lern-Szenarien besteht (Helmke 2008, 265 f.). Man kann in diesem Fall von den „Grenzen einer kompletten Individualisierung“ (Helmke/Klippert) sprechen.

„Zwar ist es richtig, dass alle Schüler/innen auf spezifische Weise verschieden sind und mehr oder weniger unterschiedliche Leistungspotenziale haben. Daraus jedoch den Schluss abzuleiten, dass jedem Schüler sein eigenes Lernpaket geschnürt werden muss, ist ebenso utopisch wie pädagogisch fatal. Utopisch deshalb, weil die schon jetzt hohe Vorbereitungsbelastung vieler Lehrkräfte nachgerade ins Unermessliche gesteigert werden müsste, wenn man diesen Ansatz hierzulande ernsthaft zu Ende denkt. Konsequente Individualisierung setzt nämlich Unmengen an unterschiedlichen Materialien und Aufgaben voraus, die bislang aber weder da sind noch mit vertretbarem Zeit- und Arbeitsaufwand hergestellt werden können. (...) Pädagogisch fatal ist die skizzierte Individualisierung insofern, als damit auch der Anspruch auf Integration, Kooperation und gemeinsames Lernen über Gebühr aufgegeben wird. Bildung zielt nicht nur auf individuelle kognitive Potenzförderung, sondern auch und zugleich auf das Erlernen von Sozialkompetenz, Solidarität, Empathie, Mitmenschlichkeit, Demokratiekompetenz.“ (Klippert 2008, 251 f.)

Dieser Befund wird auch von empirischen Studien gestützt, nach denen z.B. strukturierte Lernangebote konzentrationsschwächeren Schüler/innen zu einer aufgabenbezogeneren Lernzeitnutzung verhelfen, während offene Aufgaben ihnen Probleme bereiten, weil sie ihre Arbeitsprozesse schwer strukturieren können (Lipowski 1999, 47 f.). Dies kann natürlich nicht bedeuten, dass konzentrationsschwache Schüler/innen nicht mit Offenen Lernformen konfrontiert werden sollen. Vielmehr müssen sie schrittweise zu einer immer selbstständigeren Strukturierung ihrer Arbeitsprozesse geführt werden. Studien belegen auch, dass für Schüler/innen mit niedrigem Intelligenzniveau, hohem Angstniveau oder großer Misserfolgsfurcht und Kinder aus benachteiligten sozialen Schichten eher strukturierter Unterricht mit festen Vorgaben förderlich ist (Altrichter 2009, 349), ein Moment, das insbesondere beim Ausmaß der den Schülern/innen zugestandenen Freiheiten in individualisierenden Lernphasen berücksichtigt werden muss. Denn in konstruktivistischen Lernsettings - wie sie auch hier vertreten werden - geht eben „ein Teil der Verantwortung vom Lehrenden auf die Lernenden über. Sie sind nun primär selbst für die Auswahl, Reihenfolge und Tiefe der Auseinandersetzung mit den Materialien verantwortlich. Dies setzt strategische Kompetenzen und angemessene motivationale Überzeugungen zum selbstgesteuerten Lernen voraus, die oftmals nicht gegeben sind" (Klaus 2009, 61).

Diese Ergebnisse sind keinesfalls als Argumente gegen individualisierende und differenzierende Unterrichtsmethoden zu verstehen, da deren Stärken und Vorteile - wie oben ausgeführt - ebenso unbestritten sind. Allerdings erfordern verschiedene Lernziele und die individuellen Bedürfnisse der Schüler/innen verschiedene Lehrmethoden, weshalb an dieser Stelle für eine Methodenvielfalt plädiert wird (vgl. Helmke 2008, 261) sowie für eine „intelligente und didaktisch begründete" Verknüpfung eines lehrer- und schülerzentrierten Unterrichts, der auf die Bedürfnisse der Schüler/innen abgestimmt ist (Altrichter 2009, 350).

5. Formen Offenen Unterrichts

In der Praxis haben sich - unter größerer oder geringerer Zuhilfenahme theoretischer didaktischer Diskurse - unterschiedliche Modelle eines individualisierenden und differenzierenden Unterrichts entwickelt, die teilweise sehr heftig voneinander abgegrenzt werden (vgl. Abb. 3).

6. Gütekriterien Offenen Unterrichts

Ob und inwieweit Unterricht lernwirksam ist, d.h. dass auf Seiten der Schüler/innen nachhaltige Lernprozesse initiiert werden (Helmke 2009, 20), hängt von unterschiedlichen Faktoren ab, Teilbereiche wurden bereits empirisch erforscht (vgl. Helmke 2009, Altrichter 2009). Offener Unterricht kann ebenso wie gelenkter bzw. gebundener Unterricht gelingen oder misslingen. Im Rahmen einer vierjährigen Längsschnittstudie in Deutschland haben sich folgende Merkmale für gelingenden Unterricht herauskristallisiert (Salner-Grindling 2009, 39):

1. Klare Strukturierung des Unterrichts (Planung, Regeln, Rituale, Zeiteinteilung)
2. Wertschätzendes Arbeitsklima
3. Variierende Unterrichtsformen
4. Individuelle unterstützende Maßnahmen für Lernende
5. Aktive, aufgabenbezogene Lernphasen

Hinsichtlich der Gütekriterien für Offenen Unterricht seien in der folgenden Abbildung (vgl. Abb. 4, S. 16) gängige Auflistungen von Qualitätsmerkmalen gegenübergestellt, die sich in vielen Bereichen überschneiden, in manchen - wie z.B. der Bedeutung der Methoden, der Lehrerrolle, der Öffnung der Schule - aber unterschiedlich gewichten.

Individualisierung umfasst eine Reihe von Bausteinen, wie z.B. Lerndiagnosen, welche es ermöglichen, die Stärken und Schwächen der Schüler/innen festzustellen. Auf der Basis solcher Diagnoseinstrumente werden Lernaufgaben entwickelt, die den Lernvoraussetzungen der Schüler/innen entsprechen. Dies bedeutet aber auch, dass für die Schüler/innen - zumindest teilweise - unterschiedliche Lernziele zu formulieren sind und die Schüler/innen in ihrem Lernprozess beraten werden und ermutigende und inhaltsreiche Rückmeldungen erhalten müssen. Dies erfordert flexible Unterrichtsformen, neue Formen der Leistungsbeurteilung, entsprechende didaktisierte Materialien, adäquate Räume, die Bereitschaft sowohl der Lehrern/innen als auch der Schülern/innen, die Professionalisierung der erforderlichen Lehrerkompetenzen und eine respektvolle Beziehung zwischen Lehrern/innen und Schülern/innen (vgl. Altrichter 2009, 345). Empirische Untersuchungen zeigen, dass Offener Unterricht dann besonders wirksam ist, wenn die Individualisierung von Lehrzielen, Lerninhalten und Lernmethoden kombiniert wird, denn eine „organisatorische Offenheit (z.B. völlig freie Wahl des Materials) bei gleichzeitiger Geschlossenheit der Aufgaben (z.B. ‚Fülle die fehlenden Wörter aus.') schöpft die Differenzierungs- und Ent-

Abb.3: Verschiedene Typen von Offenem Unterricht

Lernzirkel (Stationenlernen): Eine größere Anzahl von Lernangeboten zu einem Thema steht im Unterrichtsraum bereit; nicht alle Aufgaben werden von allen Schülern/innen bearbeitet; die Schüler/innen entscheiden selbst über Auswahl und Reihenfolge und arbeiten lehrerunabhängig. Festgelegt sind das Thema, manche „Pflichtstationen", möglicherweise Zeitvorgaben (Stress vermeiden!), möglicherweise Sozialformen. (vgl. Faust-Siehl 1995, 24; Paradies/Linser 2001, 56 f.; für den Geschichtsunterricht vgl. Gautschi 2004, 515-531; Mathis 2007, 95 ff; Tschirner 2009, 48 ff.)	Wochenplanarbeit: Die Schüler/innen erhalten einen Plan, auf dem die Aufgaben für eine Woche festgehalten sind. Die Schüler/innen bestimmen die Reihenfolge der Aufgaben, die Sozialform und das Tempo. Es stehen Pflicht- und Wahlaufgaben zur Verfügung. Wochenplanarbeit kann Schritt für Schritt freier gestaltet werden, z.B. Beteiligung der Schüler/innen bei der Planerstellung, Formulierung möglichst offener Aufträge etc. (vgl. Wallrabenstein 1997, 97; Vaupel 1995, 12 ff.; Claussen 1995, 18; Paradies/Linser 2001, 57 ff.; für den Geschichtsunterricht: Strotzka/Windischbauer 1999)
Freiarbeit: In der radikalen Form entscheiden Schüler/innen frei über Inhalte, Art ihrer Aktivitäten, Lerntempo, Sozialform, Materialen, Arbeitsplätze. In anderen Modellen steht Freiarbeitsmaterial zur Verfügung, das in einer vorbereiteten Lernumgebung bearbeitet wird. Freiarbeit findet in bestimmten Stunden pro Woche statt. Die Lehrer/innen stehen als Lernberater/innen zur Verfügung. (vgl. Claussen 1995, 18; Reketat 2001, 27; Paradies/Linser 2001, 52 f.; Peschel 2009, 20 f.)	Projektunterricht: Eine Gruppe von Lernenden wählt ein Thema/ stellt sich eine Aufgabe, setzt sich Ziele, verständigt sich über die Aufgaben, entwickelt gemeinsam die Arbeitsfelder, führt in Gruppen-/Partner- oder auch Einzelarbeit die geplanten Arbeiten durch, bei denen meist ein am Ende vorzeigbares Produkt entsteht. In Geschichtsprojekten wird meist an den unmittelbaren Lebensraum der Schüler/innen angeknüpft, lokale Quellenbestände werden erforscht. (vgl. Frey 1996, 13 ff., bm:bwk 2001, 16; für den Geschichtsunterricht: Barricelli 2007, 111 ff.)
Arbeit mit Kompetenzraster: Die Schüler/innen erhalten Kompetenzraster für jedes Fach. Mit einem Coach wird ausgehend von einer individuellen Standortbestimmung das Lernziel formuliert. Die Schüler/innen erstellen auf der Grundlage ihres Ziels eigene Pläne (Layout) und sammeln ihre Lernnachweise in einem Lernportfolio. (vgl. www.institut-beatenberg.ch/seite.php?top_id=3&nav_id=111&unav_id=34&unav_modul=0, 25.7.2010)	Werkstattunterricht: Den Schüler/innen steht zu einem bestimmten Thema an verschiedenen Arbeitsplätzen ein vielfältiges handlungsorientiertes und entdeckendes Lernen förderndes Arrangement von Lernsituationen und Lernmaterial zur Verfügung, aus dem sie frei wählen. Es gibt wenige verpflichtende und viele frei wählbare Aufgaben, die sie in der von ihnen gewählten Sozialform bearbeiten. Es handelt sich um materialgestütztes, erfahrungsorientiertes Lernen in einer pädagogisch gestalteten Umgebung. (Peschel 2009, 31 f.; Paradies/Linser 2001; für den Geschichtsunterricht: Friedel 2009, 41 ff.)

Abb. 4: Qualitätsmerkmale für Offenen Unterricht im Vergleich

nach Wulf Wallrabenstein (1997, 170 f.)	nach Heike Reketat (2001, 20)	nach Thorsten Bohl (2005, 32 ff.)
1. Methodenvielfalt: Mehrere unterschiedliche Methoden zur Lehr-Lern-Organisation, die von den Schüler/innen als hilfreich, vielfältig und transparent erfahren werden. 2. Freiräume zum vertiefenden, spielerischen, selbstständigen, entdeckenden Lernen. 3. Umgangsformen: Klare Regeln, die von Lehrern/innen und Schülern/innen eingehalten werden; Lob, Ermutigung, Humor. 4. Selbstständigkeit und Inhalte: Aktive Rolle der Schüler/innen bei der Steuerung von Lernprozessen. 5. Lernberatung im Unterricht, Fehler und Umwege werden akzeptiert, Förderung von leistungsschwachen Schüler/innen. 6. Öffnung zur Umwelt durch Erkundungsgänge, Exkursionen, Einladen von Expert/inn/en. 7. Sprachkultur durch Förderung des freien Ausdrucks in Texten, Kreisgesprächen, Gesprächskultur. 8. Lehrerrolle: Raum für Beziehungsarbeit, problemlösungs- und anwendungsorientierte Lehrerfragen, über die eigene Rolle reflektieren. 9. Akzeptanz des Unterrichts: Sinnvolle Nutzung der Unterrichtszeit, Unterricht als gemeinsame Arbeit. 10. Lernumgebung mit handlungsorientierten Materialien, offenen Lernflächen, Differenzierungsmaterial usw.	1. Schülerverhalten: • Schüler/innen entscheiden eigenständig über Arbeitsformen, soziale Beziehungen, Kooperationsformen usw. • Schüler/innen bestimmen (mit) bei der Auswahl von Unterrichtsinhalten, Unterrichtsverlauf usw. • Schüler/innen planen selbstständig, wählen Aktivitäten aus, führen sie durch. 2. Lehrerverhalten: • Lehrer/in lässt Handlungsspielräume, fördert Schüleraktivitäten. • Lehrer/in verzichtet auf Planungsmonopol. • Lehrer/in orientiert sich an Interessen, Ansprüchen, Wünschen und Fähigkeiten der Schüler/innen. 3. Methodische Prinzipien: • Entdeckendes, problemlösendes, handlungsorientiertes, eigenverantwortliches Lernen der Lehrer/innen und Schüler/innen 4. Lern- und Unterrichtsformen: • Freie Arbeit • Wochenplan • Projektunterricht • Stationenbetrieb	1. Klare Unterrichtsstrukturen (z.B. Planung von Projektunterricht, Zeitstruktur, Regeln, Leistungserwartungen, Hierarchisierung des Stoffes, Differenzierung der Aufgaben). 2. Aktive Nutzung der Lernzeit. 3. Diagnosekompetenz der Lehrer/innen, um gezielte didaktische Hilfen anzubieten. 4. Unterschiedliche Betreuung der Lernenden (z.B. Hilfestellungen für Lern- oder Konzentrationsschwache). 5. Vorbereitung der Lernenden auf Offene Lernphasen. 6. Curriculare und konzeptionelle Planung von Offenen Lernphasen, damit die Schüler/innen den Überblick behalten und Themen vernetzt werden können. 7. Methodische Anpassung an Lern-, Entwicklungs- und Bedürfnisstand der Schüler/innen. 8. Positives emotionales Klima. 9. Effiziente Klassenführung, um möglichst störungsfrei Lernprozesse zu ermöglichen.

wicklungspotenziale des Offenen Unterrichts nicht aus" (Bohl 2005, 15). Weitere empirisch abgesicherte Faktoren, welche die Wirksamkeit von Offenem Unterricht erhöhen, sind zu erwarten, wenn (a) die individuellen Lernunterschiede bereits in die Planung des Unterrichts mit einbezogen werden, (b) sich kleine, flexible Lehr-Lern-Gruppen bilden, (c) individuell unterschiedliche Lehrmaterialien zur Verfügung gestellt werden, (d) individuelle Lernzeit gewährt wird sowie (e) das Lernen klar auf Kernwissen und Lernpräferenzen ausgerichtet ist (vgl. Astleiter 2007, 138).

Damit Individualisierung gelingen kann, sind aber auch bestimmte Charaktereigenschaften bei Lehrer/innen erforderlich: Sollen individualisierende Unterrichtsmethoden erfolgreich sein, müssen Lehrer/innen Heterogenität als Bereicherung wahrnehmen, über entsprechende Diagnose- und Methodenkompetenz verfügen, um angemessene Lernarrangements schaffen zu können, sowie über entsprechende fachliche, didaktische und Klassenführungskompetenz (Altrichter 2009, 351).

Es gilt im Offenen Unterricht ein Selbstverständnis der Lehrer/innen als Lerncoaches aufzubauen, die nunmehr nicht mehr das Zentrum des Unterrichts bilden. Wird Schülern/innen mehr Verantwortung zugestanden und sind die Lehrer/innen für sie nicht mehr alleinige Informationsquelle oder steuernde Instanz, verändert sich das Aufgabenprofil der Lehrperson. „Sie wird beispielsweise verstärkt Energie auf die Vorbereitung und Planung sinnvoller Lernszenarien verwenden und sich im Unterricht selbst eher im Hintergrund aufhalten, um als Lernberater/in ansprechbar zu sein, anstatt frontal Wissen zu vermitteln." (Trautwein 2009, 5)

Bei der Umsetzung von offenen Lerneinheiten sollten die Lehrer/innen daher auch den Schülern/innen ihre vorbehaltlose Bereitschaft zur Unterstützung signalisieren, ohne sich etwa von Korrekturen oder Vorbereitungsarbeiten für andere Unterrichtsstunden ablenken zu lassen.

II. Historische Kompetenzen

Versucht Offenes Lernen in seiner Konzeption der Kompetenzorientierung zu entsprechen, sollen in den selbstständigen Lernphasen des Geschichtsunterrichtes also domänenspezifische Kompetenzen angebahnt werden, so ist es sinnvoll, die Aufgabengestaltung auf ein Kompetenzmodell auszurichten, das Orientierung für die Spezifika des Fachunterrichtes bietet.

Die Debatte um die im Geschichtsunterricht zu erwerbenden historischen Kompetenzen wurde in der deutschsprachigen Geschichtsdidaktik der letzten Jahre intensiv geführt. Unterschiedlich dichte Zugänge wurden vorgelegt, die sich jedoch im Kern alle darum bemühen, ein reflektiertes Geschichtsbewusstsein bei den Schülern/-innen anzubahnen (vgl. Gautschi 2009, Körber et al. 2007, Pandel 2005, Sauer 2002). Die vorgeschlagenen Modelle besitzen viele Schnittmengen und Überlappungsbereiche, die sich gegenseitig stärken, aber auch konkurrierende Schwerpunktsetzungen erkennen lassen. Hier wird dem Modell gefolgt, das die internationale Projektgruppe FUER-Geschichtsbewusstsein konzipierte und in dem sie die geforderten Kompetenzbereiche aus geschichtstheoretischen Strukturen ableitete (Körber et al. 2007, Kühberger 2009)[1].

1 Dies geschieht nicht zuletzt auch deshalb, weil dieses domänenspezifische Kompetenzmodell des historischen Denkens im österreichischen Lehrplan für das Unterrichtsfach „Geschichte und Sozialkunde/Politische Bildung" im Jahr 2008 flächendeckend in der Sekundarstufe I eingeführt wurde (vgl. Kühberger 2009).

Abb. 5: Historische Kompetenzen (Kühberger/Windischbauer 2008; vgl. Körber et al. 2007)

Kompetenz	Teilkompetenz	Beschreibung
Historische Fragekompetenz		Geschichte (verstanden als Erzählung über die Vergangenheit) gibt Antworten auf Fragen, die aus dem Heute an die Vergangenheit gestellt werden. Es gilt daher im Unterricht, vorhandene Fragestellungen in Geschichtsdarstellungen aufzuzeigen und die Schüler/innen zu befähigen, Fragen an die Vergangenheit zu erkennen und selbst zu formulieren. Dabei sollte etwa deutlich gemacht werden, wie die Fragen selbst bereits die Antwortmöglichkeiten einschränken.
Historische Methodenkompetenz		Die historische Methodenkompetenz soll die Eigenständigkeit im Umgang mit historischen Quellen zum Aufbau einer Vorstellung über die Vergangenheit (Geschichte) sowie einen kritischen Umgang mit historischen Darstellungen (z.B. Ausstellungen, Spielfilme mit historischen Inhalten, Schul- und Fachbücher) fördern. Dazu sind fachspezifische Methoden zu vermitteln, um Analysen und Interpretationen vornehmen zu können.
	Re-Konstruktionskompetenz	Schüler/innen sollen dazu Lerngelegenheiten erhalten, selbst Geschichte zu erzählen. Neben Einzelfähigkeiten, die auch schon bisher geschult wurden (z.B. Arbeiten mit Text- und Bildquellen), soll ihnen nun – in altersgemäßer und den Lernmöglichkeiten angepasster Form –, auch die Möglichkeit geboten werden, anhand von unterschiedlichen historischen Quellen und Darstellungen aus Sachbüchern Aussagen über die Vergangenheit zu treffen. Die Schüler/innen erzählen also selbst über die Vergangenheit. Dieser Vorgang (Re-Konstruktion), der realistischerweise nur in Teilschritten erworben werden kann, soll den Schülern/innen verdeutlichen, dass das Schaffen von Darstellungen über die Vergangenheit (i.e. Geschichte) von der konkreten Quellenlage abhängt und das Auftauchen neuer Quellen oder die Neubewertung bereits bestehender Quellenbestände zu einer neuen Sichtweise auf die Vergangenheit führen kann.
	De-Konstruktionskompetenz	Die Lernenden sollten jedoch auch jene Fähigkeiten und Fertigkeiten erwerben, die notwendig sind, um mit Erzählungen über die Vergangenheit (Geschichte), die von anderen Menschen erstellt wurden, kritisch umzugehen. Dies können neben den bereits oben genannten Darstellungsformen auch Comics, Zeitungsberichte, Denkmäler, Oral-History-Interviews, TV-Dokumentationen, Geschichtserzählungen in Schulbüchern, Rekonstruktionszeichnungen etc. sein. Den Schülern/innen soll dabei verdeutlicht werden, dass jede Darstellung der Vergangenheit eine Konstruktion ist: Die Regisseurin, ein Zeichner, eine Drehbuchautorin, ein Journalist – sie alle konstruieren eine (ihre) Sichtweise auf die Vergangenheit, die abhängig ist vom individuellen Informationsstand, der politischen Haltung, dem technischen Können usw. Aufgabe des Unterrichts ist es, die Darstellungen systematisch und kritisch zu analysieren, um etwa Intentionen und gattungsspezifische Merkmale der Erzählung (z.B. Einsatz von Filmmusik bei Spielfilmen über die Vergangenheit oder das Verwenden von positiven Adjektiven zur Beschreibung einer historischen Persönlichkeit, um diese in ein besseres Licht zu rücken) sichtbar zu machen. Da es sich dabei um die Umkehrung jenes Weges handelt, der bei einer Re-Konstruktion gegangen wird, spricht man von De-Konstruktion.
Historische Sachkompetenz		Im Unterricht dienen Begrifflichkeiten und Konzepte zur Erfassung von historischen Sachverhalten. Der altersgemäßen Konkretisierung und Weiterentwicklung dieser Begrifflichkeiten und Konzepte ist dabei besondere Aufmerksamkeit zu schenken. So sollte man sich dabei allgemeinen und historischen Begrifflichkeiten widmen (u.a. Polis, Pharao, Faschismus), systematischen Konzepten der Gesellschaftswissenschaft (u.a. Herrschaft, Macht, Staat), aber auch analytischen und methodischen Konzepten (u.a. Perspektive/Blickwinkel, Objektivität, Geschichtlichkeit, mündliche Quelle). Historische Sachkompetenz meint daher nicht die Anhäufung von Fachwissen oder das unreflektierte Auswendiglernen von Begriffsdefinitionen, sondern eine Auseinandersetzung mit den unterschiedlichen Bedeutungen, die Begriffe und deren inhaltliche Ausfüllung einnehmen können, sowie ihre Nutzung zur Strukturierung von Gedankengängen.

Historische Orientierungskompetenz	Historisches Lernen soll zum besseren Verstehen von Gegenwartsphänomenen und von zukünftigen Herausforderungen beitragen. Da unterschiedliche Schlüsse aus der Geschichte gezogen werden können, ist im Unterricht auf die Pluralität in der Sinnfindung zu achten. Es geht also darum, welcher Sinn aus der Beschäftigung mit der Vergangenheit (etwa aus historischen Quellen) oder aus Erzählungen über die Vergangenheit (Geschichten) gezogen wird. Dieser Sinn ergibt sich nicht zwangsläufig aus der Vergangenheit, sondern erst durch Bewertungen im Heute. Schüler/innen sollen dazu selbstständig die Gelegenheit erhalten. Dabei gilt es in unserer multikulturellen und postmodernen Gesellschaft besonders auf die Offenheit und die Meinungspluralität im Klassenzimmer zu achten. So können hier etwa Konzepte der Politikdidaktik herangezogen werden (u.a. Urteilskompetenz).

Durch eine so angelegte Kompetenzorientierung des historischen Lernens verändern sich grundlegende Zugänge im Geschichtsunterricht. Wie die Ausgestaltung der einzelnen domänenspezifischen Kompetenzbereiche verdeutlicht (vgl. Abb. 5), werden jene Strukturen des historischen Denkens in den Vordergrund gerückt, die man an unterschiedlichen Fallbeispielen flexibel anwenden kann. Kritisches historisches Denken und damit ein reflektiertes und (selbst)reflexives Geschichtsbewusstsein wird damit zum Ziel des historischen Lernens. Man benötigt dazu inhaltliche Beispiele (z.B. Alltagsleben in einer europäischen Stadt im Mittelalter), jedoch geht es nicht vorrangig oder gar ausschließlich um einen Erwerb von Daten und Fakten, sondern primär um den Erwerb eines konzeptionellen und prozeduralen Wissens, das dazu beiträgt, zu verstehen, wie historisches Denken funktioniert und wo die Grenzen einer triftigen Erzählung über die Vergangenheit (Geschichte) liegen. Dazu ist etwa das Arbeiten mit historischen Quellen (z.B. Auszug aus einer Stadtchronik oder Bildquelle eines mittelalterlichen Festes) und/oder Darstellungen (z.B. Sachbuch zum Alltagsleben im Mittelalter) nötig.

III. Zur Wissensorientierung im traditionellen Offenen Lernen des Geschichtsunterrichtes

Ein moderner Geschichtsunterricht will mehr bieten als Daten- und Faktenwissen, das im Lebensalltag von Schülern/innen, aber auch von Erwachsenen nur träge zum Einsatz gebracht werden kann. Kompetenzorientierter Geschichtsunterricht versucht vielmehr, jene Fähigkeiten und Fertigkeiten in den Mittelpunkt des Lernprozesses zu stellen, die es den Schülern/innen ermöglichen, in variablen bzw. neu auftretenden Situationen mittels Sinnbildung über Zeit zwischen Vergangenheit, Gegenwart und Zukunft handlungsfähig zu bleiben.

Für die Erstellung von Unterrichtsmaterialien des Offenen Lernens bedeutet dies an vielen Stellen ein Umdenken hinsichtlich der mit den Materialien intendierten Lernziele. Einige der traditionell im Geschichtsunterricht, aber auch in anderen Fächern zum Einsatz gebrachten didaktisierten Materialien des Offenen Lernens stützen nämlich hauptsächlich ein Daten- und Faktenlernen, anstatt den Schülern/innen die Möglichkeit zum Erwerb fachspezifischer Kompetenzen zu geben.

Zu diesen Materialien gehören etwa „Lernscheiben". Sie ermöglichen primär eine Zuordnung von zwei eindeutig zusammengehörigen Dingen (u.a. Frage – Antwort; englisches Wort – deutsche Bedeutungen; Rechenaufgabe – Lösung) (Strotzka/Windischbauer 1999, 82). Auch wenn es den Anschein erweckt, dass dadurch auf ideale Weise auch historisches Wissen wiederholt und gefestigt werden kann (z.B. „Welchen Glauben wollte Karl der Große in seinem Land verbreiten?" – „Das Christentum"), muss hervorgehoben werden, dass die Vermittlung eines derartiges Faktenwissens nicht das vorrangige Ziel des modernen Geschichtsunterrichtes darstellt. Die besondere Leistung des historischen Lernens bzw. Denkens besteht nämlich viel mehr in der Bewertung von Daten und Fakten und deren abwägender Kontextualisierung im Rahmen einer Erzählung über die Vergangenheit (vgl. Borries 2009, 32). Ein Eintrichtern von enzyklopädischem Wissen oder auch von als wahr klassifizierten Erzählungen über die Vergangenheit vermittelt einen falschen Eindruck von den Zielen des Faches. Schließlich geht es im Kern des historischen Lernens nicht primär um den Aufbau eines (traditionell als „notwendig") erachteten Grundstocks von Daten und Fakten oder gar um die unkritische Wiedergabe von kanonisierten Erzählstrukturen (wie sie meist etwa im Schulbuch präsentiert werden), sondern um den Aufbau von kritischen Denkstrukturen, die es den Schülern/innen ermöglichen, selbstständig Geschichte zu erzählen (Re-Konstruktion) und fertig vorliegende historische Erzählungen – wie sie in ihrer Lebenswelt etwa als TV-Dokumentation, Internetreportage, Roman oder Computerspiel auftreten – zu hinterfragen (De-Konstruktion).

Weitere Beispiele für ein derartiges traditionelles wissens- und auch inhaltsorientiertes Herangehen, das es hinsichtlich der anzustrebenden Kompetenzorientierung im Geschichtslernen zu überwinden gilt, stellen „Fragespiele", „Texträder", „Kreuzworträtsel", „Silbenrätsel" usw. dar (vgl. Abb. 6).

Abb. 6: Beispiele für traditionelle wissensorientierte Materialien des Offenen Lernens (Stotzka/Windischbauer 1999, passim)

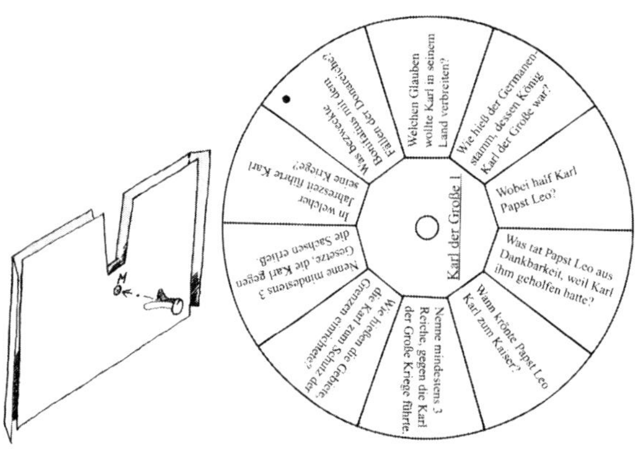

Lerntaschen: Dabei wird eine Karte so gestaltet, dass auf der Vorderseite die Fragen aufgeschrieben werden, auf der Rückseite die Antworten. Durch einen Schlitz treten den Lernenden die Fragen und auf der Rückseite die Antworten entgegen, die selbstständig ausgewertet werden können.

Nagelbrett: Dieses Brett ermöglicht – ähnlich wie bei Lerntaschen – vor allem die Passung von zwei zusammengehörigen Dingen (z.B. Frage – Antwort). Dabei werden mit Gummibändern die beiden Elemente miteinander verbunden. In der Mitte entsteht dadurch ein spezifisches Muster aus den Gummibändern, das mit Hilfe eines Lösungsblattes der Selbstkontrolle dient.

Würfel	Frage
1	Wer erfand die Dampfmaschine?
2	Wie wurde die Dampfmaschine angetrieben?
3	Welche Fahrzeuge erfand man nach der Erfindung der Dampfmaschine (2 Bsp.)?
4	Welche Rohstoffe brauchte man, um die Dampfmaschine antreiben zu können?
5	Welche Maschinen erfand man nach der Erfindung der Dampfmaschine (2 Bsp.)?
6	Wann wurde die Dampfmaschine erfunden?

Würfel	Antwort
1	James Watt.
2	Mit Kohle oder Holz wurde Wasser erhitzt, der Wasserdampf trieb die Maschine an.
3	Lokomotive, Dampfschiff.
4	Kohle, Holz, Wasser.
5	Spinnmaschine, Webstuhl, Lokomotive, Dampfschiff.
6	1769.

Fragespiele: Fragen und Antworten werden auf der Vorder- und Rückseite einer Karte vorgegeben. Durch Würfeln werden den Schülern/-innen Fragen zugewiesen, die sie beantworten und im Spiel überprüfen können.

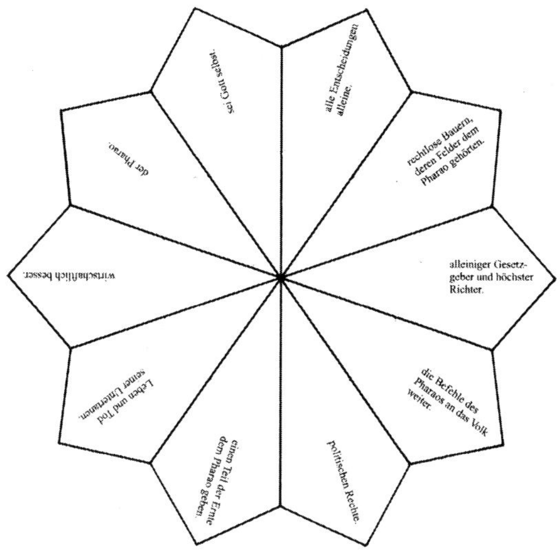

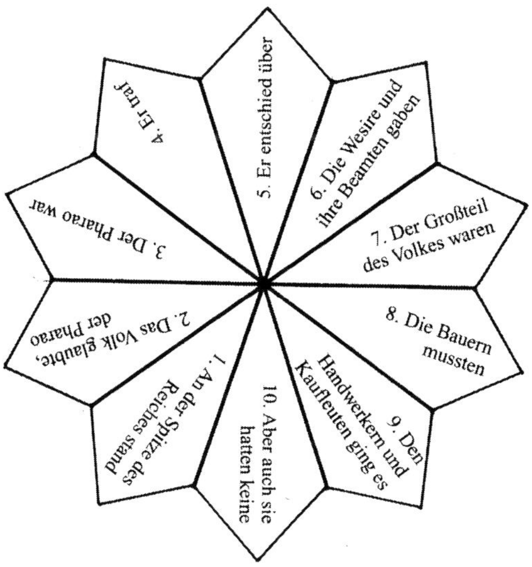

Texträder: Sie bestehen aus zwei unterschiedlich großen Rädern, die mit einer Posttaschenklammer übereinander angebracht werden. Durch das Drehen des kleineren Rades können verschiedene Sätze gebildet werden. Ziel ist es, dass die Schüler/-innen über diese Zuordnungsaufgabe Merksätze zu einem historischen Inhalt finden und diese in ihr Heft schreiben.

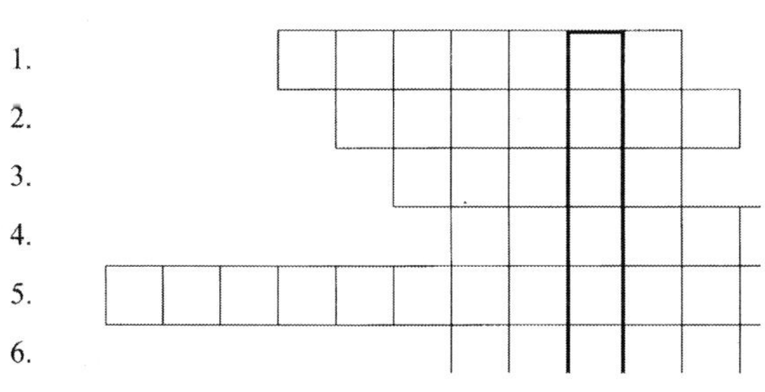

Kreuzworträtsel: Dieser Zugang versucht in spielerischer Form erworbenes Wissen abzufragen.

Aquä – bo – Chri – Cir – cus – dia – de – dukt – Ein –
Gla – Ko – ko – los – los – Ma – men – mus – pel – ru
sten – sten – Tem – Ther – tor – Tri – um – umph – ven

1. Wie heißt das Gebäude in Rom, in dem Sklaven kämpften und Tierhetzen st

Silbenrätsel: Dabei müssen die Lernenden aus vorgegebenen Silben die entsprechenden Lösungswörter auf Fragestellungen zusammensetzen.

So gestaltete Lernmaterialien erfüllen nicht die Anforderungen eines kompetenzorientierten offenen Unterrichts, da sie auf das Memorieren von Daten/Fakten, Merksätzen oder kurzen Narrationen abzielen. Es soll jedoch nicht verschwiegen werden, dass solche Zugänge in bestimmten Lernsituationen, etwa in spezifischen Fördersituationen oder im Rahmen des Spracherwerbs von Schülern/-innen nichtdeutscher Muttersprache durchaus gewinnbringend zum Einsatz gebracht werden können, da damit auf situative Lernbedürfnisse regiert werden kann (vgl. Strotzka/Windischbauer 1999, 135). Historisches Denken als Ziel des historischen Lernens wird dadurch jedoch nicht unterstützt, weshalb es bei der Adaptierung und Erstellung von Materialien für ein kompetenzorientiertes Offenes Lernen darauf zu achten gilt, den Zielen des kompetenzorientierten Geschichtsunterrichtes gerecht zu werden. Dies bedeutet auch, dass die Mehrheit der meist aus der Reformpädagogik übernommenen Herangehensweisen und typischen Materialsätze, wie sie auch in der fachdidaktischen Literatur des späten 20. Jahrhunderts zu finden sind, neu zu durchdenken und auszurichten sind. In der Regel können die herkömmlichen Zugänge durch eine reflektierte Adaptierung entlang der neuen Zielsetzungen der Kompetenzorientierung angepasst werden (vgl. dazu Abschnitt B in diesem Buch).

IV. Malen und Basteln? Wenn der Geschichtsunterricht seine Domäne verlässt

Einen anderen traditionellen Typus von Materialien für den Offenen Unterricht im Geschichtsunterricht stellen Zeichen- und Bastelarbeiten dar. Auch hier gilt es – ähnlich wie bei den stark inhalts- und wissensorientierten Aufgaben – darauf zu achten, inwieweit noch fachspezifische Ziele verfolgt werden. Zwar ist es durchaus legitim, in manchen Unterrichtsphasen und z.B. im Rahmen eines Projektes auch im Geschichtsunterricht Kreativität zu fördern. Allerdings muss dabei der Aufbau fragwürdiger Vorstellungen über die Vergangenheit (z.B. aufgrund mangelnder Bezugnahme auf historische Quellen) vermieden werden. In Unterrichtsbeispielen wird z.B. angeregt, Höhlenmalereien zu imitieren. Insbesondere bei jüngeren Schülern/innen kann dies das Interesse an der Geschichte anregen und die Tätigkeit wird wahrscheinlich als sehr anregend wahrgenommen. Aus geschichtsdidaktischer Sicht gilt es zu berücksichtigen, dass die Materialien, die dabei zum Einsatz kommen (u.a. Ziegelsteine, Kreide, Papier, Tapetenkleister etc.), in der Mehrzahl der bekannten Unterrichtsvorschläge nicht den in der Altsteinzeit verfügbaren Grundstoffen entsprechen, wodurch es zu zwangsläufigen Fehlvorstellungen über diesen Teil der Menschheitsgeschichte kommen kann. Allerdings kann man – wie z.B. Miriam Sénécheau vorschlägt – versuchen, authentischere Lernsettings zu finden, indem man – wie dies ebenfalls für die Altsteinzeit überliefert ist – mit spitzen Steinen Tierbilder auf Schieferplatten ritzen lässt, wodurch zumindest das Arbeitsmaterial einer steinzeitlichen Erfahrung entspricht (Sénécheau 2007, 211 f.). Die Reflexion eines so angelegten handlungsorientierten Geschichtsunterrichtes sollte dabei nicht ausgelassen werden. Es gilt, mit den Schülern/innen nicht nur die haptische Erlebniswelt aufzubauen, sondern auch mit ihnen darüber zu sprechen, warum Menschen derartige Ritzereien angefertigt haben könnten (u.a. Thesen bilden und auf ihre Plausibilität hin prüfen).

Daneben kann es sich – will man künstlerische Gestaltungselemente im Geschichtsunterricht positionieren – als fruchtbar erweisen, Schülern/innen durch das Erstellen von selbst angefertigten Produkten einen tieferen Einblick in bestimmte Quellengattungen zu geben. Wenn Lernende etwa selbstständig Plakate für politische oder wirtschaftliche Zwecke erstellen, kann es gelingen, ein fundierteres Verständnis für den Aufbau und die wesentlichen Elemente dieses Mediums zu entwickeln (u.a. Wirkung von Farbe, Eye-Catcher, Symbole) und es dadurch auch als historische Quelle in seiner Tiefenstruktur besser verstehen zu lernen (vgl. Kühberger 2008).

Ähnliche Überlegungen müssen angestellt werden, wenn Schüler/innen dazu aufgefordert werden, historische Comics zu zeichnen. Dabei sollte es nicht darum gehen, etwa eine historische Erzählung (z.B. Christoph Columbus Seefahrt nach Indien) möglichst genau zu lesen und in vielen Details sowie in guten Erzählschritten als Comic zu zeichnen, um sich auf diese Weise den inhaltlichen und chronologischen Verlauf einzuprägen, sondern im Fokus sollte im Sinn der Kompetenzorientierung etwa die Frage stehen, welche Probleme sich bei der narrativen Umsetzung von historischen Quellen in Erzählungen über die Vergangenheit ergeben. So könnte man besondere Gewichtungen in den unterschiedlichen Schülerlösungen herausarbeiten, um die Lernenden darauf aufmerksam zu machen, dass der „Zeichner"/die „Zeichnerin" (lies: „Erzähler"/„Erzählerin") die Vergangenheit unterschiedlich akzentuiert und verschiedene Ausschnitte oder Zusammenhänge besonders hervorhebt, wodurch eine grundlegende Einsicht in historische Darstellungen gewonnen werden kann.

V. Organisation von Offenem Unterricht

Wie bereits oben ausgeführt, gibt es unterschiedlichste Organisationsformen Offenen Lernens, die von stark strukturierten bis zu sehr offenen, auf weitestgehender Selbstständigkeit der Schüler/innen beruhenden Varianten reichen (vgl. Abb. 3, S. 15).

Offene Lernformen können in Klassen durchgeführt werden, in denen sie zum Klassenprinzip gehören und somit in mehreren Fächern praktiziert werden, und in denen auch die Stundenpläne und Klassenstruktur auf die Lernform abgestimmt sind. Sind solche förderlichen Umstände nicht vorhanden, können Offene Lernphasen aber auch in Klassen angeboten werden, in denen man z.B. nur das Fach Geschichte offen unterrichtet. Allerdings sind abhängig von der Organisationsform unterschiedliche Ausgestaltungen dieser offenen Phasen notwendig. Außerdem weisen Erfahrungen aus der Unterrichtsentwicklung an der Praxishauptschule der Pädagogischen Hochschule Salzburg darauf hin, dass sich eine positive Arbeitshaltung und ein zufrieden stellender Grad an Selbstständigkeit im Arbeitsprozess bei den Schüler/innen in nur fallweise stattfindenden Einzelstunden oder im Falle von Offenen Lernphasen, die zwar konzentriert stattfinden, aber nur wenige Tage pro Schuljahr umfassen, sehr viel schlechter entwickeln, als wenn mehrere regelmäßige Offene Lernstunden angeboten werden.

Es scheint daher sinnvoll, dass Lehrer/innen mehrerer Fächer, wie z.B. Geschichte und Geographie oder Geschichte, Physik und Biologie, gemeinsam regelmäßige Offene Lernphasen vorbereiten und anbieten, wodurch den Schülern/innen auch ein größeres Angebot an Materialien zur Verfügung steht und ihnen mehr Möglichkeiten bei der Auswahl der Aufträge geboten werden.

Der vorliegende Band stellt sich die Aufgabe, auf möglichst unterschiedliche Formen Offenen Unterrichts hinzuweisen. Um die – nicht einfach zu gestaltenden – Schritte von einem stark gebunden hin zu einem möglichst offenen Unterricht zu erleichtern, wird jedoch der so genannten Wochenplanarbeit – hier verstanden als Lernphasen, die auf regelmäßigen freien, aber strukturierten Arbeitsaufträgen in Form von (Wochen)Plänen aufbauen – größere Aufmerksamkeit geschenkt.

1. Zeitliche Planung

Wie bereits in Kapitel „Offene Unterrichtsformen im Spannungsverhältnis" ausgeführt wurde, scheint eine Kombination offener und gebundener Unterrichtsformen – nimmt man die empirischen Einsichten ernst (vgl. dazu Helmke 2009, Altrichter 2009) – die besseren Erfolgsaussichten für den Lernprozess zu garantieren. Darüber hinaus sind bei der Durchführung Offener Lernphasen gebundene Einheiten notwendig, um über das selbst Erarbeitete gemeinsam zu reflektieren und offene Fragen zu klären. Auch eignen sich nicht alle Themen gleichermaßen zur selbstständigen Erarbeitung, sei es weil sie zu komplex sind oder auch weil keine geeigneten Materialien zur Verfügung stehen und es der Lehrerin/dem Lehrer zu viel Aufwand scheint, diese selbst zu erarbeiten. So erfordern etwa manche Themenbereiche des Nationalsozialismus/Holocaust ein derart hohes Maß an Sensibilität, dass ein selbstständiges Erarbeiten mit geeigneten Materialien nur begrenzt möglich erscheint (vgl. Kühberger 2007, 167 ff.).

Soll ein fachspezifischer Arbeitsplan (hier verstanden im Sinn von Plan, der auch über mehrere Wochen reichen kann) für den Geschichtsunterricht angeboten werden, so könnte dieser einem Thema, einer (Teil-) Epoche oder dem Erwerb einer historischen (Teil-)Kompetenz gewidmet werden.

Wird von einer Klasse ausgegangen, die pro Woche zwei Stunden Geschichtsunterricht hat, gibt es verschiedene Möglichkeiten, Offene Lernphasen zu konzipieren: Da sich mehrere – oft auch zusammenhängende Stunden – als besonders praktikabel erwiesen haben, sollte dies bereits in der Stundenplanerstellung Beachtung finden. In diesem Fall wäre es möglich, gebundene und offene Phasen (z.B. im Zwei-Wochen-Rhythmus) wechseln zu lassen. Oder aber es werden Kooperationen mit anderen Unterrichtsfächern eingegangen und die Schüler/innen erhalten Pläne, die über eine Woche reichen, in der sie Aufträge der verschiedenen Fächer in der von den Lernenden gewünschten Reihenfolge lösen. Da es in diesem Fall den Schülern/innen möglich sein sollte, während der Anwesenheit einer bestimmten Lehrperson auch Aufgaben eines der Lehrerin/dem Lehrer fremden Faches zu bearbeiten, ist das Auflegen von Lösungen bzw. von möglichen Lösungsansätzen nicht nur für die Schüler/innen, sondern auch für diese Lehrer/innen anzuraten.

2. Gestaltung von Plänen für den Offenen Unterricht

Die äußere Form eines Planes für Offenes Lernen sollte weitgehend konstant bleiben, um den Schülern/innen eine schnelle Orientierung zu ermöglichen. Die Aufträge sind dabei so zu formulieren, dass sie von den Schülern/innen ohne Lehrerhilfe zu verstehen und zu bearbeiten sind, wenn sie das System des Offenen Lernens verstanden haben. Um die oft recht umfangreichen Pläne nicht zu sehr zu überfrachten, können die Aufträge auf dem Plan kurz formuliert werden. Ausführlichere Hinweise müssen die Schüler/innen jedoch dann auf den Materialien vorfinden (Arbeitsblatt, Beilage zu Lernmaterial usw.) (vgl. Abb. 7).

Abb. 7: Informationen, die ein Plan für Offenes Lernen enthalten muss

- Welche (Teil-)Kompetenz soll angebahnt werden? Anhand welchen Themas wird diese (Teil-)Kompetenz erarbeitet?
- Welcher Zeitrahmen steht für die Bearbeitung zur Verfügung?

  Es wäre auch möglich, hier ein konkretes Datum anzugeben. Da im Schulalltag immer wieder Stunden entfallen (Schulprojekt, Besuch der Schüler/innen bei der Schulärztin usw.), scheint es praktikabler, den Stundenrahmen vorzugeben, damit sich die Schüler/innen die Arbeit einteilen können.
- Welche Aufgaben sind zu erledigen?

  In den hier vorgeschlagenen Plänen (Abb. 7 und Abb. 8) werden in der Spalte „Aufträge" die Aufgaben kurz formuliert. Die genauen Anweisungen finden die Schüler/innen direkt bei den jeweiligen Materialien.
- Wo sind die Materialien, die zur Erfüllung der Aufträge benötigt werden, zu finden?

  Die Suche nach den Materialien wird für die Schüler/innen einfacher (vor allem in den unteren Klassen), wenn im Plan möglichst auch die Farbe der Arbeitsblätter, Kärtchen usw. angegeben wird. Dies ist insbesondere bei fachbezogenen Plänen wesentlich, da die Blätter und Materialien ähnliche Überschriften haben können und es daher leicht zu Verwechslungen kommen kann.
- Was muss ich als Schüler/Schülerin auf jeden Fall erledigen, welche Aufgaben können freiwillig erledigt werden?
- In welcher Sozialform ist der Auftrag zu erledigen?
- Wann ist eine Aufgabe abgeschlossen?

  In der Spalte „erledigt" haken die Schüler/innen den Auftrag ab, wenn sie ihn erledigt haben.
- Wie wird festgehalten, dass die Lehrperson den Auftrag gesehen hat?

  In der Spalte „gesehen" bestätigt die Lehrerin/der Lehrer mit ihrem/seinem Zeichen, dass der Auftrag wirklich erfüllt wurde. In der Praxis hat es sich als praktikabel erwiesen, Aufträge, die nicht im Heft festgehalten werden (z.B. Arbeit mit dem Folienstift, Arbeiten am PC usw.), sofort abzuzeichnen (vgl. Kapitel A.V.4. „Regeln").

3. Pflicht- und Wahlaufgaben

Im gebundenen Unterricht müssen schnell arbeitende Schüler/innen oft auf langsamere warten, langsamere fühlen sich oft gehetzt. Unmut und Unruhe steigen in der Folge. In Offenen Lernphasen treten die Geschwindigkeitsunterschiede oft noch viel klarer hervor, vor allem wenn der Plan über mehrere Stunden reicht. Gleichzeitig bietet das Offene Lernen die Möglichkeit, solche Geschwindigkeitsunterschiede abzufangen: Einerseits sind die Langsameren nicht ständig unter Druck, schneller arbeiten zu müssen, als sie können, weil jede/r für sich oder im Team an ihrem/seinem Auftrag arbeitet. Andererseits sind die Schnelleren mit Wahl- und Zusatzaufträgen beschäftigt und sind nicht ständig zum Warten verurteilt. Genügend attraktive Wahlaufgaben anzubieten, ist daher ein wesentlicher Punkt in einem gut aufgebauten Plan.

Neben diesen eher pragmatischen Gründen muss die Absicht, den Schülern/innen tatsächlich Wahlangebote und Entscheidungssituationen zu ermöglichen, bei der Gestaltung der Pläne unbedingt berücksichtigt werden. In längerfristiger Perspektive können die Schüler/innen auch in die Plangestaltung mit einbezogen werden.

Eine Möglichkeit besteht etwa darin, konkrete Pflichtaufgaben (Fundamentum) zu definieren, die alle Schüler/innen erledigen müssen und die auch die Grundlage für mögliche Beurteilungen sein können. Darüber hinaus könnten die Schüler/innen aus vorgegebenen Wahlaufgaben (Additum) selbst auswählen, oder sie könnten sich selbst Wahlaufgaben stellen und diese bearbeiten. Man kann den Schülern/innen aber auch alle Materialien zu einem Thema zur Verfügung stellen und ihnen den Auftrag erteilen, eine Mindestanzahl von Aufträgen aus allen angebotenen zu erfüllen (vgl. Abb. 8). Die Freiheit ist bei diesem Modell größer als bei der erstgenannten Variante. Allerdings eignet sich nicht jedes Thema für eine derartige Herangehensweise. Jedenfalls müssen auch die erledigten Wahlaufgaben in die Beurteilung mit einbezogen werden, da ansonsten ein wichtiger Anreiz wegfällt und gleichzeitig zusätzliche Leistungen unberücksichtigt bleiben würden.

Sind die Schüler/innen an Offene Lernformen gewöhnt, kann von der strukturierten Planarbeit, wie sie hier präzisiert wurde, übergegangen werden zu umfangreicheren, längerfristigen Aufträgen, die mit der beratenden Unterstützung der Lehrperson erfüllt werden. So könnten die Schüler/innen z.B. in einem klar definierten Zeitrahmen ein Portfolio oder eine Themenmappe zu einem vorgegebenen oder im Rahmen bestimmter Vorgaben selbst gewählten Thema gestalten (vgl. Kapitel A.VII).

Im Folgenden seien zwei konkrete Möglichkeiten zur Gestaltung von Arbeitsplänen vorgestellt: Der erste Plan wurde für eine Klasse erstellt, in der Offenes Lernen jede Woche und in vielen Fächern stattfindet. Insgesamt stehen den Schülern/innen jede Woche elf Unterrichtsstunden zur Verfügung, um den Plan zu erfüllen (Abb. 8). Der zweite Plan bietet eine mögliche Form für einen fachbezogenen Plan für das historische Lernen (Abb. 9)

Offenes Lernen 16. Schulwoche				
Fach	Aufträge	Material	erl.	ges.
D	Der Adlergroschen: Lest den Text „Die Bewohner einer Stadt“ und schreibt anschließend das Partnerdiktat. Kontrolle nicht vergessen!	Adlergroschen-Kartei Nr. 17, ins GS-Heft.		
	Der Adlergroschen: Wiederholt den Inhalt des Jugendbuches mit dem „Steck-Spiel“	Steck-Spiel „Der Adlergroschen“ in der blauen Schachtel		
	Schwindelsätze	gelbe Karteikarte „Satzgeschichten“ A5		
	Der Adlergroschen: Erstelle einen Steckbrief von Kathrein	Adlergroschen-Kartei Nr. 15, Heft		

Abb. 8: Fächerübergreifender Wochenplan für sieben Fächer (Beispielplan)

M	✱👤 Übungsblatt „Rechtecke“	Übungsblatt in der OL-Mappe		
	✱👤 Rechtecke: Ü359b im Buch	Buch, Heft		
	✱👤 Ü 190, 191, 194, 198	Buch, Heft		
	✈👤 Ü359a im Buch	Buch, Heft		
	✈👤👤 Kopfrechnen üben	rotes AB		
E	✱👤👤 Read the stories of Chigusa from Japan and Melo from Africa. Then find out which sentences belong to which child. (Number 7)	TB.p. 19, Number 6 and 7 WB.p. 17/18		
	✱👤👤 Which rules do you have in your family?	Written English		
	✈👤 Unterstreiche alle Regeln, die in diesem Bericht vorkommen. Schreibe diese Regeln ins Written English.	TB. p. 19, Number 6, Written English		
	✈👤 Arbeite mit dem Budenberg-Programm	PC		
BU	✱👤 „Bodenschichten“: Löse das AB und hefte es in deine BU-Mappe	AB, Farbstifte, BU-Buch, Mappe		
	✱👤👤 Arbeitet mit der Lerntasche, bis ihr alle Fragen sicher beantworten könnt	Lerntasche		
	✈👤 Löse das Rätselblatt	gelbes Rätselblatt		
PC	✱👤 Einteilung von Stoffen: Lies im Buch S 14 sorgfältig durch und beantworte die Fragen auf dem AB	Buch, AB mit Fragen		
ME	✱👤 Schreibe 10 Takte im 4/4 Takt in dein Notenheft. Klatsche die Takte der Lehrerin fehlerfrei vor.	Notenheft		
	✈👤👤👤 Spielt das Instrumentenmemory.	Memory in der blauen Schachtel.		
GS	✱👤👤 Der Adlergroschen: Lest den Text über „Bauern und Grundherrn“ sorgfältig, fasst die Aufgaben von Bauern und Grundherrn anschließend in einer Tabelle zusammen.	Blaue Adlergroschen-Kartei Nr. 6, Heft.		
	✈👤 Der Adlergroschen: Lies den Schulbuchtext „Leben im Dorf“ und löse das AB	Blaue Adlergroschen-Kartei Nr. 8, AB, Heft		
GW	✱👤 Verkehrsnetz Österreichs: Bearbeite die Aufträge im Buch	Buch S. 12 – 15. Lösungsheft im Regal!		
	✈👤👤 Gestalte mit einem oder mehreren Partnern eine Collage zum Thema „Tourismus bringt nicht nur Vorteile“	Bilderschachtel, Zeichenpapier, Kleber, Stifte.		
Rel	✱👤 Wähle eine der beiden Möglichkeiten: 1. Erinnere dich an die Geschichte von Eddi. Versuche, seine Lebensgeschichte in Farben auszudrücken. 2. Du bist Eddi und schreibst einen Brief an P. Flanagan. Versuche ihm deine Gedanken über dein Leben mitzuteilen.	Heft		

✱ Pflichtaufträge für alle ✈ Wahlaufträge 👤 Einzelarbeit 👤👤 Partnerarbeit 👤👤👤 Gruppenarbeit

Abb. 9: Fachbezogener Arbeitsplan für den Geschichtsunterricht (Beispielplan)[5]

Arbeit mit Fotos aus privaten Fotoalben
Arbeitsplan für 2 Std.

Du findest im Regal

1. die Fotokartei mit Fotos aus den 1960er Jahren, die wir gemeinsam erstellt haben.
2. die Foto-Methodenkartei, in der du unterschiedliche Methoden findest, die dir bei der Analyse von Fotos helfen.

Erstelle ein Portfolio zum Thema „Arbeit mit Fotos aus privaten Fotoalben", das folgende Aufgaben umfasst:

Auftrag	Material	erl.	ges.
◎ Einzelarbeit oder Partnerarbeit Lies den Text „Fotos als historische Quellen" und löse die Arbeitsaufträge auf dem AB	AB „Fotos als historische Quellen", in der Mappe sammeln		
◎ Einzelarbeit oder Partnerarbeit Suche dir mindestens drei Fotos aus der Fotokartei und analysiere diese. Verwende dazu mindestens zwei verschiedene Methoden aus der Foto-Methodenkartei	Fotokartei Foto-Methoden-Kartei A-4-Blätter, in der Mappe sammeln		
◎ Einzelarbeit oder Partnerarbeit Führt ein Beratungsgespräch mit eurer Lehrerin und protokolliert dieses Gespräch für das Portfolio.	A-4-Blatt, in der Mappe sammeln		
◎ Einzelarbeit Verfasse am Ende deiner Arbeit eine Reflexion (mindestens 10 Sätze): Schreibe auf, wie dir deiner Meinung nach die Arbeit am Portfolio gelungen ist, berichte über Probleme und Erfolgserlebnisse, bewerte die von dir verwendeten Methoden zur Analyse der Fotos.	A-4-Blatt, in der Mappe sammeln		
▷ Einzelarbeit oder Partnerarbeit Wähle mindestens einen der Wahlaufträge in der Foto-Methodenkartei aus und erledige ihn	Foto-Methodenkartei, A-4-Blätter, in der Mappe sammeln.		

◎ Pflichtauftrag ▷ Wahlauftrag Einzelarbeit Partnerarbeit Gruppenarbeit

4. Strukturen und Regeln

Noch bevor mit Offenem Unterricht begonnen wird, sollte die Lehrerin/der Lehrer mit den Schülern/innen einige Regeln vereinbaren, um die Rahmenbedingungen des Lernens und die erwarteten Verhaltensmuster zu klären. Zunächst können diese Regeln vorgegeben werden, da die Schüler/innen kaum eine Vorstellung davon haben, welche Anforderungen Offenes Lernen an sie stellt. Sind die Schüler/innen mit der Lernmethode vertraut, können sie in eine Neugestaltung miteinbezogen werden. Um die Regeln allen Schülern/innen zugänglich zu machen, werden diese offen im Klassenraum präsentiert.

Die hier vorgeschlagenen Regeln (Abb. 10, S. 28) betreffen vor allem die Organisationsstruktur (Umgang mit den Materialien, Kontaktaufnahme zueinander und mit der Lehrperson, mögliche Arbeitsplätze) und die Arbeitshaltung (Lautstärke, Vermeidung von Störungen).

5 Dieser Beispielplan bezieht sich auf die Fotokartei, auf die in diesem Band im Kapitel B.V.1 verwiesen wird.

Abb. 10: Vorschlag für Regeln im Offenen Unterricht (Strotzka/Windischbauer 1999, 42)

Regeln für das Offene Lernen im Geschichtsunterricht

1. Ich klebe den Wochenplan in mein Heft, sobald ich ihn bekomme.
2. Bevor ich einen Auftrag erfülle, schreibe ich den Titel des Auftrages genau in mein Heft.
3. Ich beende einen Auftrag, bevor ich den nächsten beginne.
4. Ich hake meine erledigten Aufgaben auf meinem Plan ab.
5. Ich zeige still auf, wenn ich eine Frage habe.
6. Wenn ich einen Auftrag erfüllt habe, den ich nicht in mein Heft schreiben muss (Spiele, Folienstift usw.), lasse ich mir das Zeichen der Lehrerin/des Lehrers sofort geben. (Ich zeige still auf.)
7. Ich flüstere oder spreche leise.
8. Ich halte mich im Klassenraum oder in der Arbeitsnische vor der Klasse auf.
9. Ich gehe ruhig und nicht schnell durch die Klasse.
10. Ich störe die anderen nicht.
11. Ich schreibe nicht ab und schummle nicht.
12. Nach Beendigung der Arbeit lege ich das Material an seinen Platz zurück, wie ich es vorgefunden habe.

VI. Gestaltung von Materialien für Offenen Unterricht

Eine wesentliche Voraussetzung für einen reibungslosen Ablauf von Offenen Lernphasen ist die klare und verständliche Formulierung der Aufträge. Nur dann können die Schüler/innen daraus alle Informationen entnehmen, um die Aufgaben alleine und selbstständig erfüllen zu können.

Die detaillierten Anweisungen können entweder im Plan oder auf dem Arbeitsblatt, Material usw. zu finden sein. Eine einheitliche Vorgangsweise aller beteiligten Lehrer/innen erleichtert die Erfüllung der Aufträge durch die Schüler/innen. Gegen detaillierte Angaben im Plan spricht – insbesondere bei Plänen, die über einen längeren Zeitraum reichen, dass diese sehr umfangreich werden, was zu einer Demotivation der Schüler/innen führen könnte.

Wenn die Schüler/innen bei bestimmten Aufträgen auffällig oft nachfragen, kann das auf eine unklare Formulierung des Auftrages hinweisen. Derartiges sollte kritisch beobachtet werden und Eingang in eine überarbeitete Version der Lernmaterialien finden.

Beim Einstieg in Offene Lernphasen ist es sinnvoll, dass die Aufträge kleinere, überschaubare Themen und einfach zu erfüllende Aufgaben umfassen. Das Material sollte in einem begrenzten Zeitraum bearbeitet werden können, sodass es den Schülern/innen möglich ist, in einer Unterrichtseinheit mehrere kurze Aufträge zu erfüllen und somit Erfolgserlebnisse zu sammeln. Die damit verbundene Überschaubarkeit und Lösbarkeit der Aufgaben verhindert Motivationsverluste aufgrund von Gefühlen der Überforderung. Auch empfiehlt es sich, zu Beginn stärker zu lenken und freiere Aufgaben v.a. im Wahlbereich anzubieten. Denn auch freie Arbeit und Selbstständigkeit müssen erprobt werden, insbesondere wenn die Schüler/innen freie Arbeitsphasen aus ihrer bisherigen Schullaufbahn nicht oder kaum kennen. Allerdings dürfen die Schritte zu größerer Freiheit und Selbsttätigkeit nicht „vergessen" oder vernachlässigt werden, denn das Offene Lernen darf nicht zu einem zentrierten Unterricht verkommen, der zwar nicht direkt durch den Lehrer/die Lehrerin, aber über das stark lenkende Material gesteuert wird. Je mehr die Schüler/innen an das Offene Lernen gewöhnt sind, desto umfangreicher und freier können und müssen die einzelnen Aufträge formuliert sein.

Vor der Erstellung oder bei der Auswahl eines Materials für das Offene Lernen muss die Lehrerin/der Lehrer sich überlegen, welche kompetenzorientierten Lernziele die Schüler/innen bei der Arbeit mit diesem Material erwerben sollen, damit das Lernen nicht der Beliebigkeit unterliegt. Jedes Material sollte sich bezüglich der Inhalte und kompetenzorientierten Lernziele auf einige wenige Punkte beschränken. Materialien, die zu viele verschiedene Aspekte nur oberflächlich aufgreifen, verwirren und überfordern die Schüler/innen oder können zu Missverständnissen führen, so dass das Erreichen der Ziele und des Kompetenzzuwachses fraglich wird (vgl. Abb. 11).

1. Welche *historischen (Teil-)Kompetenzen* werden mit dem Material angebahnt?
2. Was bezweckt das Material? Welche *Lernziele* werden damit verfolgt?
3. Über welche *(Teil-)Kompetenzen* und welches *Vorwissen* müssen die Schüler/innen verfügen, um mit dem Material sinnvoll arbeiten zu können? Welches *Arbeitswissen* muss zur Verfügung gestellt werden?
4. Welches *Aufgabenformat* wurde zur Umsetzung gewählt (Zuordnungsaufgabe, Fragen beantworten, Textproduktion, Quellenanalyse usw.)? *Warum* wurde dieses Format gewählt?
5. Welche *Aktivitäten und/oder Denkoperationen* erfordert das Material vom Schüler/von der Schülerin?
6. Welche *Sozialform* fordert das Material/lässt das Material zu?
7. Welche *Vorteile* bietet das Material?
8. Welche *Probleme* könnten auftreten?

Abb. 11: Leitfragen zur Sicherung der Güte von Materialien des Offenen Lernens im Geschichtsunterricht

1. Selbstkontrolle

Sollen Schüler/innen zunehmend Verantwortung für den eigenen Lernprozess übernehmen und selbstständig arbeiten, müssen die Materialien - soweit dies sinnvoll ist - eine Möglichkeit zur Selbstkontrolle bieten. Die Schüler/innen sollten in diesem Sinn selbst nachschlagen können, ob sie auch zum richtigen Ergebnis gelangt sind. Selbstkontrollmöglichkeiten sind aber auch ganz im Sinne der Lehrperson, die Offenes Lernen praktiziert, denn es wäre kaum zu bewältigen, müsste die Lehrperson alle im Offenen Lernen erfüllten Aufträge auf ihre Richtigkeit hin kontrollieren. Auch ein Auslagern der Kontrolle in den gebundenen Unterricht ist vorstellbar.

Viele Aufgaben - insbesondere, wenn sie kompetenzorientiert aufgebaut sind - führen zu keinem eindeutigen Ergebnis und eignen sich daher nicht für Selbstkontrollangebote. In diesen Fällen empfiehlt es sich, ein Gespräch zwischen mehreren Schülern/innen oder zwischen Schüler/in und Lehrer/in als Kontrollmöglichkeit anzubieten und im Plan als Teil des Auftrages zu formulieren.

Wie Selbstkontrollmöglichkeiten gestaltet werden, kann individuell entschieden werden. Bei Materialien, die im Fachhandel angeboten werden, sind die Lösungen oft auf der Rückseite der einzelnen Aufträge zu finden. Dies erleichtert einerseits die Selbstkontrolle, verleitet andererseits aber auch stark dazu, einen mühsameren Lösungsweg durch einfaches Umdrehen der Karte und durch Nachschauen zu ersetzen.

In der Praxis hat es sich als praktikabel und sinnvoll erwiesen, Lösungen in einer eigens dafür vorgesehenen Mappe zu sammeln, die an einem bestimmten Platz in der Klasse (z.B. Lehrertisch, Regal) aufgelegt wird. Die Schüler/innen haben freien Zugang zur Mappe, die jedoch von ihrem Platz nicht entfernt werden darf. Kommt eine Schülerin/ein Schüler auf dem Lösungsweg nicht weiter, kann die Lösungsmappe konsultiert werden. Ist eine Aufgabe erledigt, gehen die Schüler/innen mit ihren Unterlagen zur Mappe und vergleichen die Ergebnisse. Gibt es Probleme oder Fragen, wenden sie sich an Mitschüler/innen oder an die Lehrperson.

Selbstkontrolle verlangt Vertrauen von den Lehrern/innen und Eigenverantwortlichkeit von den Schülern/innen: Die Lehrperson muss darauf vertrauen, dass die Schüler/innen wirklich ihre Arbeit selbst kontrollieren; die Schüler/innen selbst sind für die Richtigkeit der Ergebnisse verantwortlich. Dieses Verhältnis von Vertrauen und Eigenverantwortung ist ein wesentliches Element des Offenen Unterrichts. Beide, Lehrer/innen und Schüler/innen, können und müssen daran arbeiten.

2. Sozialformen

Grundsätzlich können Offene Lernformen in Form von Einzel-, Partner- oder Gruppenarbeit durchgeführt werden. Welche Sozialform gewählt oder den Schülern/innen vorgeschlagen wird, hängt einerseits von der zu bewältigenden Aufgabe ab, andererseits aber auch von den (überfachlichen) Lernzielen, die erreicht werden sollen: Geht man davon aus, dass neben Verantwortung und Selbstständigkeit auch Kooperation und Teamfähigkeit zu den im Berufs- und auch im Privatleben geforderten Schlüsselqualifikationen zählen (vgl. Hofmann/Moser 2006, 19 f.; vgl. auch Adamski 2010), so scheint es unabdingbar, Offene Lernformen, die sich aufgrund ihrer Organisationsformen besonders für Partner- und Gruppenarbeiten eignen, auch für derartigen kooperativen Unterricht zu nützen und sie nicht zu „Stillarbeit" verkommen zu lassen, in der jede/r Schüler/in allein für sich arbeitet. Kooperativer Unterricht erfolgt in Gruppen- und Partnerarbeit, Schüler/innen arbeiten an ihren Aufgaben weitgehend selbstständig in Gruppen, ohne der direkten Kontrolle durch die Lehrperson zu unterliegen. Die Lehrerin/der Lehrer moderiert und berät, hilft bei der Materialbeschaffung, gestaltet die Lernumgebung und hilft bei auftretenden Problemen. Neben der Förderung fachlicher Kompetenzen bestehen nach Paradies/Linser die vorrangigen Ziele kooperativer Lernformen im Erwerb von Sozialkompetenz, der Entwicklung von Kooperationsfähigkeit und einer „ausgewogene[n] Balancierung von Selbst- und Fremdkontrolle" (Paradies/Linser 2001, 65 f.).

In den vorliegenden Materialbeispielen werden jeweils eine oder zwei Sozialformen vorgeschlagen. In den überwiegenden Fällen handelt es sich um Partner- oder Gruppenarbeiten. Dies ist einerseits mit der angestrebten Erweiterung der Sozialkompetenz – wie oben ausgeführt – zu begründen: Die Schüler/innen diskutieren gemeinsam über ein fachliches Thema, müssen Divergenzen aushalten und Einigungsprozesse in Gang setzen, können einander in der Gruppe unterstützen. Andererseits eignen sich Partner- und Gruppenarbeiten insbesondere für (kompetenzorientierte) Aufgaben, die nicht unbedingt zu eindeutigen Lösungen führen, da die Schüler/innen mit ihren Lernpartnern/innen über mögliche Lösungen diskutieren, sie verwerfen, überprüfen oder gemeinsam eine Lösung finden. In Einzelarbeit fehlt diese Auseinandersetzung, die implizit auch eine Form der Fremdkontrolle darstellt.

Bei Gruppenarbeiten ist allerdings die Gruppengröße zu beachten: Je größer eine Gruppe, desto eher können weniger motivierte Schüler/innen sich einer Mitarbeit entziehen. In der Regel können Gruppen von drei bis maximal fünf Personen empfohlen werden.

In jeder Klasse gibt es Einzelgänger/innen. Einerseits sollen auch diese ein gewisses Maß an Kooperationsfähigkeit erwerben, andererseits sollte aber auch ein bestimmter Raum zur Verfügung bleiben, in dem sie sich alleine in eine Aufgabe vertiefen können. Die Entscheidung über die Sozialform muss von Fall zu Fall von der Lehrperson und/oder den Schülern/innen getroffen werden. In den vorgestellten Materialien werden Einzelarbeiten ausschließlich dann vorgeschlagen, wenn diese von der Aufgabenstellung her sinnvoll erscheinen.

3. Materialien haltbar machen

Da die Materialien von den Schülern/innen immer wieder benutzt werden, ist es ratsam, sie haltbar zu machen. Widerstandfähiger sind Materialien, wenn man sie auf Karton kopiert und laminiert. Auch die Umwandlung oder sofortige Erstellung von eLearning-Sequenzen sollte in Erwägung gezogen werden, da dadurch den Schülern/innen die Materialien – sofern sie auf einer zugänglichen Lernplattform abgelegt werden – auch außerhalb des Unterrichtes zum Wiederholen und Festigen zur Verfügung stehen.

Das Material muss für die Schüler/innen jedoch in allen Fällen gut zugänglich sein. Materialien, die nicht computergestützt zur

Verfügung gestellt werden, sollten am besten in Regalen aufbewahrt werden, die eine übersichtliche Anordnung nach Fachgebieten ermöglichen und gleichzeitig mehreren Schülern/innen als zentrale Anlaufstelle für das selbstständige Lernen dienen können.

Teamarbeit im Lehrerkollegium einer Schule erleichtert die Materialerstellung für Offene Lerneinheiten, da Arbeit aufgeteilt und über Materialien diskutiert werden kann. Gleichzeitig bedeutet diese Teamarbeit auch, einen Teil der eigenen Arbeit, der eigenen Fähigkeiten und des eigenen Wissens in die Gruppe einzubringen und sie der kollegialen Diskussion zuzuführen. Auch wenn es an einigen Schulen noch nicht üblich ist, Unterrichtsmaterialien gemeinsam zu erstellen bzw. zwecks kritischer Durchsicht auszutauschen, sollte darin ein sinnvoller Schritt der Unterrichtsentwicklung (vielleicht auch nur in einem Unterrichtsfach) gesehen werden. Sind Materialien entlang (fach)didaktischer Konzepte entwickelt, kann auftretende Kritik in der Regel durch sachliche Argumente entkräftet werden. Perfekte Lernmaterialien gibt es ohnedies nicht, weshalb der kollegiale Austausch aufgrund der vielen unterschiedlichen Perspektiven der Lehrer/innen dazu beitragen kann, Optimierungen und Verfeinerungen vorzunehmen. Der Vorteil der Teamarbeit bei der Erstellung der Materialien besteht aber sicherlich primär in einer Arbeitsentlastung sowie in einer gemeinsamen fachdidaktischen Reflexion der beteiligten Kolleg/innen, die als positiver Motor der Unterrichtsentwicklung wahrgenommen werden sollte.

1. Mehrere kurze Aufträge sind einem langen vorzuziehen! Bei der Berechnung der Zeit ehrlich sein! Für jede Lehrperson ist das eigene Fach das wichtigste!	
2. Niemals mehrere Aufträge zu einem zusammenfassen – sie scheinen dadurch nur kürzer. Außerdem ist die Kontrolle schwieriger.	
3. Maximal zwei Drittel der Zeit mit Pflichtaufträgen füllen! Bei der Berechnung von den langsameren Schülern/innen ausgehen!	
4. Mindestens (!) 1 Wahlauftrag pro Fach! Die Wahlmöglichkeit ist wesentliches Element des Offenen Lernens, raschere Schüler/innen brauchen Beschäftigung!	
5. Aufträge klar und deutlich formulieren – für die Schüler/innen und die Kolleg/innen!	
6. Unbedingt Lösungsblatt in die Mappe legen! – Das gilt für jedes Fach, denn die Schüler/innen müssen selbst kontrollieren können, die Kolleg/innen müssen rasch helfen können!	
7. Material in ausreichender Anzahl auflegen!	
8. Rechtzeitig in den Wochenplan eintragen!	
9. Material rechtzeitig in die Klassen legen! Bei Abwesenheit der Lehrperson rechtzeitig vorsorgen!	
10. Benötigtes Zusatzmaterial vorbereiten und in jeder Klasse auflegen (nicht nur in den Wochenplan schreiben), z.B. Würfel, Spielfiguren, Zeichenpapier ...	
11. Während des Offenen Lernens als Helfer/in und Berater/in zur Verfügung stehen – nicht anderen Tätigkeiten nachgehen. Den Schülern/innen die Bereitschaft zur Unterstützung signalisieren!	
12. Aufträge der Kolleg/innen genauso ernst nehmen wie die eigenen (Dosendiktate kontrollieren, auf Selbstkontrolle pochen, stichprobenartig kontrollieren). Voraussetzung: Lösungsblätter müssen lückenlos vorhanden sein!	

Abb. 12: Checkliste für Offenes Lernen. Diese Liste für Lehrer/innen gibt Hinweise auf mögliche Problemzonen bei der Erstellung eines fächerübergreifenden Plans und bei der Kooperation zwischen Lehrern/innen mehrerer Fächer in Offenen Lernphasen.

VII. Leistungsfeststellung und Leistungsbeurteilung im kompetenzorientierten und Offenen Unterricht

Prinzipiell ist zu unterscheiden zwischen der Leistungs*feststellung*, bei der erhoben wird, was Schüler/innen können und was nicht, und der Leistungs*bewertung* und Leistungs*beurteilung*. Letztere sind Gutachten über die erbrachte Leistung, meist ausgedrückt in Noten (Stern 2008, 28 f.). Leistungs*feststellung* kann unabhängig von Noten stattfinden und soll Schülern/innen und Lehrern/innen Rückmeldung geben über die erworbenen Fähigkeiten und Kenntnisse, um Stärken und Schwächen festzustellen und möglicherweise notwendige Fördermaßnahmen einleiten zu können.

Aufgrund des weitgehenden Fehlens „eines vertretbaren Forschungsstandes zur Lerndiagnose, Leistungsmessung und Notengebung im Fach Geschichte" (Borries 2007, 654), ist die Geschichtsdidaktik und der Geschichtsunterricht auf Erkenntnisse und Anregungen der Pädagogik angewiesen. Diese geht in aktuellen Diskursen überwiegend davon aus, dass traditionelle Formen der Leistungsfeststellung und -beurteilung den Blick von Lehrern/innen einengen: „Häufig nehmen Lehrer nur wahr, was Schüler *nicht* leisten. Der Blick richtet sich auf Fehler und Hemmnisse im Lernprozess. Dabei bleibt verborgen, welche Qualitäten in den Schülerleistungen stecken." (Ruf 2006, 56) In diesem Sinn kann Leistungsfeststellung und -bewertung auch im Fach Geschichte weit über die so verbreiteten Tests und Prüfungen hinausgehen und vielfältige Formen umfassen, wie z.B. Beobachtungen, informelle Gespräche, Methoden der Fremd- und Selbstbewertung oder Lerntagebücher (vgl. dazu Winter 2006a, 69 f.).

Eine neue, auf Kompetenzen und Selbstständigkeit hin ausgerichtete Lernkultur erfordert auch neue Formen der Leistungsfeststellung und -beurteilung. Allerdings gestaltet sich das Überprüfen von Kompetenzen und von Kompetenzerweiterung als schwieriger als das Abfragen von Wissen (Stern 2008, 25) – und besonders Offene Lernaufgaben sind sehr viel einfacher zu gestalten, wenn sie nur Wissen abfragen und keine Kompetenzen anbahnen. Insbesondere im Unterrichtsfach Geschichte liegen noch kaum Beispiele für kompetenzorientierte Aufgaben im Rahmen von Leistungsfeststellung bzw. -beurteilung vor (vgl. dazu Windischbauer 2009, 14 ff.; Ammerer/Windischbauer 2011).

Im Folgenden werden einige Möglichkeiten und Beispiele für offene Aufgaben präsentiert, die Diagnosen von Kompetenzerweiterung ermöglichen.

1. Gestufte kompetenzorientierte Lernzielkontrolle

Die Stärkung von Selbsttätigkeit und Selbstständigkeit sind grundlegende Ziele des Offenen Unterrichts, zu deren Erreichung auch Phasen der Leistungsfeststellung und Leistungsbewertung nicht ausgeklammert werden dürfen.

Durch Selbstbewertung sollen Schüler/innen das eigene Lernverhalten besser kennenlernen, sich eigener Stärken und Schwächen besser bewusst werden und ihre Lernprozesse optimieren können (Amrhein-Kreml 2008, 60). Unabdingbar ist es, bei den Schülern/innen ein Bewusstsein für Maßstäbe und Kriterien zu schaffen und Methoden der Selbstbewertung schrittweise einzuführen. Zu Beginn sind kurze, angeleitete Reflexionen, wie z.B. die unten angeführten Beispiele zur gestuften Lernzielkontrolle anzuraten. Am Ende dieses Weges können Schüler/innen dazu animiert werden, z.B. selbstständig Lerntagebücher zu führen (Stern 2008, 55 ff., Amrhein-Kreml 2008, 48 f.).

Bei der gestuften Lernzielkontrolle (Stern 2008, 60) werden Selbst- und Fremdbewertung kombiniert: Im ersten Beispiel (Abb. 13), das sich auf die selbstständige Arbeit mit der Fotokartei (vgl. Kapitel V.1) bezieht, sind Bewertungen durch den/die Schüler/in, eine/n Mitschüler/in und den/die Lehrer/in vorgesehen. Beim zweiten Beispiel (Abb. 14), das sich auf die Analyse von Karikaturen bezieht, sind nur zwei Einschätzungen vorgesehen. Mögliche Divergenzen bei der Bewertung müssen besprochen werden.

Aufgabe	geprüft	Datum	Unterschrift	☺	😐	☹
Ich kann ein historisches Foto mit Hilfe einer der in der Kartei angebotenen Methoden analysieren.	selbst					
	Freund/in					
	Lehrer/in					

Abb. 13: Gestufte Lernzielkontrolle am Beispiel „Historische Fotos analysieren“

Aufgabe	Selbsteinschätzung			Einschätzung durch Lehrer/in		
	☺	😐	☹	☺	😐	☹
Ich kann die Aussage(n) einer Karikatur in eigenen Worten zusammenfassen.						
Ich kann Symbole einer Karikatur und ihre Bedeutungen erkennen.						
Ich kann Absichten eines Karikaturisten erkennen.						

Abb. 14: Gestufte Lernzielkontrolle am Beispiel „Analyse von Karikaturen“

2. Gruppenarbeiten bewerten

Gruppenarbeiten sind eine im Offenen Unterricht häufig angewandte Methode. Vielen Lehrern/innen scheint es problematisch, Gruppenarbeiten zu bewerten, da Einzelleistungen schwer festzustellen sind. Andererseits entstehen bei Gruppenarbeiten oft qualitätsvolle Produkte und manche Schüler/innen erbringen gerade im Rahnen dieser Sozialform besonders positive Leistungen, die einer Bewertung würdig sind.

Soll im Rahmen einer Gruppenarbeit eine Leistungsbewertung erfolgen, muss dies im Voraus angekündigt werden und die Kriterien sind offenzulegen. Die Bewertung sollte sowohl fachliche als auch soziale Kriterien beinhalten. Bei der Auswahl der Kriterien ist allerdings auf eine beschränkte Anzahl Wert zu legen, da der/die Lehrer/in andernfalls aufgrund zu vieler Beobachtungsaufgaben nicht mehr als Lernberater/in zur Verfügung stehen kann.

Auch in diesem Fall ist eine Kombination von Selbst- und Fremdeinschätzung empfehlenswert. Im vorliegenden Fall sind Einschätzungen der betreffenden Schüler/innen, der anderen Gruppenmitglieder und des/der Lehrer/in vorgesehen. Sind Schüler/innen mit solchen Formen der Bewertung vertraut, kommen erfahrungsgemäß sehr realistische Selbst- und Fremdeinschätzungen zustande. Das folgende Beispiel bezieht sich auf die Rekonstruktion von Geschichte anhand von Quellen und Darstellungen zum Thema „Martin Luther und die Reformation“ (vgl. Kapitel II.1.1)

Ein möglicher Arbeitsauftrag für eine kompetenzorientierte Gruppenarbeit könnte darin bestehen, mit Hilfe vorgegebener Quellen und Geschichtsdarstellungen ein historisches Ereignis wie z.B. „Martin Luther und die Reformation“ zu rekonstruieren. Den Gruppen stehen dafür unterschiedliche Quellen und Materialien zur Verfügung, wie z.B. Darstellungen aus unterschiedlichen Schulbüchern, unterschiedliche Auszüge aus den Thesen usw. (vgl. Abb. 15, S. 34).

Abb. 15: Aufgabenstellung für eine Gruppenarbeit – Beispiel: Martin Luther und die Reformation

Gestaltet mit Hilfe der vorgegebene Quellen und Darstellungen ein Plakat zum Thema „Martin Luther und die Reformation"!

Das Plakat muss folgende Gestaltungselemente enthalten:

1. Den Titel und einen eurer Meinung nach treffenden Untertitel.
2. Hinweise auf die verwendeten Quellen und Darstellungen.
3. Übersichtliche und verständliche Zusammenfassung der Ergebnisse der Arbeit mit dem zur Verfügung stehenden Material.
4. Nachdenkphase: Besprecht gemeinsam, was euch bei eurer Arbeit Probleme bereitet hat, was gut gelungen ist, welche neuen Informationen ihr gewonnen habt. Schreibt wichtige Ergebnisse dieser Nachdenkphase in Stichworten auf das Plakat.
5. Gestaltet das Plakat ansprechend, beachtet die formalen Vorgaben.

Als Grundlage für die Bewertung der Gruppenarbeit könnte der folgende Raster zur Verfügung gestellt werden: In der ersten Phase der Bewertung markieren die Schüler/innen jene Kästchen, die ihrer Meinung nach der Bewertung ihrer Arbeit entsprechen, mit rotem Farbstift. In der zweiten Phase setzen die Gruppenmitglieder blaue Markierungen, am Ende trägt die Lehrperson ihre Bewertung mit grünem Stift ein (Abb. 16).

Abb. 16: Beispiel für ein Raster zur Bewertung einer Gruppenarbeit (Erstellung eines Plakates)

Kriterien/Bewertung	Vollständig erreicht	Zufriedenstellend erreicht	Nicht erreicht
Übersichtliche und verständliche Zusammenfassung der Ergebnisse der Arbeit mit dem Material	Auf der Grundlage der verwendeten Materialien entsteht eine übersichtliche und verständliche Zusammenfassung.	Auf der Grundlage der verwendeten Materialien entsteht eine teilweise übersichtliche und verständliche Zusammenfassung.	Auf der Grundlage der verwendeten Materialien entsteht eine mangelhafte Zusammenfassung.
Nachdenkphase	Über die erhobenen Ergebnisse wird selbstständig nachgedacht und dieses Nachdenken wird schriftlich zusammengefasst.	Über die erhobenen Ergebnisse wird mit Hilfe nachgedacht und dieses Nachdenken wird schriftlich zusammengefasst.	Trotz angebotener Hilfe gelingt das Nachdenken über die erhobenen Ergebnisse und die schriftliche Zusammenfassung nicht.
Gestaltung	Ansprechende Gestaltung, Berücksichtigung aller formalen Vorgaben.	Durchschnittliche Gestaltung, Berücksichtigung des überwiegenden Teils der formalen Vorgaben	Schlampige und lückenhafte Gestaltung, formale Vorgaben nicht berücksichtigt.
Auswertung der Materialien	Die zur Verfügung gestellten Materialien werden eigenständig ausgewertet.	Die zur Verfügung gestellten Materialien werden mit Hilfestellung ausgewertet.	Die zur Verfügung gestellten Materialien werden trotz angebotener Hilfe nur mangelhaft ausgewertet.
Soziale Kompetenz	Verantwortung für die gemeinsame Arbeit wird übernommen, Kompromissbereitschaft fördert die Zusammenarbeit.	Verantwortung wird ansatzweise übernommen, Kompromissbereitschaft ist entwicklungsfähig	Wenig oder keine Beteiligung an der gemeinsamen Arbeit, wenig Kompromissbereitschaft, Störaktionen behindern die Arbeit.

In der Folge ist es unerlässlich, dass die Gruppen ihre Ergebnisse der Rekonstruktion präsentieren. Die zu erwartenden teilweise unterschiedlichen Ergebnisse müssen bewusst gemacht und diskutiert werden, denn dem kompetenzorientierten Unterricht kommt es gerade darauf an, zu zeigen, dass unterschiedliche Quellen und Darstellungen zu unterschiedlichen Rekonstruktionen ein und desselben Ereignisses führen können.

3. Themenmappe und Portfolio bewerten

Eine Form Offenen Unterrichts stellt das Erstellen von Portfolios dar. So könnten Schüler/innen über einen längeren Zeitraum im Rahmen Offener Lernstunden an einem Portfolio arbeiten. Allerdings ist auch hier – wie bei Offenen Lernformen insgesamt – zu berücksichtigen, dass das selbstständige Arbeiten an einem Portfolio viele allgemeine Kompetenzen – vor allem hinsichtlich der Selbstständigkeit und des Organisierens von Lernvorgängen – erfordert, die nicht einfach vorausgesetzt werden dürfen. Als Vorstufe für das anspruchsvolle Portfolio kann daher die Arbeit an Themenmappen durchgeführt werden, bei denen die Lernenden mittels kleinschrittiger Arbeitsanweisungen begleitet werden. Allerdings ist hier die Lenkung durch die Lehrperson wieder stärker und somit der Grad der Freiheit in höherem Maße beschränkt.

Unter einem Portfolio wird hier eine zielgerichtete Sammlung von eigenständigen Schülerarbeiten verstanden, welche die individuelle Leistung zeigen. „Dabei kann es sich um im Unterricht entstandene Arbeitsblätter, um Hausarbeiten und Referate, um ein Protokoll, einen Exkursionsbericht, eine Buchrezension oder um beliebige andere, aus eigenem Antrieb und Interesse entstandene Arbeiten handeln. Die Schülerinnen und Schüler entscheiden selbst darüber, was sie in ihr Portfolio aufnehmen wollen. Ihre Ausführungen ergänzen sie durch persönliche Lernberichte [...], die darüber Auskunft geben, was und wie sie gelernt haben, wie sie im Unterricht zurechtgekommen sind, wie sie ihre eigene Arbeit organisiert haben und einschätzen. Kurzum: Im Portfolio dokumentieren, präsentieren und reflektieren Schülerinnen und Schüler ihre Lernergebnisse und Lernprozesse." (Sauer 2006, 293; vgl. Brunner/Schmiedinger 2001)

Auf dem Weg hin zur Portfolioarbeit sind die Schüler/innen schrittweise zu beteiligen an der Auswahl der Inhalte, den Kriterien der Auswahl, der Formulierung der Ziele und der Festlegung von Beurteilungskriterien. Einen unerlässlichen Teil der Arbeit bildet die Reflexion über den eigenen Arbeitsprozess, die Teil von Beratungsgesprächen zwischen Lehrern/innen und Schülern/innen sein kann (Amrhein-Kreml 2008, 52 ff.)

- Arbeits- und Prozessportfolio: Sammlung vieler (aller) Arbeitsbelege eines Lernenden nach Vorgaben bezogen auf ein Ziel
- Themenportfolio (auch: Projektportfolio): Sammlung der Ergebnisse einer (individuellen) Themenbearbeitung
- Beurteilungsportfolio: Sammlung ausgewählter Leistungsbelege, die aus der Unterrichtsarbeit entstehen

Abb. 17: Auswahl an Portfolioarten (vgl. Häcker/Winter 2010, 294)

Portfolios werden mittlerweile leider oft inflationär eingesetzt und aufgrund von Überforderung der Schüler/innen verkommen sie manchmal zu Ansammlungen von copy-and-paste-Dokumenten aus dem Internet. Dient das Portfolio als Bewertungsgrundlage, ist es wichtig, vor Beginn der Arbeit Ziele und Ausführungsmodi mit allen Beteiligten zu klären und zu vereinbaren (Amrhein 2008, 52 f.). Um einfache Abschreibübungen aus der Sachliteratur oder eben copy-paste-Varianten aus dem Internet zu vermeiden, gilt es Arbeitsaufträge zu formulieren, die von den Schülern/innen tatsächlich selbstständig zu bearbeiten sind. In der Regel eignen sich dazu im Geschichtsunterricht regional- und lokalgeschichtliche Themen oder Lernarrangements mit historischen Quellen oder Materialien, die von der Lehrperson zur Verfügung gestellt werden.

Abb. 18: Vorgaben für ein Portfolio aus dem Fach Geschichte am Beispiel „Orientierung in der Zeit“

Portfolio
„Orientierung in der Zeit“

Folgende Dokumente muss das Portfolio umfassen:

- Ein ansprechend gestaltetes *Titelblatt* mit dem Titel „Orientierung in der Zeit“, versehen mit deinem Namen und der Bezeichnung deiner Klasse.
- Ein vom Lernpartner/von der Lernpartnerin erstelltes und von dir gelöstes *Aufgabenblatt* mit mindestens zehn beliebigen Jahreszahlen, denen du die richtigen Jahrhundertbezeichnungen zuordnest.
- Eine selbst erstellte Zeitleiste zu einer *historischen Person,* die im Rahmen des Unterrichts behandelt wurde. Diese Zeitleiste enthält neben wichtigen Eckpunkten der Lebensgeschichte auch mindestens vier kurze Erläuterungen von besonderen Ereignissen aus der Lebensgeschichte. ODER:
- Eine selbst erstellte Zeitleiste zu einem *historischen Ereignis,* das im Rahmen des Unterrichts behandelt wurde. Die Grundlage für diese Zeitleiste bilden die Texte im Geschichtsschulbuch. Diese Zeitleiste enthält neben wichtigen Eckpunkten des Ereignisses auch mindestens vier kurze Erläutungen.
- Protokoll eines *Beratungsgesprächs* mit der Geschichtelehrerin/dem Geschichtelehrer (dieses Gespräch darf nicht erst am Ende deiner Arbeit stattfinden!)
- *Nachdenken über die Arbeit (schriftlich)*: Wie ist es dir bei der Bewältigung der Aufgaben ergangen? Was ist dir leicht gefallen, wo hattest du Probleme? Was fandest du interessant/uninteressant? Welche Fortschritte hast du im Laufe der Arbeit gemacht?

Dir stehen zur Arbeit an diesem Portfolio drei Unterrichtsstunden zur Verfügung. Falls du mehrere Zeitleisten erstellst, wird dies natürlich positiv bewertet!

Eine Differenzierung könnte erfolgen, indem z.B. konkrete Ereignisse und Personen genannt werden, zu denen eine Zeitleiste erstellt wird (z.B. Caesar, Berta von Suttner, Marie Antoinette), und es werden vorbereitete Texte zu diesen Ereignissen/Personen zur Verfügung gestellt. Diese legitimen Differenzierungsmaßnahmen sollten aber mit dem Bewusstsein eingesetzt werden, dass dadurch die Wahlfreiheit der Schüler/innen in hohem Maße eingeschränkt wird.

Durch die durch die Portfolioarbeit ausgelöste veränderte Arbeitshaltung muss es auch zu einem Überdenken der Lernerfolgskontrolle bzw. der Leistungsdokumentation kommen (vgl. Adamski 2003b, 33 f.). Um gegenüber den Schülern/innen diesbezüglich höchstmögliche Transparenz zu gewährleisten, sollten den Lernenden die Bewertungskriterien (Abb. 19) bereits zu Beginn der Arbeit bekannt gegeben werden.

Bei allen Typen von Portfolios sollte darauf geachtet werden, dass das dialogische Prinzip zwischen den Lernenden bzw. zwischen Lernenden und Lehrenden (vgl. Brunner 2003, 90; Adamski 2003a; Winter 2008), das einer derartigen Methode im Lernprozess zu Grunde liegt, nicht durch ziffernmäßige Benotungen lehrerseitig aufgekündigt wird. Es sollte daher nach Peter Adamski neben der begleitenden mündlichen Rücksprache auch schriftliche und individuelle Feedbacks geben, etwa in Form eines Briefes bei der Rückgabe der Portfoliomappe. „Die Konzeption der Portfolio-Arbeit ist so angelegt, dass herkömmliche Formen der Leistungsbewertung an Bedeutung verlieren. Einerseits wird die individuelle Förderung von Lernen und damit auch die individuelle Erbringung von Leistungen sehr viel stärker in den Blick genommen, andererseits bleiben das Leistungsspektrum in der Klasse und die allgemeinen Lehr- und Lernziele für den Anfängerunterricht Geschichte Bezugspunkte der Leistungsbewertung.“ (Adamski 2003a, 32)

Arbeitsschritte	Arbeit erledigt am	Meine eigene Bewertung (☺😐☹)	Bewertung durch den/die Lehrer/in	Anmerkungen
Titelblatt gestaltet				
Aufgabenblatt für die Lernpartnerin erstellt				
Aufgabenblatt des Lernpartners gelöst				
Zeitleiste „historische Person" gestaltet ODER:				
Zeitleiste „historisches Ereignis" gestaltet				
Beratungsgespräch mit der Lehrerin geführt				
Über meine Arbeit nachgedacht				
Ich kann mich in der Zeit gut orientieren				

Abb. 19: Bewertungsraster für Portfolios – ein Beispiel (vgl. zu den Aufgaben Abb. 18)

4. Offene Lernphasen bewerten

Basiert der Offene Unterricht auf einem Wochenplan, so kann – über die bereits genannten Formen der Leistungsfeststellung und -bewertung hinausgehend – auch dieser selbst zur Grundlage von Bewertung werden. Allerdings muss auch hier darauf geachtet werden, dass die Schüler/innen nicht ständig in Bewertungssituationen gedrängt werden.

Um beurteilungsfreie Räume zu schaffen, gleichzeitig aber dem Offenen Unterricht genügend Bedeutung auch für die Bewertung zu geben, könnte es Regelungen bezüglich der Anzahl der zu erledigenden Aufgaben geben. Eine solche Regelung könnte lauten: Um zumindest ein Befriedigend im Zeugnis erreichen zu können, ist es notwendig, in der überwiegenden Anzahl der Wochenpläne zumindest alle Pflichtaufgaben zu erledigen (wobei natürlich darauf zu achten ist, dass diese Pflichtaufgaben für die Mehrheit der Schüler/innen zu erledigen sind, ohne unter großem Druck zu stehen). Vom Lehrer/von der Lehrerin als erledigt bestätigt werden allerdings nur jene Aufgaben, die sorgfältig bearbeitet wurden, unzureichend ausgeführten Aufgaben wird das Zeichen der Lehrerin/des Lehrers verweigert.

Die entsprechenden Aufzeichnungen der Lehrerin/des Lehrers könnten aussehen wie in Abb. 20 (S. 38) dargestellt.

In einer solchen Tabelle kann eingetragen werden, wie viele Aufträge die Schülerin/der Schüler erfüllt hat (z.B. bedeutet 3/3, dass von 3 Pflichtaufträgen 3, also alle, erfüllt wurden, bei 2/3 wurden nur 2 von 3 Pflichtaufgaben erfüllt, bei 4/2 wurden zusätzlich zu den 2 Pflichtaufträgen auch noch 2 Wahlaufgaben erfüllt). In der zweiten Zeile werden Aufzeichnungen über die Qualität der Aufgaben (in diesem Fall in Form von Smilies) festgehalten. So hat die Lehrperson den Überblick über mögliche Leistungsabfälle oder Leistungsverbesserungen. Erfüllt eine Schülerin/ein Schüler mehrere Pläne nicht vollständig oder in unbefriedigender Qualität, müssen mit dem Schüler/der Schülerin Gespräche geführt werden, um festzustellen, worin die Probleme bestehen, und um beratend helfen zu können.

Da die Gefahr besteht, dass manche Schüler/innen v.a. auf die Quantität und weniger auf die Qualität ihrer Arbeit achten, empfiehlt es sich, die Schüler/innen auch bei der Erfüllung der Aufgabe zu beobachten und in der untersten Zeile weitere Anmerkungen zur Qualität oder zum Arbeitsstil schriftlich zu vermerken, so z.B. wenn eine Schülerin/ein Schüler zwar langsam, aber sehr sorgfältig an einem Thema arbeitet.

Abb. 20: Beispiel für Aufzeichnungen für Bewertung von Wochenplänen

Name des Schülers/der Schülerin: Julian B.											
Wochenplan	1.	2.	3.	4.	5.	6.	7.	8.	9.	10.	
Anzahl der erledigten Aufträge	3/3	5/4	2/2	2/3	gefehlt	4/2	3/3	...	...	...	
Qualität der erledigten Aufträge	☺	☺	😐	☺	–	☹	😐				
Anmerkungen zum Arbeitsstil und zur Qualität der Arbeit: *J. arbeitet zwar langsam, die Ergebnisse zeugen aber von großem Verständnis. Wenn J. rascher arbeitet (z.B. 6. Wochenplan), leidet die Qualität darunter.*											

B. Beispiele für kompetenzorientierte Materialien

Im folgenden Abschnitt werden zu jeder der vier historischen Kompetenzen bzw. deren Teilkompetenzen (siehe Kapitel II) Materialbeispiele auf unterschiedlichen Niveaustufen und mit unterschiedlichen Freiheitsgraden (Öffnungen) hinsichtlich der Bearbeitung vorgestellt.

Die Beispiele sind als Anregungen für eigene Produktionen gedacht, weshalb auch die didaktisch-methodischen Überlegungen, die bei der Erstellung von Bedeutung waren, angeführt sind. Aus diesem Grund dürfen diese Annäherungen auch nicht missverstanden werden. Sie bemühen sich nämlich zwar einerseits, umsetzbare Wege im Rahmen einer domänenspezifischen Kompetenzorientierung aufzuzeigen, sollten jedoch andererseits vor allem als Bausteine, die es in eine größere unterrichtliche Inszenierung einzubetten gilt, betrachtet werden.

Versucht man im Rahmen des Offenen Lernens eine kompetenzorientierte Aufgabenkultur zu etablieren, gilt es u.a. neben der Heranführung an konventionelle Niveaustufen im Umgang mit Vergangenheit und Geschichte auch Freiräume und Angebote zu schaffen, welche die Möglichkeit bieten, darüber hinaus denken zu können, um etwa eigene/andere Wege der Beschäftigung bzw. eine kreative Problemlösung anzuwenden (vgl. Abb. 21, S. 40).

Die Bausteine und Settings, die in diesem Abschnitt des Buches präsentiert werden, verstehen sich daher als didaktisch-methodische Anregungen für eine situations- und lehrplanabhängige Weiterarbeit sowie oft auch nur als Teilschritte einer erst jeweils auszugestaltenden größeren Rahmenaufgabe, in die derartige Bausteine eingebaut werden können. Nicht das vorgeführte inhaltliche Beispiel oder das dabei bearbeitete Material sollte daher vorrangig wahrgenommen werden, sondern die damit kommunizierten didaktisch-methodischen Möglichkeiten, die man auf andere Fälle und Materialien transferieren sollte, um damit umfangreiche kompetenzorientierte Rahmenaufgaben zu gestalten, die einem konkreten Lernsetting entsprechen.

Abb. 21: Struktur von kompetenzorientierten Rahmenaufgaben

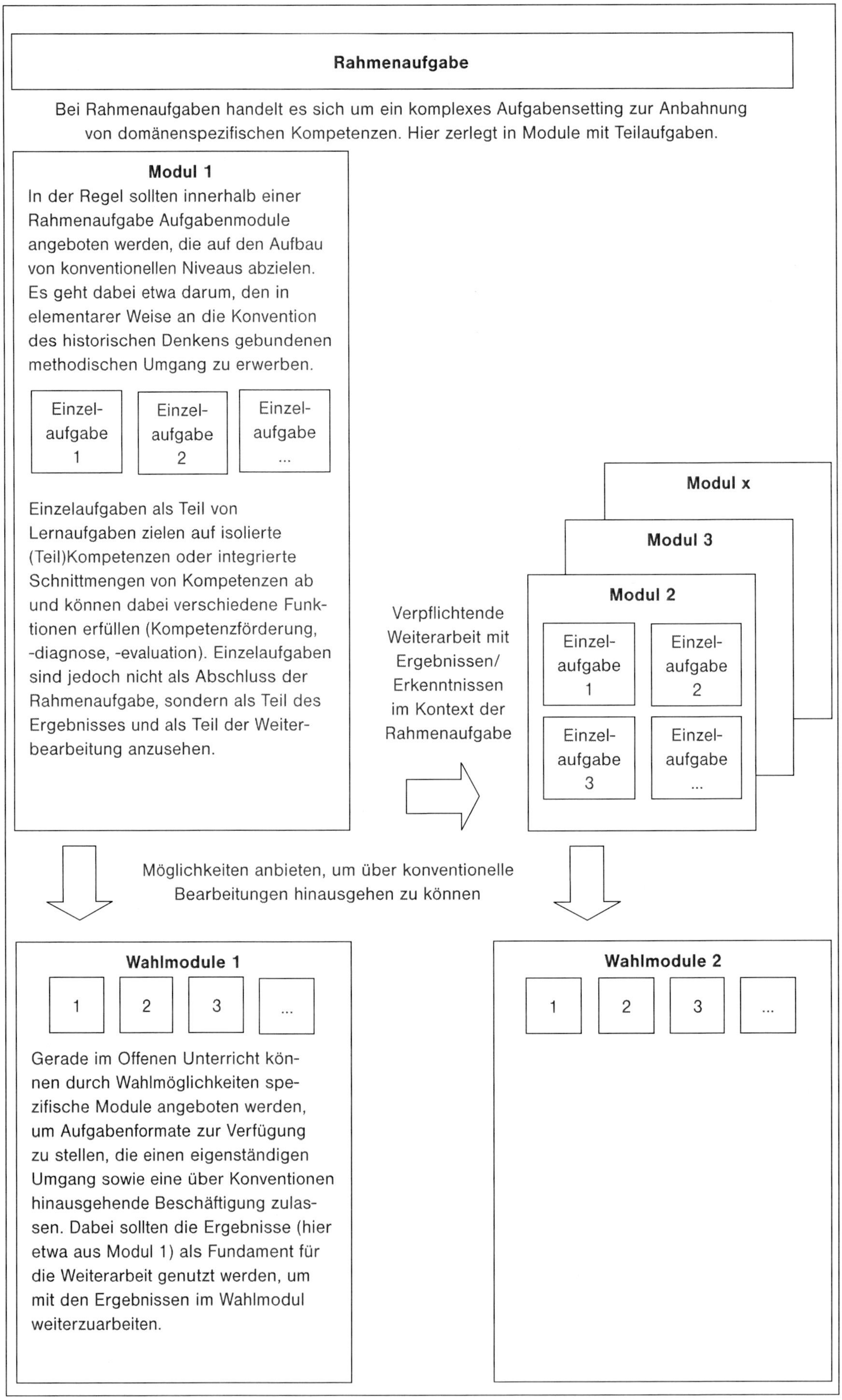

I. Historische Fragekompetenz

1. Geschichte = Antwort auf Fragen an die Vergangenheit

Dieses Material versucht den Schülern/innen anhand eines begrenzten Inhaltes zu verdeutlichen, dass historische Narrationen (lies: Geschichte), wie man sie etwa in Schulbüchern oder in Sachbüchern findet, immer Antworten auf ganz konkrete Fragen an die Vergangenheit darstellen. Aus diesem Grund wird den Lernenden ein Satz Karten mit kurzen Erzählungen über die Vergangenheit zur Verfügung gestellt und ein Satz Karten mit historischen Fragen, die den Ausgangspunkt der auf den anderen Karten erzählten Geschichten darstellen (vgl. Kühberger 2009, 29).

> Die Aufgabe besteht darin, die Fragen den dazugehörigen Erzählungen zuzuordnen. Auf der Rückseite der Karten mit den Fragen und den Erzählungen können Markierungen angebracht werden, damit die Schüler/innen ihre Lösungen selbst überprüfen können.

Der Vorteil dieser Aufgabe besteht darin, dass sich die Lernenden einerseits mit einem bestimmten Inhalt beschäftigen (Erzählungen über die Vergangenheit), aber gleichzeitig auch mit einem geschichtstheoretischen Prinzip konfrontiert werden, nämlich der historischen Frage als Ausgangspunkt für historische Erzählungen.

Eine anspruchsvollere Variante dieser Aufgabe kann darin bestehen, den Schülern/innen nur den Kartensatz mit den Erzählungen zu geben. Der Auftrag würde dann lauten, die Fragen zu den Erzählungen selbst zu formulieren. Als möglichen Lösungsansatz könnte man den Schülern/innen im Anschluss die Karten mit den Fragen zur Verfügung stellen. Dabei müsste jedoch darauf verwiesen werden, dass es bei einer solchen „Kontrolle" zu klären gilt, ob die von den Schülern/innen entwickelten Fragen nicht ebenfalls für die vorliegende Erzählung zutreffende Lösungen darstellen.

Die differenzierten Aufträge können folgendermaßen formuliert werden:

Auftrag/Partnerarbeit:

Erzählungen über die Vergangenheit („Geschichte") geben Antworten auf Fragen. Ordnet den kurzen Erzählungen über historische Ereignisse die entsprechenden Fragen zu. Zur Selbstkontrolle findet ihr auf der Rückseite der Kärtchen farbige Markierungspunkte.

Auftrag/Partnerarbeit:

Erzählungen über die Vergangenheit („Geschichte") geben Antworten auf Fragen. Findet zu den kurzen Erzählungen über historische Ereignisse die entsprechenden Fragen. Vergleicht die Lösung zur Selbstkontrolle mit der Lösungsmappe. Aber auch wenn eure Fragen anders lauten, können sie richtig sein! Fragt im Zweifelsfall eure Lehrerin/euren Lehrer.

Abb. 22: Erzählungen über die Vergangenheit geben Antworten auf Fragen

Mögliche Fragen (Kärtchen ausschneiden)	Textkärtchen (Kärtchen ausschneiden und laminieren)
Welche Rolle wird Mohamed im muslimischen Glauben zugeschrieben?	Der Prophet Mohamed lebte zwischen 570 und 632 auf der arabischen Halbinsel. Muslime glauben, dass er der wichtigste Prophet sei, der von Gott auserwählt wurde, um die heiligen Ideen und Gedanken zu verbreiten und zu unterrichten.
Warum anerkennen Muslime die Propheten Abraham, Moses und Jesus?	Muslime akzeptieren die meisten Lehren des Judentums und Christentums, weshalb sie auch Abraham, Moses und Jesus als Propheten anerkennen.
Wie verlief die Ausbreitung des Islam unmittelbar nach Mohameds Tod?	Der Islam wurde während Mohameds Leben und nach seinem Tod im Jahr 632 auf der arabischen Halbinsel zu einer wichtigen gesellschaftlichen Kraft. In den darauffolgenden 100 Jahren verbreitete sich das islamische Herrschaftsgebiet in Nordafrika und Spanien. Erst später dann auch in Asien und südlich der Sahara.
Warum breitete sich der Islam zwischen dem 7. und 8. Jahrhundert so rasch aus?	Ein wichtiger Grund für die Ausbreitung lag in der islamischen Idee des „Heiligen Krieges", der den Islam auch gewaltsam zu den Nichtgläubigen bringen sollte. Ein anderer Grund war, dass die damaligen Herrscher, die dem Islam anhingen, über ein gut ausgebildetes Militär verfügten und damit nach Wohlstand und fruchtbarem Land strebten. Viele eroberte Regionen wechselten freiwillig zum Islam oder wurden dazu gezwungen. Juden und Christen wurden tolerant behandelt, weil viele ihrer Lebensformen den muslimischen ähnlich waren.
Warum wird die Zeit zwischen 750 bis 1250 als das „goldene Zeitalter des Islam" bezeichnet?	In dieser Zeit entstanden viele kulturelle Errungenschaften, die sich später überall auf der Welt verbreiteten. So zum Beispiel • Mathematik (arabische Zahlen, das Konzept 0, Dezimalsystem) • Medizinische Versorgung (Erkennen und Behandlung von Pocken und Röteln) • Produktion bestimmter Luxusgüter (Glas, optische Instrumente) • Literatur und Architektur usw.
Aus welchen Gründen löste sich das große islamische Herrschaftsgebiet nach 1200 auf?	Das „goldene Zeitalter des Islam" endete, da es den damaligen Herrschern (den Abbasiden) nicht gelang, das große Gebiet zusammenzuhalten. Viele muslimische Gruppen wie die Araber, die Perser oder die Seldjuken, kamen nicht gut miteinander aus. Zudem brachten die Kreuzzüge der Europäer (1095-1291) viel Tod und Zerstörung in den Mittleren Osten.

Textbausteine verändert nach: Willner 2006[4], 36 und 282 ff.

2. Fragen zu historischen Narrationen finden

Stellt man den Schülern/innen ein Arbeitsblatt zur Verfügung, das eine längere historische Narration wiedergibt, wie man sie etwa in Schulgeschichtsbüchern findet, dabei aber die Zwischenüberschriften weglässt, könnte man die Lernenden dazu auffordern, dass sie anstatt der Zwischenüberschriften (historische) Fragen formulieren, die im jeweiligen Abschnitt beantwortetet werden.

> Die Aufgabe besteht darin, passende Fragen als Zwischenüberschriften zu finden. Dazu müssen die Lernenden die kurzen Narrationen ausreichend erschließen, damit sie sich darüber klar werden, auf welche Fragen in der Erzählung geantwortet wird.

Man sollte bei dieser Übung im Sinne des Erwerbs *historischer* Kompetenzen, beachten, dass sie nicht auf die Überprüfung der Lesekompetenz beschränkt bleibt (Förderung des Sinn erfassenden Lesens durch das Einfügen von Zwischenüberschriften), sondern vielmehr um eine Übung zur historischen Fragekompetenz. Schüler/innen sollen durch die Konfrontation mit der Aufgabenstellung erkennen, dass Geschichte die Antwort auf Fragen an die Vergangenheit darstellt.

Das Erkennen der fremden Fragestellungen in historischen Narrationen, die diese nicht ausreichend explizit angeben bzw. offen legen, ist zentral dafür, um historische Darstellungen hinsichtlich ihres Aussagewertes einschätzen zu können (vgl. Kühberger 2009, 28).

Im Sinn der Differenzierung wäre es bei diesem Aufgabenformat möglich, den Schülern/innen alle dazu benötigten historischen Fragen zur Verfügung zu stellen, so dass diese nur noch den richtigen Textbausteinen zugeordnet werden müssen. Etwas schwieriger wird die Aufgabe, wenn man den Lernenden einen Pool aus mehreren historischen Fragestellungen anbietet, aus dem die passenden Fragen herausgefiltert werden müssen und wiederum den entsprechenden Textpassagen zugewiesen werden.

Auftrag/Partnerarbeit:

Erzählungen über die Vergangenheit („Geschichte") geben Antworten auf Fragen. Findet heraus, auf welche historischen Fragen in den kurzen Texten Antworten gegeben werden. Schreibt sie auf die vorgegebenen Linien.

Auftrag/Partnerarbeit:

Erzählungen über die Vergangenheit („Geschichte") geben Antworten auf Fragen. Findet heraus, auf welche historischen Fragen in den kurzen Texten Antworten gegeben werden. Ordnet die hier aufgelisteten historischen Fragen den richtigen Abschnitten zu!

- Welche Glaubensvorstellungen hatten die Azteken?
- Wie kam es zum Ende des aztekischen Reiches?
- Von welchem Land wurden die Spanier angezogen?
- Wie gestaltete sich die erste Begegnung zwischen den Azteken und Spaniern?
- Welche Absichten verfolgten die Spanier im Land der Azteken?

Auftrag/Partnerarbeit:

Erzählungen über die Vergangenheit („Geschichte") geben Antworten auf Fragen. Findet heraus, auf welche historischen Fragen in den kurzen Texten Antworten gegeben werden. Sucht aus den hier angebotenen Fragen die passenden heraus und ordnet sie den richtigen Abschnitten zu!

- Warum wurde mit den Azteken friedlich verhandelt?
- Welche Glaubensvorstellungen hatten die Azteken?
- Wie kam es zum Ende des aztekischen Reiches?
- Welchen Zweck hatte Gold in Mittelamerika?
- Warum tat dies der spanische König?
- Von welchem Land wurden die Spanier angezogen?
- Wie gestaltete sich die erste Begegnung zwischen den Azteken und Spaniern?
- Welche Absichten verfolgten die Spanier im Land der Azteken?
- Welche Veränderungen fanden in Spanien statt?

Die Spanier erobern Mittelamerika[1]

....

Die Spanier wurden von Gerüchten über ein unermesslich reiches Land in Mittelamerika zu neuen Unternehmungen getrieben. Ihr Ziel: das Reich der Azteken. Dieses kriegerische Volk war im 13. Jahrhundert ins Hochland von Mexiko eingewandert. Die Azteken gründeten die Hauptstadt Tenochtitlan (heute: Mexico City) und unterwarfen die umliegenden Völker. Großartige Tempelpyramiden, viele Kunstwerke, wie z.B. Bilderhandschriften, Goldschmiedewerke oder Architektur, aber auch ein Kalender zeugen vom hohen Stand ihrer Kultur.

....

Von 1502 bis 1520 wurden die Azteken vom Priesterkönig Montezuma regiert. Sie verehrten zahlreiche Götter, einigen von ihnen brachten sie Menschenopfer dar.

Nur einer der großen Götter war in der Vorstellungswelt der Azteken gegen die Menschenopfer, aber der war vor langer Zeit nach Osten über das Meer geflohen. Die Azteken glaubten, eines Tages würde er als strafender Herrscher wiederkehren. Weiße Boten sollten ihn ankündigen – dieser Glaube wurde den Azteken zum Verhängnis.

....

1519 wurde Montezuma gemeldet, weiße Männer seien an der Küste gelandet. In Windeseile verbreitete sich die Kunde: Die Götter kehren zurück. Die Kampf- und Widerstandskraft der Azteken gegen die Eindringlinge war von vornherein wie gelähmt.

So konnte der Spanier Hernán Cortés ungehindert mit 11 Schiffen, 508 Soldaten, 16 Pferden und 11 Kanonen an der mexikanischen Küste landen.

....

Ziele seiner Expedition waren die Entdeckung und Erforschung des Landes sowie die Missionierung der Eingeborenen. Vor allem aber suchte Cortés Gold.

Die Spanier drangen ins Landesinnere Mexikos vor. Montezuma anerkannte die spanische Oberhoheit über sein Reich. Cortés ließ den König der Azteken dennoch gefangen nehmen, denn er hatte im Königspalast einen Teil des sagenhaften Goldschatzes entdeckt.

....

Als die Spanier anfingen, aztekische Priester zu töten, begann ein Aufstand der Azteken. Während dieser Kämpfe wurde auch Montezuma getötet. Die Spanier mussten daraufhin aus Tenochtitlan fliehen. 1521 griff Cortés die Hauptstadt an. Nach zweimonatigen Kämpfen wurde sie von den Spaniern erobert und niedergebrannt. Die Azteken waren auch durch Krankheiten, die die Spanier eingeschleppt hatten und an denen viele starben, geschwächt. Über 150 000 Krieger fielen im Kampf gegen die spanischen Angreifer. Das Reich der Azteken wurde ausgelöscht und die Bevölkerung versklavt. Als Zentrum des neuen Vizekönigreiches Neu-Spanien ließ Cortés auf dem Boden des zerstörten Tenochtitlan die Hauptstadt Mexiko errichten.

[1] Verändert nach: Donhauser 2008. S. 22-23. http://www.oebv.at/sixcms/media.php/71/325441/GuG3_Neue_Welt.pdf (28.1.2010)

Abb. 23: Auf welche Fragen antworten die Texte?

Da manchen Schüler/innen der Sekundarstufe I – insbesondere in den unteren Klassen – das Lesen oftmals Probleme bereitet, könnten auch kurze Textausschnitte aus Sachbüchern gewählt werden, zu denen Fragen gefunden werden sollen.

Die Aufgabe besteht darin, zu kurzen Textausschnitten sinnvolle Fragen zu finden. Dabei kann es sich auch um Fragen handeln, die nicht unbedingt historischen Charakter haben. Allerdings ist das Formulieren von zutreffenden Fragen zu einem historischen Text als Vorübung für den Erwerb historischer Fragekompetenz unerlässlich.

Eine Differenzierung kann erfolgen, indem aus einem Fundus bereits formulierter Fragen die richtigen ausgewählt und zugeordnet werden.

Auftrag/Partnerarbeit:

Auf welche historischen Fragen geben die folgenden Texte Antwort? Sucht in der Schachtel mit den Fragen die zutreffenden und ordnet sie zu. Achtung: Es gibt auch Fragen, auf die die Texte ***keine*** Antwort geben! Lest also sowohl die Fragen als auch die Antworten sorgfältig!

Auftrag/Partnerarbeit:

Auf welche historischen Fragen geben die folgenden Texte Antwort? Tragt jeweils eine mögliche Frage ein.

Abb. 24: Auf welche historischen Fragen geben die Texte Antwort?

Frage:

....

Die alten Römer liebten es genau wie wir, ihre Getränke mit Eiswürfeln zu kühlen. In der Frühzeit des Römischen Reiches (im 1. Jahrhundert n. Chr.) wurde bei üppigen Gastmählern Eis und Schnee in großer Menge gereicht und dem Wein zugesetzt.

Frage:

....

Römische Ärzte kannten bereits eine Reihe von Drogen, die als Schmerzstiller oder Schlafmittel verabreicht wurden, wobei Opium zu den verbreitetsten zählte. (...) Das wirkungsvollste Betäubungsmittel bei den Römern war die Alraunwurzel (= eine giftige Heilpflanze).

Frage:

....

In Rom bestand Uneinigkeit darüber, ob das Gesicht glatt rasiert sein sollte oder nicht. Traditionell trug der römische Mann einen Bart. Um 300 v. Chr. brachte jedoch der wohlhabende Publius Ticinius Maenas griechische Barbiere (= Haar- und Bartschneider) aus Sizilien nach Rom. Von da an setzte sich die Mode des Rasierens durch und hielt sich bis zur Regierungszeit Kaiser Hadrians (117-138 n. Chr.), der der Bartmode wieder zum Durchbruch verhalf.

Frage:

....

In Rom gab es eine strikte Kleiderordnung, die sogar die Farbe der Schuhe vorschrieb. Ein bestimmtes Rot beispielsweise war ausschließlich den Mitgliedern des Magistrats vorbehalten. Nur den Mächtigen wurde die ganze Farbpalette (= alle Farben) zugestanden.

Frage:

....

Als im Jahr 6 n. Chr. ein ganzes Viertel Roms niederbrannte, wurden die ***vigiles*** ins Leben gerufen, eine Feuerwehr, die aus siebentausend frei gelassenen Sklaven bestand, denen das Bürgerrecht zugesichert wurde, wenn sie eine sechsjährige Dienstzeit absolvierten.

Texte nach James/Thorpe 1998

Wie haben die Römer ihre Getränke gekühlt?	Welche Getränke liebten die Römer besonders?
Welche Mittel verwendeten die Römer zur Schmerzstillung und Betäubung?	Welche Medikamente verwendeten die Römer?
Wie trugen die Römer ihren Bart?	Wie hießen die römischen Friseure?
Welche Bestimmungen gab es in Rom bezüglich der Farben der Kleidung?	Warum liebten die Römerinnen und Römer die rote Farbe besonders?
Wie schützte sich die Stadt Rom gegen Feuer?	Welche Tätigkeiten verrichteten römische Sklaven?

Abb. 25: Mögliche Fragen (kopieren und ausschneiden und für eine mögliche Kontrolle oder als Hilfestellung zur Verfügung stellen)

3. Fragen an Personen aus historischen Quellen stellen

Fragen an die Vergangenheit können nicht in jedem Fall bearbeitet oder beantwortet werden. Oftmals fehlt die (ausreichende) Quellengrundlage dafür und man kann sich nur durch Thesen bzw. Analogieschlüsse annähern. Damit bleiben historische Fragen offen und dennoch dokumentieren sie – auch wenn sie unbeantwortet bleiben – bestimmte Interessen der Fragenden bzw. unserer Gegenwart. Dadurch kann im Lernprozess verdeutlicht werden, dass man einerseits noch nicht alles erforscht hat, andererseits dass es auch den Schülern/innen ermöglicht wird, sich einzubringen. Geht man von einem historischen Egodokument (u.a. Eintrag in ein Tagebuch, persönlicher Brief) aus, kann man die Lernenden dazu anregen, Fragen an die Verfasserin/den Verfasser zu stellen. Auf diese Weise verlieren historische Fragenkonstruktionen an Abstraktheit und tatsächliche Fragen an die Vergangenheit werden ausgelöst (Kühberger 2009, 25 f.).

> Die Aufgabe besteht darin, Fragen an die Verfasserin/den Verfasser einer subjektiven Quelle (Egodokument) zu stellen. Die Lernenden sollen den historischen Kontext, der in der Quelle eröffnet wird, und vor allem die individuellen Umstände der Person beachten, um historische Fragen an die Quelle zu formulieren.

Aufträge/Partner- oder Gruppenarbeit:

1. Welche Frage würdet ihr an den Verfasser dieses Briefes richten wollen?
2. Wenn ihr die Möglichkeit hättet, mit Carolus Prang zu sprechen, an den sich dieser Brief wendet, was würdet ihr ihn gerne fragen?
3. *Wahlaufgabe:* Welche Fragen zur Überfahrt von Europa in die USA stellt ihr euch?

In Erweiterung könnte man im Anschluss an diese Aktivität auch danach fragen, was man machen müsste, um Antworten auf die von den Schülern/innen genannten Fragen zu finden. Dieser Bereich zeigt den Überschneidungsbereich zwischen der historischen Fragekompetenz und den unterschiedlichen Teilbereichen der historischen Methodenkompetenz auf und kann damit auf grundlegende Strategien verweisen: Wo finde ich historische Forschungsergebnisse zu einer bestimmten Epoche? Wie recherchiere ich in Bibliotheken/im Internet? Wo lagern eigentlich historische Quellen? Wie viele Quellen zu diesem Thema gibt es überhaupt? etc.

Da aufgrund der zu erwartenden unterschiedlichen Fragen, die gestellt werden, eine Selbstkontrolle in diesem Fall nicht sinnvoll erscheint, empfiehlt es sich, diese Aufgabe in Form einer Partner- oder Gruppenarbeit durchführen zu lassen. In den Gruppen soll über die Qualität der Fragen gesprochen werden.

Abb. 26: Fragen an den Verfasser eines Egodokumentes stellen

Im Frühjahr 1887 wanderte Robert Prang (geboren 1857 in Nikolaiken/Ostpreußen) nach Chicago aus. In seinem ersten Brief, den er nach Hause an seinen Bruder schrieb, erzählt er über die Überfahrt folgendes:

„Lieber Carolus!

Endlich bin ich in der Lage, um Dir in Ruhe mittheilen zu können, wie es mir ergangen ist und jetzt geht. Wir haben eine furchtbare Seereise gehabt. In Folge eines Orkans, den wir in den letzten Tagen durchzumachen hatten, blieben wir 5 Tage länger auf See, als die Reise gewöhnlich dauert und hatte ich dabei das Unglück, gegen eine eiserne Stange geschleudert zu werden u. mit dem linken Auge gegen dieselbe zu stoßen, sodaß mir eine Wunde dicht am Auge genäht werden mußte, und ich mit ganz geschwollenen Augen und beinahe blind in Ney Jork (= New York), wo wir von Sonnabend bis Sonntag warten mußten, ankam. Die Verpflegung auf dem Schiff war miserabel, auch ist es auf den Prospecten gelogen, daß man 2 Tage hier an Bord bleiben darf. Die Passagiere werden nach der zollamtlichen Abfertigung in einen andern Dampfer geladen u. fahren nach Ney Jork, während der große Dampfer weiter fährt und an einer andern Stelle anlegt. Da wir nicht wußten, wann wir weiter befördert wären, mußten wir den kleinen Dampfer benutzen, um zunächst vom Agenten [= Reisevermittler] Auskunft über die Weiterreise zu erhalten. An Bord des großen Dampfer blieb niemand. In Ney York logierte ich im Emigranten Haus für 1 Dollar mit Verpflegung pro 24 Stunden. Auf dem Schiffe konnte man sich Essen für theures Geld aus der Küche kaufen, das ich erst am Schluß der Reise zu bezahlen brauchte. Montag traten wir die ungefähr 250 deutsche Meilen weite Fahrt nach Chikago an, die 2 Nächte und einen Tag gedauert hat, und auf welcher wir uns selbst verpflegen mußten. So kam ich mit ca. 9 Dollar und verschwollenem Gesicht in Chikago an. Was haben wir uns doch für einen falschen Begriff von dieser Riesenstadt in K. (Königsberg/Preußen) gemacht! Chikago ist ungefähr 4 deutsche Meilen lang, eine deutsche Meile breit und hat ca. 850 000 Einwohner. [...]"

aus: www.auswandererbriefe.de/regionale.../BB_Prang-10-04-1887.doc [3.3.2010]

4. Unterschiedliche Fragen an eine historische Quelle stellen

Will man historische Quellen zum „Sprechen" bringen, müssen Fragen an sie gestellt werden. Je nach Ausrichtung der Fragestellung wird man dabei dann auf unterschiedliche Ausschnitte der Quelle fokussieren (selektives Bearbeiten von Quellen). Damit Schüler/innen erkennen, dass ein und dieselbe Quelle für unterschiedliche historische Fragestellungen herangezogen werden kann, sollte man den Lernenden eine historische Quelle präsentieren und verschiedene historische Fragestellungen, die man an diese Quelle herantragen kann, an sie richten. Dabei ist es nicht sinnvoll, eine zu kurze Quelle zu wählen, weil dadurch der Differenzcharakter der zu identifizierenden Ausschnitte nicht besonders groß sein wird. Unabhängig davon ist es jedoch durchaus möglich, dass gleiche Ausschnitte aus einer Quelle für unterschiedliche Fragestellungen bzw. für die Beantwortung der Fragen herangezogen werden.

Die Aufgabe besteht darin, mit Buntstiften die jeweilig adäquaten Stellen in der historischen Quelle zu markieren, die zur Beantwortung der gestellten Fragen herangezogen werden können.

Aufträge/Einzel- oder Partnerarbeit:

1. Was erfahren wir aus dem Brief über die Lebensbedingungen der Frau Mitte der 1930er Jahre? Unterstreiche mit einem blauen Stift jene Teile der Quelle, die uns darüber Auskunft geben.
2. Was erfahren wir aus diesem Brief über die Sozialhilfe der 1930er Jahre? Unterstreiche mit einem roten Stift jene Teile der Quelle, die uns darüber Auskunft geben. Manche Textteile können rot *und* blau unterstrichen werden!

Dieser Zugang versucht den Schülern/innen zu verdeutlichen, dass an eine Quelle unterschiedliche Fragen gestellt werden können und dadurch jeweils unterschiedliche Teile der Quelle an Interesse gewinnen. Mit diesem Identifizieren der Inhalte ist jedoch erst ein allererster Schritt getan. Im folgenden gebundenen Unterricht sollten darüber hinaus Aspekte der historischen Quellenkritik aufgegriffen werden, um den Lernenden nicht den Eindruck zu vermitteln, dass der Brief uns einen unmittelbaren Zugang zur Vergangenheit legt und man keine differenzierte Quellenkritik benötigen würde.

Durch ein Aufgreifen der historischen Quellenkritik im Unterricht und eine Reflexion der Gattung „Bittbrief an eine offizielle Stelle" muss verdeutlicht werden, dass es sich etwa um eine strategische Kommunikation zwischen der Frau und den Behörden handelt. Für den weiteren Verlauf dieses Beispiels kann man mit Gattungskarteikarten (Kapitel II.4.1) oder einer Methodenkartei arbeiten.

Salzburg, am 17. April 1935

Hochverehrter Herr L a n d e s h a u p t m a n n!

Bitte vorweg gütigst entschuldigen zu wollen, daß ich mir erlaube, mich direkt an Sie, hochverehrter Herr Landeshauptmann zu wenden, aber ich sehe keinen anderen Weg mehr, um mich buchstäblich vor dem Verhungern zu schützen.

Ich bin eine alte Frau mit nahezu 70 Jahren, durch langjähriges Gichtleiden schon seit Jahren zu jeder Arbeit unfähig, ohne irgend welche Angehörigen, die mir helfen könnten und daher einzig und allein auf die Armenunterstützung des Stadtmagistrates Salzburg angewiesen, von der ich meinen Lebensunterhalt, die Kosten für mein Küchenzimmer in der Badergasse nebst Licht und Beheizung (monatlich 7 S) und alle sonstigen Auslagen (Bekleidung, Medikamente etc.) bestreiten muß. Diese Armenunterstützung betrug bis Dezember 1934 wöchentlich 6 S, war also schon damals derart knapp bemessen, daß ich nicht wußte, wie ich mir das Geld vom Mund absparen könnte, um ein bischen Milch und Kaffee zu haben, das Tag für Tag meine ganze Nahrung bildete.

Im Jänner d.J. erhielt ich nun ganz überraschender Weise eine Zuschrift des Stadtmagistrates, worin mir mitgeteilt wurde, daß diese Unterstützung ab Jänner aus Einsparungsgründen auf 4,50 S herabgesetzt wird. Diese Maßnahme gibt mich, wenn sie noch länger aufrecht bleibt, ohne irgend welche Uebertreibung gesprochen, dem Hungertod preis.

Ich habe in einer Bittschrift an den Stadtmagistrat meine verzweifelte Lage dargestellt, die ihm übrigens ohnedies bekannt ist, und zu erreichen versucht, daß von dieser Härte wenigstens bei mir abgesehen wird, da ich infolge meines Leidens nicht einmal betteln gehen kann. Die Antwort war eine ablehnende, indem das Fürsorgeamt der Stadtgemeinde sich darauf berief, daß die Kürzung eine allgemeine ist und bei einzelnen keine Ausnahme gemacht werden könn[e.]

Ich wurde allerdings darauf vertröstet, daß bei Besserung der finanziellen Lage auf mich wieder Rücksicht genommen werden wird.

Von diesem Trost kann ich leider nicht leben.

Ich bin körperlich schon in einem Zustand, daß ich mich kaum mehr fortbewegen kann und habe auch keine Möglichkeit, das städt. Versorgungshaus aufzusuchen, da ich dort wegen Überfüllung gar nicht unterkommen könnte.

So richte ich denn einen letzen Hilferuf an Sie, hochverehrter Herr Landeshauptmann, und bitte inständig, mir irgend eine Unterstützung zukommen zu lassen oder Ihren Einfluß beim Stadtmagistrat geltend zu machen, um meine ganztrostlose Lage zu Lindern.

Ihre bewährte Hilfsbereitschaft Armen gegenüber ist mit ja bekan[nt,] so daß ich hoffen darf, meine Bitte nicht vergeblich vorzubringen.

Meine Adresse ist: [...]

In ganz ergebener Hochachtung

[Unterschrift]

Quelle: Salzburger Landesarchiv, Rehrl Briefe 1935 (1472) – Brief von Maria D./17.4.1935. – zitiert nach: Kühberger 2004, 48-50.

Abb. 27: Unterschiedliche Fragen verändern den Informationswert einer Quelle

II. Historische Sachkompetenz

1. Chronologie und Zeitkonzepte im historischen Lernen

In der Unterrichtspraxis stößt man – auch im chronologisch aufgebauten Geschichtsunterricht – regelmäßig auf das Schülerlamento, dass die Lernenden nicht wissen würden, in welcher Epoche das besprochene Fallbeispiel des Unterrichts stattgefunden hat bzw. in welchem zeitlichen Horizont es sich abgespielt habe. Dem Problem der zeitlichen Orientierung sollte daher regelmäßig begegnet werden und nicht nur kurz beim Einstieg in das Fach „Geschichte" (vgl. Dawson 2004, 14-24).

Geschichtsunterricht wird traditionell chronologisch, also entlang des Zeitstreifens organisiert. In empirischen Untersuchungen hat sich jedoch gezeigt, dass diese Chronologie als Ordnungsprinzip eher den Lehrern/innen hilft, ihre Inhalte zu strukturieren, als dass die Schüler/innen die Gelegenheit erhalten, diese Chronologie zu erlernen bzw. zu verstehen (Borries 2004, 138 f.). Chronologische Orientierung erlernt man nicht nebenbei, sondern sie muss durch eine rhythmische Wiederkehr im Unterricht, im Sinn von Wiederholung und Festigung anhand von unterschiedlichen Fallbeispielen aus unterschiedlichen Epochen eingeübt werden. Dabei sollte man jedoch nicht nur starre Schemata vermitteln, die vor allem einer groben Einordnung und Orientierung dienen (u.a. Einteilung in Mittelalter oder Neuzeit, Kulturepochen), sondern auch komplexere Konzepte und zeitliche Fragestellungen, die derartige systemische Fixierungen im Denken flexibilisieren (z.B. Wann endet die Antike? Was versteht man unter dem langen 19. Jahrhundert? Welche Zeitrechnungen gibt es neben der christlichen?).

Abb. 28: Hintergrundinformationen zur Zeitrechnung

> Die Zeitrechnung ist die lineare Struktur, mit der in der Geschichtswissenschaft „Zeit" modelliert wird. Heute hat sich auf der Welt, nicht zuletzt wegen der imperialistischen Expansion Europas in den vergangen Jahrhunderten, die europäisch-christliche Zeitrechnung durchgesetzt.
>
> Daneben sollte man jedoch etwa auch die jüdische Zeitrechnung, welche die Jahre seit der Erschaffung der Welt (5771 = 2010/2011 n. Chr.), oder die muslimische Zeitrechnung, welche die Mondjahre seit der Auswanderung des Propheten Mohammed zählt (1431 = 2010 n. Chr.), und der man in vielen Ländern der Erde begegnet, in derartige systemische Überlegungen einbauen.
>
> Neben diesen in religiösen Kontexten entwickelten Recheneinheiten existieren zudem ganz unterschiedliche Modelle, mit denen man Schüler/innen konfrontieren könnte, um ein Verständnis für die „Gemachtheit" von Zeitrechung aufzubauen. So zum Beispiel war es im antiken Rom üblich, Zeitangaben an die Regierungszeit von Kaisern (zuvor von Senatoren) zu binden, wie wir dies etwa auch in der Bibel, aber natürlich auch in vielen anderen historischen Quellen dieser Zeit finden.
>
> Aber auch andere politische Systeme versuchen einen eigenen Kalender und damit eine eigene Zeitrechnung zu etablieren (vgl. z.B. in Japan nach der Regierungszeit der Kaiser, Französische Revolution/1789 als *„an I de la liberté"* oder auch der italienische Faschismus/*„era fascista"* beginnend mit dem Jahr des Marsches auf Rom 1922).

Das Arbeiten mit Zeitleisten, auch mit verkürzten Ausschnitten aus der Menschheitsgeschichte (z.B. zur römischen Antike), hat den Sinn, den abstrakten Zeitverlauf abzubilden und anschaulich darzustellen. Neben einer zeitlichen Orientierungsfunktion innerhalb der gesamten Menschheitsgeschichte, um etwa zu verdeutlichen, wie wenig zeitliche Ausdehnung eine behandelte Periode oder Epoche einnimmt, kann es bei der Beschäftigung mit Zeitleisten gelingen, systematische und strukturierte Betrachtungen darzulegen. Vor allem zum Durchdringen von historischen Narrationen sollte man durchaus auf ein collagenartiges Nebeneinander von Zeitangaben, Bildern/Fotos, kurzen Erklärungen etc. zurückgreifen (Sauer 2004, 261 ff.). Dabei werden geistig vorstellbare bzw. rekonstruierte Zeitpunkte/-verläufe „in die sinnlich wahrnehmbare Dimension des Raumes" als Vorstellungsstütze übertragen (Gautschi 2005, 154). Durch ein Verknüpfen der dort gebotenen Details, wie dies etwa auch bei Tafelbildern oder Concept-Maps geschieht, können unterschiedlichste Dimensionen und Zusammenhänge sichtbar gemacht werden. Werden die Möglichkeiten der Zeitleiste kompetent eingesetzt, können damit nicht nur Zeitpunkte oder Zeitverläufe dargestellt werden, sondern auch gleichzeitige Abläufe oder Überlappungen von nebeneinander oder miteinander verlaufenden Prozessen (vgl. Kühberger 2009, 95 ff.; Gautschi 2005, 155).

Die im Folgenden vorgestellten Materialien versuchen Sachkompetenz im Bereich von zeitlichen Abläufen anhand unterschiedlicher Übungen aufzubauen.

1.1 Zeitliche Verläufe nachvollziehen

Versucht man Chronologie als Lernbereich des Geschichtsunterrichtes stärker zu positionieren, wird man sich im Anfängerunterricht mit Fragen des Vorher und Nachher beschäftigen müssen, wie dies in historischen Narrationen auftritt. Erzählungen über die Vergangenheit, wie sie vor allem in Schulbüchern oder Sachbüchern auftreten, sind für Schüler/innen der Sekundarstufe I in der Regel komplexe narrative Gebilde, da über meist unbekannte Zusammenhänge mit oft elaborierten Fachbegriffen, unterschiedlichen grammatikalischen Tempi und hierarchisierenden Kausalverbindungen eine argumentative Struktur entsteht, die so gar nicht dem in PISA diagnostizierten Leseniveau der Mehrheit der Schüler/innen entspricht (vgl. Kühberger/Windischbauer 2009, 22 f.). Aus diesem Grund macht es Sinn, sich auch mit dem Vokabular und den Konzepten der zeitlichen Ordnung auf verschiedenen Abstraktionsniveaus zu beschäftigen. Das Alltagsverständnis der Lernenden spielt dabei ebenso eine Rolle wie eine anzustrebende Differenziertheit in der Lexik.

Eine Möglichkeit besteht darin, dass Schüler/innen zu einer historischen Narration ein die chronologischen Eckpunkte sichtbar machendes Concept Map erstellen. Zu diesem Zweck kann man den Lernenden etwa Darstellungen aus Schul- oder Sachbüchern zur Verfügung stellen oder sie entsprechend adaptieren, da sich bei der Sichtung von möglichen Beispielen in Schulbüchern der Sek. I gezeigt hat, dass die dortigen Darstellungen dazu tendieren, die Möglichkeit einer zeitlichen Einordnung zu verschleiern.

Bei dieser Übung sollte jedoch darauf geachtet werden, dass es sich nicht nur um eine inhaltliche Arbeit handelt (Inhaltsorientierung oder Leseverständnisübung), sondern dass den Lernenden die zeitliche Abfolge und ihre Abschnitte deutlich werden. Fragen zu den herausgelösten zeitlichen Daten können etwa die Dauer der beschriebenen Prozesse verdeutlichen.

Die Aufgabe besteht darin, eine Erzählung über die Vergangenheit in ihrem zeitlichen Verlauf in einer Kombination aus Zeitleiste und kurzen Erläuterungen darzustellen. Eine Differenzierung könnte in diesem Fall von einem leeren Blatt als Ausgangspunkt, über die Zur-Verfügung-Stellung der unausgefüllten Struktur bis hin zu einfachen Zuordnungen erfolgen.

Aufträge/Einzel- oder Partnerarbeit:

1. Unterstreiche im Text alle Zeitangaben und zeitlichen Zusammenhänge mit einem roten Stift!
2. Versuche nun, die zu den zeitlichen Angaben gehörigen Ereignisse oder Umstände herauszufinden. Unterstreiche sie mit einem blauen Stift.
3. Erstelle nun ein Schaubild zum zeitlichen Verlauf der Vorgeschichte der Reformation.

Um die Arbeitsaufträge für unterschiedliche Lernniveaus zu differenzieren, bieten sich folgende Möglichkeiten, die je nach Notwendigkeit miteinander kombiniert werden können:

- Den Schülern/innen wird eine historische Darstellung (Geschichte) zur Verfügung gestellt, in der bereits Ereignisse und Umstände gekennzeichnet sind. Die Lernenden müssen nur noch die dazugehörige zeitliche Dimension herausfinden.
- Den Schülern/innen wird eine Struktur eines Schaubildes zur Verfügung gestellt, in dem bereits z.B. die Jahreszahlen eingetragen sind. Der Rest muss durch die Lernenden ergänzt werden.
- Bei der Arbeit mit in den Erzählungen über die Vergangenheit (Geschichte) verpackten Zeitdimensionen sollte darauf geachtet werden, dass die Schüler/innen im Verlauf ihrer Schulzeit auch mit nicht chronologisch verlaufenden Erzählmodellen konfrontiert werden. Falls dies die Unterrichtsmaterialien oder Schulbuchtexte nicht anbieten, kann man selbst derartige Erzählungen verfassen, die etwa mit dem Ergebnis einer historischen Entwicklung beginnen und davon ausgehend chronologisch rückwärts die entsprechenden Entwicklungsstränge beleuchten.

Abb. 29: Zeitdimensionen in Erzählungen über die Vergangenheit

Martin Luther und die Vorgeschichte der Reformation

Im Mittelalter stand an der Spitze der christlichen Kirche der Papst. Im Spätmittelalter wurden kritische Stimmen gegen die Kirche und ihren Umgang mit den Menschen laut. So kritisierte man etwa Papst Leo X. (1513-1521) wegen seines luxuriösen und verschwenderischen Lebens in Rom.

Im Oktober 1517 schrieb der Mönch Martin Luther an den Erzbischof von Mainz einen Brief mit 95 Thesen, um eine Diskussion zu aktuellen Fragen der Kirche anzuregen. Luther wollte Probleme und Missstände aufzeigen. Die Thesen verbreiteten sich rasch im deutschsprachigen Raum. Viele fanden die Kritik an der Kirche gerechtfertigt. Da dies der Kirche schadete, verlangte Papst Leo X. daher 1518, dass Martin Luther seine Thesen zurücknahm. Luther tat dies nicht. Der Papst schloss Luther daher zwei Jahre später aus der Kirche aus. Luther wollte seine Thesen auch nicht am Reichstag in Worms (1521) vor dem Kaiser und den versammelten Reichsfürsten zurücknehmen. Dies hatte zur Folge, dass der Kaiser Luther für ‚vogelfrei' erklärte. Nun sollte niemand ihn aufnehmen oder seine Bücher lesen. Wer ihn tötete, würde nicht bestraft werden. Deshalb lebte Luther ca. zwei Jahre auf der Wartburg in Thüringen, wo er das Neue Testament vom Lateinischen ins Deutsche übersetzte.

Die Reformation war zu diesem Zeitpunkt nicht mehr aufzuhalten. Viele Gemeinden verjagten sogar ihre katholischen Priester und schufen die Beichte ab. Gottesdienste wurden nunmehr vielerorts in deutscher Sprache statt auf Latein abgehalten. (Abgeändert nach Christoffer 2007, 186 ff.)

Abb. 30: Skizze einer möglichen Lösung für ein Schaubild zum zeitlichen Ablauf

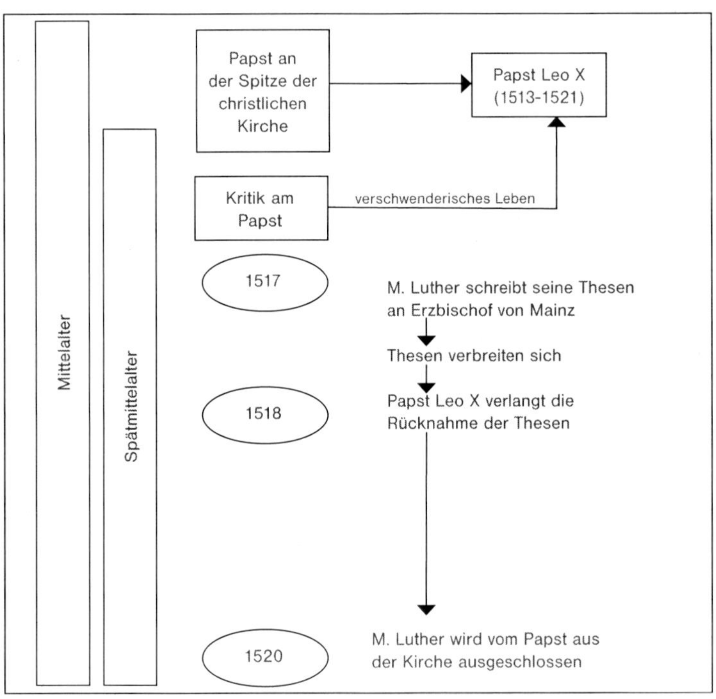

Eine andere Möglichkeit besteht darin, dass eine historische Narration (etwa die Biografie einer Person oder die Ausbreitung von Herrschaftsgebieten oder einer Seuche) in Einzelteile zerlegt wird, um im Anschluss chronologisch richtig zusammengesetzt zu werden.

Die Aufgabe besteht darin, dass die Lernenden die Textteile in die richtige chronologische Reihenfolge bringen. Im Anschluss sollten (wie in der Übung oben) die zeitlichen Entwicklungsschritte herausgearbeitet werden.

Auftrag: Einzel- oder Partnerarbeit:

Die Erzählung über die Ausdehnung der römischen Herrschaft ist durcheinander geraten. Schneide die Textbausteine aus und klebe sie im richtigen zeitlichen Verlauf auf ein Blatt.

Die Ausdehnung der römischen Herrschaft

Julius Caesar eroberte zwischen 58 und 51 v. Chr. als Statthalter von Gallien große Gebiete in Mitteleuropa. In den Jahrzehnten danach wurden auch die Gebiete des heutigen Österreichs bis zur Donau, Teile der englischen Inseln und des heutigen Rumänien erobert.

Der Sage nach wurde Rom 753 v. Chr. gegründet. Es gibt jedoch archäologische Funde, die belegen, dass es an der Stelle Roms bereits um 1000 v. Chr. einzelne Siedlungen gab. Sie wuchsen um 700 v. Chr. zu einer Stadt zusammen.

Die größte Ausdehnung erreichte das römische Reich unter Kaiser Trajan, der zwischen 98 und 117 n. Chr. regierte.

Im 2. und 1. Jh. v. Chr. dehnte sich das römische Herrschaftsgebiet weiter aus. Griechenland, Kleinasien und weitere Teile der iberischen Halbinsel wurden eingegliedert.

Lange Zeit beherrschten die Römer nur das Gebiet, wo der Fluss Tiber ins Mittelmeer mündete. Nach und nach eroberten sie das Gebiet der Etrusker und auch im Süden nahmen sie die griechischen Kolonien ein. Ab 275 v. Chr. beherrschten die Römer nahezu den gesamten italienischen Stiefel.

In der Mitte des 3. Jh. v. Chr. kamen die Römer mit den Karthagern (auch Punier genannt) in Kontakt. Karthago war eine ursprünglich phönizische Kolonie in der Nähe der heutigen Stadt Tunis (Tunesien) und beherrschte zu dieser Zeit das Mittelmeer. In den drei Punischen Kriegen (264-241, 218-201, 149-146 v.

Abb. 31: Eine Erzählung über die Vergangenheit in die richtige Reihenfolge bringen

Adaptiert nach Schulbuchtexten aus: Rohr/Gutschner 2005, 25; Christoffer 2007, 94 f.

1.2 Jahr-Jahrhundert-Zuordnung

Hierbei handelt es sich um eine Zuordnungsaufgabe, bei der den Schülern/innen zwei verschiedene Kartensätze angeboten werden. Auf einer Karte befindet sich jeweils ein konkretes Jahr (z.B. 1758), auf einer anderen Karte das dazugehörige Jahrhundert, in dem dieses Jahr liegt (hier: 18. Jahrhundert). Im Mittelpunkt dieser Übung steht damit das konzeptionelle Verständnis, wie die europäisch-christliche Zeitrechnung hinsichtlich der Zuordnung von bestimmten Jahren zu bestimmten Jahrhunderten erfolgt.

Die Aufgabe besteht darin, die zusammengehörigen Karten (Jahr und Jahrhundert) herauszufinden. Zu Beginn werden die Karten alle mit der Schrift nach oben (damit man die Jahre und Jahrhunderte einsehen kann) auf den Tisch gelegt. Nun müssen die richtigen Paare herausgefunden werden.

Will man dabei die Kontrolle der Richtigkeit durch die Lernenden selbst durchführen lassen, sollte man auf der Rückseite die jeweils zusammenpassenden Karten mit einem gleichen Symbol markieren.

Aufträge/Partnerarbeit:

Vorbereitung: Legt alle Kärtchen mit den Jahren und Jahrhunderten nach oben auf.

Durchführung: Bestimmte Jahre liegen immer in bestimmten Jahrhunderten. Ordnet nun die Kärtchen mit den Jahren den richtigen Kärtchen mit den Jahrhunderten zu.

Im Sinn der Differenzierung kann man die Anzahl der Möglichkeiten erhöhen und dadurch die Aufgabenstellung schwieriger gestalten. So z.B. verändert ein Miteinbeziehen der Jahre/Jahrhunderte vor Christi Geburt den Schwierigkeitsgrad. Stellt man den Schülern/innen nur einige wenige zusammengehörige Pärchen zur Verfügung, wird die Zuordnung leichter. Auch die Sozialform, die für diese Aufgabe vorgesehen wird, nimmt Einfluss auf den Schwierigkeitsgrad (Einzelarbeit, Partnerarbeit etc.).

1516	**1213**	**2010**
850	**1758**	**56**
16. Jahrhundert	**9. Jahrhundert**	**13. Jahrhundert**
21. Jahrhundert	**18. Jahrhundert**	**1. Jahrhundert**

Abb. 32: Jahr-Jahrhundert-Zuordnung

1.3 Denk-Geschichte „Wann endet das Mittelalter?“

Um Schüler/innen mit Denkfiguren der historischen Zeitrechnung vertraut zu machen, eignet sich etwa das Ende des Mittelalters.

Die Lernenden sollen erkennen, dass es keine eindeutige zeitliche Grenze zwischen dem Mittelalter und der Neuzeit gibt. Nur aus Gründen der Vereinfachung wird das Ende meist mit 1492 angegeben.

Abb. 33: Hintergrundinformationen zur Zeitrechnung

Die Idee einer „Sattelzeit“, wie sie Reinhard Koselleck vertritt, verweist genau auf dieses Problem. Zeiten des Übergangs von einer Epoche zur nächsten sind von vielerlei Entwicklungen gekennzeichnet und ein eindeutiges Ende findet nicht abrupt statt. Im hier besprochenen Fall gibt es zwar punktuell wichtige Ereignisse (u.a. 1517 Luthers Veröffentlichung der Thesen oder 1453 Eroberung Konstantinopels, 1492 Entdeckung Amerikas), deren Nachlauf massive politische, gesellschaftliche bzw. kulturelle Veränderungen mit sich brachte, dennoch sind es viele Entwicklungsstränge, die man heranziehen muss, um das Ende des Mittelalters als eine „Sattelzeit“ bzw. als eine längere Periode des Übergangs zu beschreiben. Denn es gilt (vgl. Schulze 1998, 294 f.; Kühberger 2009, 96 f.):

b) Unterschiedliche Entwicklungen führen zu jenen Veränderungen, anhand derer man im Nachhinein eine Epoche von der anderen unterscheidet.

c) Nicht ein Ereignis, sondern die Summe von vielen verschiedenen konzentrierten (Weiter-)Entwicklungen kennzeichnet das Ende einer Epoche.

d) Den Zeitraum, in dem durch grundlegende Veränderungen eine Epoche endet und eine andere beginnt, nennt man „Sattelzeit“ (R. Koselleck).

e) Epochale Einteilungen sind Konstrukte der Wissenschaft, die man hinterfragen kann. Für ihre Absicherung können nur Argumente herangezogen werden. Sie begründen sich nicht selbstständig aus der Vergangenheit heraus.

Im hier präsentierten Beispiel wird den Schüler/innen eine Zeitleiste zur Verfügung gestellt sowie Aspekte der historischen Veränderung (Arbeitswissen). Exemplarisch wurden vier Bereiche ausgewählt (Schießpulver, Buchdruck, Frühkapitalismus, Humanismus), die durchaus durch weitere Einsichten ergänzt werden könnten. Auch wäre es möglich, dieses Beispiel auf der Grundlage von selbstständigen Internet- oder Buchrecherchen durchzuführen, indem die Lernenden selbstständig die inhaltlichen Grundlagen der Veränderung gruppenteilig herausfinden.

Die Aufgabe besteht darin, dass die Schüler/innen anhand der Informationskarten (Arbeitswissen) sich mit basalen Entwicklungssträngen am Übergang vom Mittelalter zur Neuzeit auseinandersetzen und diese in ein zeitlich organisiertes Schaubild verwandeln.

In einer gebundenen Stunde im Anschluss an diese Arbeitsschritte wird mit den Lernenden das grundlegende Problem erörtert, warum es kein exaktes Ende des Mittelalters gibt, das man an einem konkreten Jahr festmachen kann (vgl. oben).

Um eine Differenzierung zu erreichen, könnte die Aufgabe dadurch vereinfacht werden, dass die zeitlichen Positionen der Pfeile bereits auf einem teilweise vorgefertigten Schaubild zur Verfügung gestellt werden (vgl. Abb. 35, S. 58).

Aufträge/Partnerarbeit:

Wann endet das Mittelalter? Darauf gibt es keine einfache Antwort. Erstellt zu dieser Frage ein Schaubild.

1. Arbeitet aus den Arbeitswissenskärtchen heraus, wann Veränderungen auftraten.
2. Schneidet die Pfeile aus der Vorlage aus und beschriftet sie stichwortartig mit der zeitlichen Entwicklung und den beschriebenen Veränderungen.
3. Klebt die Pfeile so auf die Zeittafel, dass der Beginn der Veränderung in der richtigen Höhe der Zeitleiste liegt.
4. *Wahlaufgabe:* Überlegt euch bis zur nächsten gebundenen Unterrichtsstunde Gründe zur Beantwortung folgender Frage: Warum endet eine Epoche wie das Mittelalter nicht plötzlich, sondern erst nach einer Reihe von grundlegenden Veränderungen?

Abb. 34: Karteikarten zur Denk-Geschichte über die Wende vom Mittelalter zur Neuzeit

Wende vom Mittelalter zur Neuzeit Arbeitswissen A

Schießpulver verändert das Kriegswesen

Verwendete man im 13. Jahrhundert Schießpulver hauptsächlich als Brandsatz, kommt der Stoff ab 1330 als Energielieferant für Geschosse in Italien, England und China zum Einsatz.

Neue Feuerwaffen entstehen. So werden kanonenartige Buchsen (= Rohre) erfunden. Ab der Mitte des 15. Jahrhunderts setzen sich Handfeuerwaffen in Europa durch.

Wende vom Mittelalter zur Neuzeit Arbeitswissen B

Erfindung des Buchdrucks

Bücher wurden im Mittelalter noch mit der Hand geschrieben. Sie waren deshalb sehr teuer. Mit der Erfindung des Buchdruckes um das Jahr 1450 durch Johannes Gutenberg veränderte sich dies. Er bestrich dazu Buchstaben aus Metall mit Farbe und presste einen Papierbogen darauf. Auf diese Weise konnten Texte und Ideen viel schneller verbreitet werden. So auch die Ideen der Reformation.

Ähnliche Erfindungen gab es bereits früher in China und Korea.

Wende vom Mittelalter zur Neuzeit Arbeitswissen C

Frühkapitalismus – eine neue Wirtschaftsform

Im Mittelalter konnte man nur durch den Besitz von Grund wirtschaftlichen Erfolg haben. Die Möglichkeiten einer Gewinnsteigerung waren jedoch in einer landwirtschaftlichen Gesellschaft bescheiden.

Starke Veränderungen setzten ein, als sich die Wirtschaft veränderte. Um 1300 war in Oberitalien bereits zu beobachten, dass auch Menschen ohne Grundbesitz reicher wurden. Sie verdienten ihr Geld durch handwerkliche Produkte, die viele Menschen kauften. Auch die Ausbreitung des Bankwesens (Konten, Kredite usw.) und der Fernhandel begünstigten diese frühe kapitalistische Entwicklung (u.a. Privateigentum, Gewinn als Ziel, Produktion für Nachfrage am Markt).

Wende vom Mittelalter zur Neuzeit Arbeitswissen D

Humanismus – ein neue Denkform setzt sich durch

Italienische Gelehrte und Dichter wandten sich ab dem 14. Jahrhundert verstärkt der Antike und ihrer Literatur zu. Man hoffte auf eine Wiedergeburt der Ideale aus der lateinischen und griechischen Vergangenheit. Dazu ahmte man antike Vorbilder in Kunst und Literatur nach. Die Erziehung zur Menschlichkeit *(humanitas, lat.)* und die Entfaltung des einzelnen Menschen standen im Mittelpunkt der Bestrebungen. Einige versuchten auch, die Wissenschaften vom Einfluss der Kirche zu befreien.

Im 15. Jahrhundert breiteten sich die Ideen des Humanismus auf den süddeutschen Sprachraum aus (Augsburg, Nürnberg, Prag, Wien usw.), später in ganz Europa bis nach Skandinavien.

Abb. 35: Schaubild „Europa an der Wende vom Mittelalter zur Neuzeit“

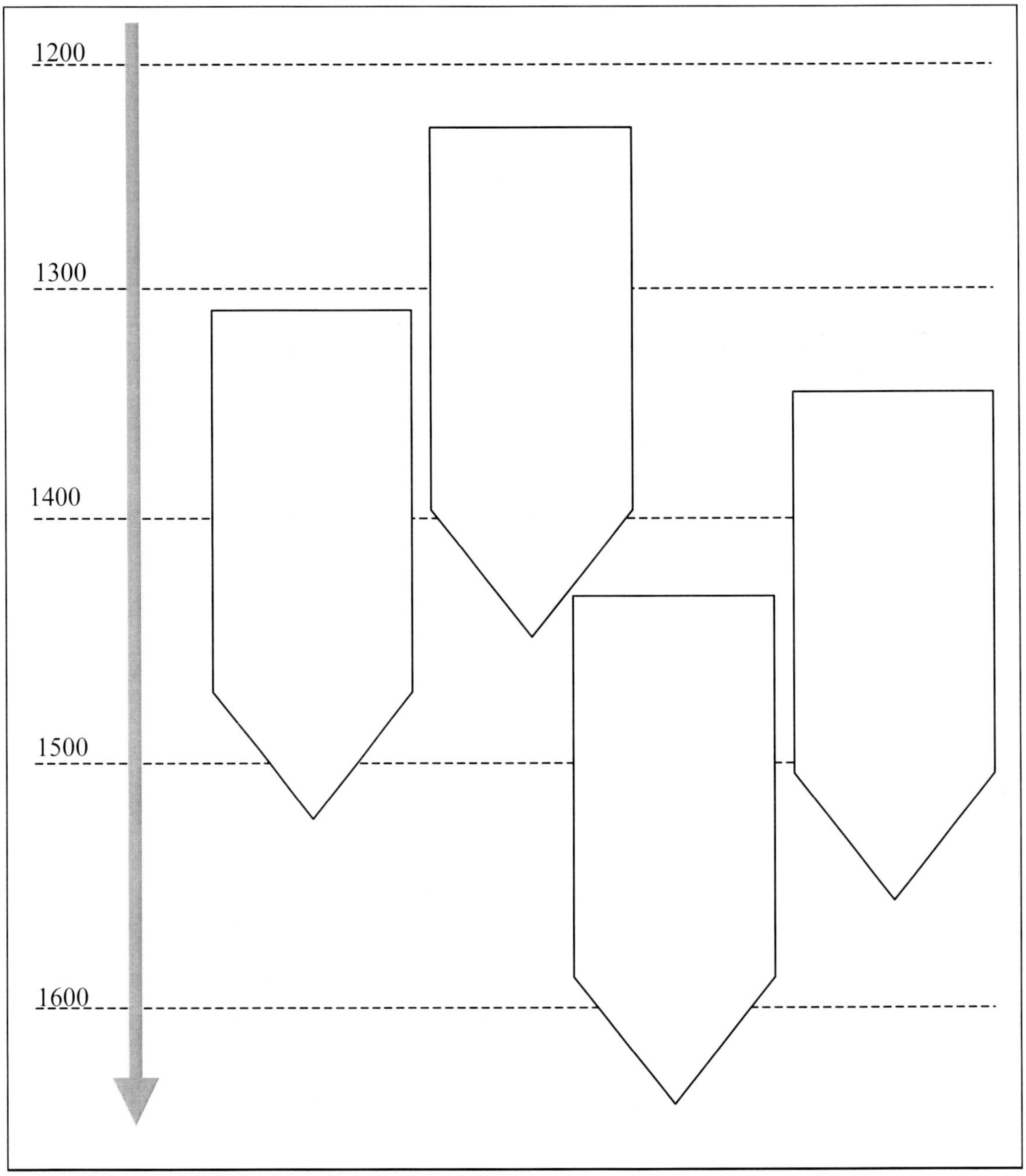

Abb. 36: Pfeil zum Ausschneiden

2. Quellen und historische Darstellungen

2.1 Quellengattungen

Um Schülern/innen die Vielfältigkeit von historischen Quellen zu veranschaulichen und um dabei eine klassische Systematik einzuführen, werden Kärtchen mit gegenständlichen, bildlichen, schriftlichen und mündlichen Quellen angeboten.

> Die Aufgabe besteht darin, die Beispielkärtchen den vier Gattungen zuzuordnen. Dazu werden alle Kärtchen mit den Bildern nach oben aufgelegt, ebenso die vier Karten mit den Gattungsbezeichnungen. Nun müssen die Kärtchen den richtigen Gattungen zugewiesen werden.

Zwar könnte man hier eine allgemeine Lösung vorgeben (z.B. „Radiogerät“ = „gegenständliche Quelle“) und dies wäre auch relativ leicht durch verschiedenfarbige Markierungen auf der Rückseite der Kärtchen zu gestalten, doch nicht in jedem Fall wäre dies eindeutig. So könnte man den „Liebesbrief“ einmal als schriftliche Quelle begreifen, wenn man auf seinen Inhalt fokussiert, er könnte jedoch auch als gegenständliche Quelle klassifiziert werden, wenn man das Papier bzw. die Papierqualität in den Mittelpunkt stellt. Aus diesem Grund ist es zu empfehlen, dass die Zuordnung in Kleingruppen oder in Partnerarbeit erfolgt, damit derartige Fragen bereits von den Lernenden untereinander erörtert werden können, um im Anschluss begründen zu können, warum welches Beispiel welcher Gattung zugeordnet wurde. Es macht daher Sinn, die Schüler/innen mit einem zusätzlichen Arbeitsblatt auszustatten, auf dem die einzelnen Quellen den Gattungen zugewiesen werden und auch auftretende Probleme und Gedankengänge dokumentiert werden.

Die Übung ist als Festigungsbeispiel zu verstehen, da sie nur dann Sinn macht, wenn mit den Schülern/innen im gebundenen Unterricht bereits zu den verschiedenen Gattungen gearbeitet wurde. Zur allgemeinen Wiederholung könnte man einen zusätzlichen Kartensatz mit der Erklärung der Quellengattung anbieten, der am Beginn der Übung den Gattungsbezeichnungen zugeordnet werden müsste.

Aufträge/Partnerarbeit:

1. Ordne die Erklärungen den richtigen Quellenarten zu!
2. Ordne die Beispiele der richtigen Quellenart zu! Begründe deine Entscheidung!

Abb. 37: Quellen den richtigen Quellenarten zuordnen (Karten kopieren, laminieren und ausschneiden)

gegenständliche Quellen	bildliche Quellen	schriftliche Quelle	mündliche Quellen
Gegenstände, die in der Vergangenheit Verwendung fanden und bis in unsere Gegenwart erhalten blieben	bildliche Überreste aus der Vergangenheit, die man heute noch betrachten kann	schriftliche Überreste aus der Vergangenheit, die heute noch vorliegen	mündliche Überlieferungen aus der Vergangenheit, die sich bis in die Gegenwart erhalten haben

Liebesbrief

Roman

Besteck

Verwaltungsakten

Karikatur

Kleid

Erzählung des Großvaters über seine Kindheit

Schulzeugnis

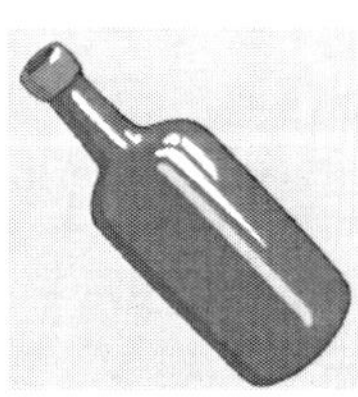
Glasflasche

Portrait

Zeitungsbericht

Familienfoto

Reisebericht

Radio

Schreibmaschine

Interview mit einer Zeitzeugin

2.2 Historische Quelle oder historische Darstellung?

Eine wichtige Unterscheidung sollten Schüler/innen möglichst rasch treffen können, nämlich jene zwischen „historischen Quellen“ und „historischen Darstellungen“. Während es sich bei historischen Quellen um Überreste aus der Vergangenheit handelt, über die wir einen Zugang zur Vergangenheit erhalten (in der Regel über die historische Quellenkritik), stellen historische Darstellungen Erzählungen über die Vergangenheit dar, die mit der Absicht erstellt wurden, die Vergangenheit zu rekonstruieren. Es handelt sich bei Darstellungen also um Deutungen oder Interpretationen der Vergangenheit. Historische Quellen müssen hingegen erst analysiert werden, damit man von ihnen Informationen über die Vergangenheit erhält, die man später für Darstellungen nützen könnte.

Es ist nicht zu leugnen, dass dieses Beispiel für die Sek. I einen basalen Zugang zu dieser Unterscheidung legt, da natürlich jede Darstellung, die im Heute geschrieben wurde, in der kommenden Vergangenheit zur historischen Quelle für den Umgang mit der Vergangenheit in einer Gesellschaft wird.

> Die Aufgabe besteht darin, die Karten in zwei Gruppen („Historische Quellen“ bzw. „Historische Darstellungen“) zu teilen. Dazu werden am Beginn der Arbeit alle Kärtchen durcheinander mit den Bildern nach oben aufgelegt. Im Anschluss müssen zwei Gruppen identifiziert und zugeordnet werden.

Für eine Selbstkontrolle könnten die beiden Kartensätze auf der Rückseite mit farbigen Klebepunkten markiert werden.

> **Auftrag/Partnerarbeit:**
>
> Handelt es sich bei den Beispielen um eine *historische Quelle* oder um eine *Darstellung*? Ordnet die Kärtchen den beiden Gruppen zu und begründet eure Entscheidung schriftlich!

privates Urlaubsvideo

TV-Dokumentation

Tagebuch

Denkmal

Hochzeitsfoto

Ausstellung

Abb. 38: Historische Quellen und historische Darstellungen unterscheiden (kopieren, laminieren, ausschneiden)

Brief

Schulgeschichtsbuch

Kleidungsstück

Rekonstruktionszeichnung

3. Perspektivität als Konzept – „Auf den Blickwinkel kommt es an“

3.1 Normative Elemente in Geschichtsdarstellungen erkennen

Historische Quellen, aber auch Darstellungen der Vergangenheit (i.e. Geschichte) nehmen Bewertungen vor. Für Schüler/innen der Sek. I ist es oftmals schwer zu erkennen, mit welchen Mechanismen – in für sie sachlich klingenden Texten – normative Bezüge hergestellt werden. Um diesen wichtigen Bereich von Bewertungen im Rahmen des historischen Lernens herauszuarbeiten, sollte man bei den ersten Begegnungen auf Beispiele zurückgreifen, die relativ eindeutig und offen urteilen und damit ihre Perspektive auf das Dargestellte offenlegen. Als Sozialform eignet sich die Partnerarbeit, da die Schüler/innen ihre Überlegungen austauschen können.

Die Aufgabe besteht darin, dass die Schüler/innen zwei Darstellungen desselben Ereignisses hinsichtlich des Grades der Vermittlung von Fakten, der sprachlichen Gestaltung und Wirkung miteinander vergleichen.

Abb. 39: Unterschiedliche Geschichtsdarstellungen über dasselbe Ereignis

Aufträge (Partnerarbeit):

Schlacht bei Trafalgar – Zwei unterschiedliche Darstellungen

Was wird uns da erzählt?

Auch in so genannten „Sachtexten“ über die Vergangenheit steckt mehr, als das, was geschehen ist. Es kommt auch vor, dass uns der Sachtext eine bestimmte Sichtweise besonders schmackhaft machen will.

Fakten und Bewertungen

Meist werden über die Vergangenheit nicht nur Daten und Fakten erzählt. Eine bildhafte und lebendige Sprache macht Sachtexte für die Leser/innen interessanter, gleichzeitig können sie dadurch aber auch manipuliert und in ihrer Sichtweise beeinflusst werden. Deshalb ist es wichtig, Sachtexte über die Vergangenheit auf ihre Bewertungen hin zu überprüfen.

Die folgenden Arbeitsaufträge helfen dir bei der Überprüfung der vorliegenden Ausschnitte aus Sachtexten:

1. Lies die beiden Sachtexte.
2. Unterstreiche alle Informationen über wichtige historische Fakten und Daten blau.
3. Unterstreiche alle Adjektive (Eigenschaftswörter) in den Texten mit roter Farbe.
4. Vervollständige die folgende Tabelle. Trage deine Meinung in die jeweils zutreffende Spalte (du musst dich immer für *einen* Text entscheiden):

	Die Schlacht bei Trafalgar	Duell im Atlantik
Interessanter zu lesen ist für mich Text ...	... weil ...	... weil ...
Zu Ende lesen würde ich lieber den Text ...	... weil ...	... weil ...
Mehr Informationen finde ich in Text ...	... weil ...	... weil ...
Der Verfasser des Textes stellt Admiral Nelson sehr sachlich dar, ...	... z.B.:	... z.B.:
Der Verfasser des Textes erregt beim Leser/bei der Leserin viel Sympathie für Admiral Nelson ...	... z.B.:	... z.B.:

Auf einer Internetseite ist zu lesen:

Die Schlacht bei Trafalgar

Am 21. Oktober 1805, vor 200 Jahren, schlug die britische Flotte unter Admiral Nelson die Verbündeten Frankreich und Spanien am Kap Trafalgar vernichtend. Noch heute erinnert der Trafalgar Square in London an diese Schlacht. Die Schlacht war von strategischer Bedeutung für die englische Flotte: Durch den Sieg über Franzosen und Spanier stieg die englische Marine für 100 Jahre zur uneingeschränkten Seemacht auf. Außerdem vereitelte [verhinderte] der Sieg Admiral Nelsons die Pläne Napoleons, in Großbritannien einzumarschieren.

Die Schlacht bei Trafalgar gehört zum dritten von insgesamt sechs der so genannten Koalitionskriege. Koalitionskriege deshalb, weil nach der französischen Revolution verschiedene Koalitionen [Bündnisse] europäischer Staaten entstanden, die sich fast alle gegen Frankreich und Napoleon richteten. Es gibt auch die Bezeichnung „Napoleonische Kriege“, weil Napoleon Bonaparte zu jener Zeit Europa unter seine Kontrolle bringen wollte. (...)

Er [Napoleon] hatte unter anderem den Plan, in Großbritannien einzumarschieren. Dafür standen 150.000 Mann bereit. England als Insel ist aber nur auf dem Seeweg zu erreichen. Um also diese 150.000 Soldaten nach England bringen zu können, musste die mächtige britische Flotte abgelenkt oder geschwächt werden. ...

http://www.wasistwas.de/geschichte/alle-artikel/artikel/link//b200c2499c/article/die-schlacht-bei-trafalgar/-7c05c71e06.html, 27.8.2010

In einem Geschichtsmagazin ist zu lesen:

Nelsons Triumph – Duell im Atlantik

Auf dem Land scheint der Korse [Napoleon] unschlagbar, doch auf dem Meer herrschen die Schiffe der Royal Navy [englische Flotte]. Solange sie nicht geschlagen sind, wird Großbritannien niemals Napoleon als Herrscher Europas akzeptieren.

Am 18. Mai 1803 betritt Horatio Nelson in Portsmouth die Planken des mächtigen Linienschiffes „HMS Victory“. Wer den Admiral noch nicht kennt, hält verblüfft die Luft an. So sollte kein Held aussehen: Nelson ist schmächtig, sieht kränklich aus und hat durch eine Musketenkugel den rechten Arm verloren. Doch dieser geschundene Mann ist Englands größte Hoffnung im Kampf gegen Napoleon. (...)

Die Männer der Flotte verehren Nelson, sein unglaubliches taktisches Können ist Gesprächsstoff in den Offiziersmessen [Speiseraum der Offiziere] und sein fürsorgliches Wesen hat sich unter den Matrosen herumgesprochen. Anders als viele seiner arroganten Standesgenossen ist der Admiral bemüht, auch für die niedrigeren Ränge zu sorgen. Er setzt sich für eine gute Verpflegung ein, und brutale Strafen wie die ‚neunschwänzige Katze‘, die gefürchtete Peitsche der Marinejustiz [Rechtsprechung der Seefahrt], lehnt er ab. ...

Hillingmeier 2010, 30

3.2 Perspektiven erkennen

Sich mit unterschiedlichen Perspektiven auf ein und dasselbe historische Ereignis zu beschäftigen, zählt zu einer wichtigen Erfahrung für das historische Lernen und Denken. Die oft geforderte Multiperspektivität könnte man im Offenen Lernen solcherart einbauen, dass man mit einer Einstiegskarte eine historische Situation skizziert oder eine Abbildung zur Verfügung stellt, die als Impuls die Beschäftigung mit einer bestimmten historischen Situation stimuliert. Die Schüler/innen erhalten zusätzliche Kärtchen mit unterschiedlichen Statements aus historischen Quellen, welche die auf der Einstiegskarte dargelegte Situation kommentieren.

> Die Aufgabe besteht darin, dass die Schüler/innen mit den Kärtchen, auf denen verschiedene Statements aus historischen Quellen verzeichnet sind, Gruppen von gleichen bzw. ähnlichen Perspektiven bilden und dann dazu fähig sind, die auf jedem Kärtchen eingenommene Perspektive zu benennen.
>
> Ein anderer, einfacherer Zugang wäre, dass zwei verschiedene Perspektivengruppen (in der einfachsten Variante hier „pro Krieg" und „contra Krieg") bereits vorgegeben sind und die Lernenden nur noch die einzelnen Kärtchen den vorgegebenen Gruppen zuweisen.

Ein zentraler Baustein dieser Aufgabe besteht darin, dass die Schüler/innen dazu aufgefordert werden, die Perspektiven in den Quellen oder Darstellungen zu identifizieren. Damit sie im Rahmen des Offenen Lernens eine Hilfestellung erhalten, könnte man ihnen zudem Karten mit einem Analyseraster zur Verfügung stellen, die ausgefüllt werden müssen.

Abb. 40: Analyseraster zum Erkennen von Perspektiven

> Analyseraster
> Beantworte die Fragen zu den Aussagen über den Kriegsbeginn 1914:
>
> Welche Position (Meinung) nimmt die Person(engruppe) gegenüber dem Kriegsausbruch ein?
>
> Welche Begründungen werden dafür genannt?
>
> Wer hat diese Position (Meinung)?
>
> Welcher gesellschaftlichen Gruppe ist die Person(engruppe) zuzurechnen?
> o Bürger/Bürgerinnen
> o Bauern/Bäuerinnen
> o Arbeiter/Arbeiterinnen
> o Adeliger/Adelige
> o andere Gruppe: ....

Man kann diese Übung auch variieren, indem die Schüler/innen nicht mit Quellenaussagen konfrontiert werden, sondern mit Ausschnitten aus historischen Darstellungen.

Die Aufgabe besteht dann darin, dass die Lernenden Statements aus der historischen Forschung, also von Historikern/innen, hinsichtlich der dort präsentierten Perspektive untersuchen. In der Regel ist diese Übung schwieriger, da Historiker/innen im Optimalfall besonders abwägende Urteile abgeben (vgl. ein Beispiel zum Ausbruch des Ersten Weltkrieges bei Kühberger 2009, 32-34; ein Oberstufenbeispiel für die Kriegsschuldfrage zum Ersten Weltkrieg bei Schindelbauer 2006, 298-301).

Um eine Differenzierung zu erreichen, kann die Anzahl der auszuwertenden Karten variiert werden.

> **Auftrag/Partnerarbeit:**
>
> 1. Welche Einstellung hat die Person gegenüber dem Krieg?
> 2. Welche Begründung für die Einstellung kann man in diesem Ausschnitt ausmachen? Fasse sie in Stichwörtern zusammen.

Einstiegskarte:

Abb. 41: Unterschiedliche Perspektiven zum Ersten Weltkrieg

Kriegsbeginn 1914 in Österreich-Ungarn

Als die Monarchen 1914 in Österreich-Ungarn und in Deutschland für den Krieg entschieden hatten, kam es in der Bevölkerung zu ganz unterschiedlichen Reaktionen. Die Hochstimmung im Sommer 1914 erfasste nur bestimmte soziale Gruppen. Andere blieben eher passiv.

Perspektivenkarten:

Der Schriftsteller Heinrich von Schullern schreibt zum Kriegsausbruch:

„Die schwüle Zeit, sie ist vorbei.
Mein Österreich, nun wirst du neu
In stolzer Macht ersteh'n."

Ein Bibliotheksdirektor reimte:

„Denn miar san miar, san wiar die Stiar,
Im Raffen kimmt uns koana viar.
[Beim Raufen ist keiner besser als wir]
Da gibt's an andre Watscherei."

Der Schriftsteller Stefan Zweig erinnert sich an den Kriegsausbruch in Wien 1914 so: „Aufzüge formten sich in den Straßen, plötzlich loderten überall Fahnen, Bänder und Musik, die jungen Rekruten marschierten im Triumph dahin, und ihre Gesichter waren hell, weil man ihnen zujubelte, ihnen, den kleinen Menschen des Alltags, die sonst niemand beachtet und gefeiert. Um der Wahrheit die Ehre zu geben, muss ich bekennen, dass in diesem ersten Aufbruch der Massen etwas Großartiges, Hinreißendes und sogar Verführerisches lag, dem man sich schwer entziehen konnte. Und trotz allem Hass und Abscheu gegen den Krieg möchte ich die Erinnerungen an diese ersten Tage in meinem Leben nicht missen: Wie nie fühlten die Tausende und Hunderttausende Menschen, was sie besser im Frieden hätten fühlen sollen: dass sie zusammengehörten [...] Alle Unterschiede der Stände, der Sprachen, der Klassen, der Religionen waren überflutet für diesen einen Augenblick von dem strömenden Gefühl der Brüderlichkeit."

Der Schriftsteller Oswald Sint erinnert sich an das bäuerliche Umfeld: „Einen zwanzigjährigen Burschen kann ich auch nie vergessen. Soeben hatte er drüben im Ausgedinge seiner alten Mutter Abschied genommen, die Tränen rannen ihm über die Wangen, und das Schluchzen konnte er kaum unterdrücken; aber als er einen gedienten Kaiserjäger, der vor dem Wirtshaus stand, überlaut jauzend hörte, versuchte er, seinen Mut zu beweisen und ebenfalls zu jauchzen, doch der Versuch ging im Schluchzen unter."

Kaiser Franz Josef I schrieb u.a. in einer offiziellen Verlautbarung im Juli 1914 an seine Völker: „Die Umtriebe eines hasserfüllten Gegners zwingen Mich, zur Wahrung der Ehre Meiner Monarchie, zum Schutze ihres Ansehens und ihrer Machtstellung, zur Sicherung ihres Besitzstandes nach langen Jahren des Friedens zum Schwerte zu greifen.

Mit rasch vergessendem Undank hat das Königreich Serbien, das von den ersten Anfängen seiner staatlichen Selbstständigkeit bis in die neueste Zeit von Meinen Vorfahren und Mir gestützt und gefördert worden war, schon vor Jahren den Weg offener Feindseligkeit gegen Österreich-Ungarn betreten."

Die in Salzburg lebende Johanna Schuchter, Gattin eines Arztes, erinnerte sich 1977 so an den Kriegsausbruch: „‚Ein Feldzug von wenigen Monaten' – das konnte man oft hören. [...] So unglaublich es heute klingen mag, so dachten viele Menschen. [...] Ich erinnere mich aber auch an jene, die hellseherisch das Unheil [...] voraussahen. So begegnete ich einmal nach der deutschen Kriegserklärung an Russland einem hohen Beamten der Landesregierung. Er stand unter dem Eindruck des Schreckens, den dieses Ereignis bei ihm hervorgerufen hatte und sprach mit Besorgnis und Ernst über das Kommende. Da wurde mir das Irreale [= Unwirkliche] der allgemeinen Kriegsbegeisterung deutlich bewusst. So, als blickte ich auf einmal in eine Finsternis, die drohend auf uns zukam."

Quellenzitate aus: Hanisch 1994, 236 f.; Bauer 1995; Schuchter 1977, 16 f.; Franz Josef I. 1914, 1; Zweig 1993, 258 f.

4. Gattung

4.1 Gattungskartei

Da im Offenen Unterricht oftmals ähnliche Aufgabenstellungen auftreten, ist es sinnvoll, auch Materialien zu erstellen, die in unterschiedlichen, häufig auftretenden Lernzusammenhängen genutzt werden können. Dazu zählen auch Gattungskarteien, die es den Schülern/innen ermöglichen, rasch bestimmte Gattungen (z.B. Zeitungen) systematisch zu erschließen und die dort aufgefundenen allgemeinen Gattungsaspekte auf den speziellen Fall, den sie bearbeiten, anzuwenden. Ähnlich wie bei Methodenkarteien, in denen methodische Leitfäden zur Erschließung von Quellen oder zur Analyse von Spielfilmen mit historischen Inhalten oder historischen TV-Dokumentationen zur Verfügung gestellt werden (vgl. Kapitel IV.4.2), bieten Gattungskarteien einen Ort, an dem die Schüler/innen grundlegende Informationen zu den spezifischen Aspekten bestimmter Gattungen erhalten. Auf Karteikarten werden dort grundlegende Einsichten in bestimmte Gattungen vermittelt. Wie umfangreich man eine solche Kartei gestaltet, hängt von ihrem jeweiligen Einsatz ab. Es ist jedoch zu empfehlen, unterschiedliche Vertiefungsebenen zu einer Gattung zur Verfügung zu stellen. Man könnte auch die Schüler/innen beim Aufbau einer solchen Kartei miteinbeziehen, um über die Jahre hinweg ein klassenindividuelles „Nachschlagewerk" aufzubauen. Es gilt auch zu überlegen, ob man diese Kartei als Internet- oder Lernplattformangebot aufbauen sollte, da man dort auf unkomplizierte Weise Erweiterungen vornehmen und gemeinschaftlich (auch jahrgangsübergreifend) zusammenarbeiten kann.

Grundlegende Karteikarten sollten dabei zu unterschiedlichen Quellentypen (Bilder, Fotos, Briefe, Zeitungsartikel, politische Reden etc.) sowie zu Darstellungsformen von Geschichte (Sachbuchtexte, TV-Dokumentationen, Filme, Comics etc.) erstellt werden.

Abb. 42: Beispiele für Karten einer Gattungskartei

Politische Rede	**Gattungskartei Nr. 12**

Funktion:

Politische Reden werden zu besonderen Anlässen gehalten, um Menschen für bestimmte Ideen zu gewinnen oder sie über Sachverhalte zu informieren. Dazu wählen Politiker/innen Orte wie das Parlament, eine Versammlung, eine Festveranstaltung, das Fernsehen usw. Politische Reden sind in der Regel gut vorbereitet und kein Wort wird dem Zufall überlassen.

Anzutreffende Strategien:

- Aufwertung von Ideen und Personen(gruppen), z.B. „Wir"
- Abwertung von Ideen und Personen(gruppen)
- Beschwichtigung [= jemanden beruhigen]
- Auf die Zuhörer/innen eingehen
- Stimmung der Zuhörer/innen beeinflussen

Privater Brief	**Gattungskartei Nr. 13**

Funktion:

Private Briefe sind ursprünglich an eine bestimmte Person gerichtet, um dieser in einem Vertrauensverhältnis persönliche Informationen zukommen zu lassen. Daher erhält man über diese Briefe meist Einblicke in private Lebensumstände und erfährt viel über Gefühle, wahrgenommene Stimmungen und auch persönliche Meinungen. Sie ermöglichen einen Einblick in das private Alltagsleben der Vergangenheit.

Anzutreffende Strategien:

- Offenheit (u.a. Gefühle, Gedanken, Ideen)
- Informationsmitteilung
- Bitten
- Forderungen
- Kommunikation über den Grad der Verbundenheit
- Abhängigkeit des Geschriebenen von der Beziehung zwischen Sender/-in und Empfänger/-in

Die Gattungskartei macht vor allem dort Sinn, wo sie nahezu alle Typen einer bestimmten Gruppe erfasst, damit die Kartei effektiv konsultiert werden kann. Die Karteikarten 17 bis 20 zu „Bildern", die hier präsentiert werden, zeigen auf, wie ein derartig vertiefender Ausbau der Kartei aussehen kann. Die hier angeführten Karten bilden aber wiederum nur einen Ausschnitt und könnten z.B. noch um Comics, Fotos oder Landschafts- und Stadtbilder erweitert werden.

Karikatur	**Gattungskartei Nr. 17**

„Einverstanden, Herr Präsident, wir reden miteinander."

Karikatur aus der britischen Zeitung „Daily Mail" von 1962, zitiert aus Spiegel-Verlag, Hamburg, 1962: Der Spiegel/44

Funktion:

Karikaturen urteilen und nehmen Stellung für oder gegen eine bestimmte Sache oder Person. Die Betrachter sollen zum Nachdenken oder zum Stellen von Fragen angeregt werden. Karikaturen sind Mittel der politischen Auseinandersetzung.

Strategien:

- Anregen zum Nachdenken durch das Lächerlichmachen und Übertreibungen
- Spott und Kritik an Personen oder Vorgängen

Personenbild	Gattungskartei Nr. 18
 Martin van Meytens: Maria Theresia, um 1750, Gemäldegalerie der Akademie der bildenden Künste, Wien	Funktion: Auf Personenbildern sind eine oder mehrer Personen dargestellt. Dazu gehören z.B. Herrscher- und Familienbilder. Häufig werden wichtige Persönlichkeiten darauf gezeigt. Personenbilder sind oft zu jener Zeit entstanden, in der die Person lebte oder kurz nach ihrem Tod. Strategien: • Selbstdarstellung • Erinnerung an die Person(en) • Verehrung • Die Person soll dadurch bekannt gemacht werden • Kritik an der Person

Rekonstruktionszeichnung	Gattungskartei Nr. 19
 Illustration von M. Feyerer-Fleischanderl, in: Hammerschmid/Pramper/Windischbauer: Geschichte live 2. Veritas Linz, 2. Aufl. 2009, 16	Funktion: Rekonstruktionszeichnungen sind Bilder, die Menschen und Dinge aus der Vergangenheit zeigen, deren ursprüngliches Aussehen nur mehr mit archäologischen Methoden rekonstruiert (wiederhergestellt) werden kann. Solche Darstellungen findet man oft in historischen Jugendsachbüchern und Schulbüchern. Strategien: • Menschen und Dinge aus der Vergangenheit anschaulich machen, damit man sich besser vorstellen kann, wie sie damals ausgesehen haben könnten • Vermittlung von Informationen über die Vergangenheit • Eindrücke über die Vergangenheit sollen vermittelt werden

Plakat	Gattungskartei Nr. 20
 Wahlplakat der NSDAP 1932 Deutsches Historisches Museum, Berlin	Funktion: Ein Plakat ist ein öffentlicher Anschlag. Politische Plakate gibt es in großer Anzahl seit Anfang des 20. Jahrhunderts. In der Gegenwart sind Werbeplakate von besonderer Bedeutung. Strategien: • Information • Werbung für etwas oder jemanden • Aufmerksamkeit hervorrufen • Menschen zu einer Handlung bewegen • Gegner/innen schlecht machen

Die Gattungskartei kann sehr flexibel und immer wieder im Unterricht eingesetzt werden. Einerseits kann mit ihr auf einfache Weise differenziert werden, indem z.B. die Anzahl der Karteikarten reduziert wird, oder aber die Kartei wird für ein anspruchsvolleres Niveau erweitert (z.B. um Landschaftsbilder, Stadtbilder, Ereignisbilder, Alltagsbilder). Auch sprachlich anspruchsvollere Formulierungen (Definitionen) können in höheren Klassen verwendet werden.

Andererseits können durch Änderung der zur Verfügung stehenden Gattungen die Übungsmöglichkeiten stark variiert werden.

> Die im Folgenden als eines von vielen möglichen Beispielen formulierte Aufgabe besteht darin, historische Bilder mit Hilfe der Gattungskartei richtig zuzuordnen. Die verwendeten Bilder können z.B. aus dem Schulbuch stammen, oder es werden unter Mithilfe der Schüler/innen historische Bilder in einer Mappe gesammelt.

Auftrag/Partnerarbeit:

Wählt eine Doppelseite in eurem Geschichtsbuch aus und ordnet die Bilder, die ihr dort findet, der richtigen Bildgattung zu. Verwendet dazu die Gattungskartei (Karten Nr. 17 bis 20). Jene Bilder, die sich keiner der in der Kartei angeführten Gattungen zuordnen lassen, ordnet ihr unter „Sonstige Bilder" ein.

4.2 Bausteine einer TV-Dokumentation

Schüler/innen werden im Fernsehen oder auf Kurzvideos im Internet oft mit Dokumentationen über die Vergangenheit konfrontiert. Damit die Lernenden Einblicke in den Bauplan von historischen Narrationen in Form von TV-Dokumentationen erhalten, kann man den Schülern/innen einen Kartensatz mit den unterschiedlichen Bausteinen (u.a. Ausschnitt eines Zeitzeugeninterviews, Kommentar eines Sprechers, Interviewausschnitt mit einer Expertin) zur Verfügung stellen, damit sie die Vielfältigkeit der dort zum Einsatz gebrachten Versatzstücke als Einzelteile kennen lernen (vgl. dazu die Bausteine unten nach: Donaubauer 2006, 48-52; Faulstrich 2008, 93-100). Langfristiges Ziel ist es dabei, dass sie erkennen, welche Funktionen diese Bausteine in einer Dokumentation über die Vergangenheit erfüllen. Dazu müssen die Lernenden jedoch die Bausteine in der TV-Doku identifizieren und benennen können.

Damit diese Übung nicht zu viel Unterrichtszeit in Anspruch nimmt, sollte man kurze Ausschnitt auswählen, wie man diese auf Internetplattformen von Fernsehsendern findet, wodurch auch – bei ausreichender digitaler Ausstattung der Lernumgebung – ein individueller Zugang durch den einzelnen Lernenden/die einzelne Lernende ermöglicht wird und der Ausschnitt beliebig oft zur Analyse angesehen werden kann.

Die Bausteine (Abb. 43) sind nicht als vollständige Aufzählung aller funktionalen Versatzstücke der präsentierten Bausteine zu verstehen. Sie können beliebig erweitert werden, aber auch je nach den Bedürfnissen der Lernenden noch kleiner portioniert oder mit anderen Worten umschrieben werden.

Die Aufgabe besteht darin, dass die Lernenden anhand der vorgegebenen Bausteine einzelne Inszenierungs- und Erzählelemente in einem konkreten Ausschnitt einer TV-Dokumentation über die Vergangenheit identifizieren. In Kleingruppen sollen sie dann über die jeweilige Wirkung in der Dokumentation und die vermutete Absicht seitens der Filmemacher/innen diskutieren.

Aufträge/Partnerarbeit:

1. Schaut euch den Ausschnitt aus der Dokumentation genau an!
2. Findet nun jene Bausteine, die ihr als Teil der Dokumentation erkannt habt. Verwendet dazu die Kärtchen „Bausteine".
3. Welche Funktion hat der Baustein in der Dokumentation? Verwendet dazu die Begründungskärtchen.

Zeitzeugeninterview	**kein Bild**
Interview mit Historiker/in	**eingespielte Geräusche**
historisches Filmmaterial	**eingespielte Musik**
nachgestellte Szenen/ szenische Rekonstruktionen	**unsichtbarer Sprecher/ unsichtbare Sprecherin (aus dem Off)**
abgefilmtes Archivmaterial	**Beleuchtung**
heutige Aufnahmen am Originalschauplatz	**sichtbarer Sprecher/ sichtbare Sprecherin**

Abb. 43: Bausteine von TV-Dokumentationen (kopieren und laminieren)

Abb. 44: Begründungskärtchen

... damit wird versucht, das Dargestellte zu belegen	... damit wird versucht, das Dargestellte zu beweisen	... damit wird die Dokumentation aufgelockert
... damit wird versucht die Vergangenheit anschaulicher zu machen	... damit wird die „Echtheit"/ „Authentizität" des Dargestellten unterstrichen	... damit wird eine Spurensuche im Heute verdeutlicht
... damit fühlt man sich unmittelbar als Mensch betroffen	... damit versucht man, bewegte Bilder anzubieten, wenn Filmmaterial fehlt	... damit wird auf die Seriosität (Ernsthaftigkeit) der Dokumentation verwiesen
... damit werden komplexe Ereignisse ins Bild gesetzt	... damit kann man die Zuschauer/innen faszinieren	... damit fühlen wir uns als Menschen angesprochen
... damit können verschiedene Sichtweisen auf die Vergangenheit gerichtet werden	... damit wird versucht, den Eindruck wissenschaftlicher Wahrheit zu vermitteln	... damit wird ein eindeutiger Zusammenhang zwischen der Vergangenheit und der Gegenwart hergestellt
... damit werden bei den Zuschauern/innen bestimmte Gefühle wachgerufen	... damit kann eine bestimmte Atmosphäre erzeugt werden	... damit werden sachliche Erklärungen in die Dokumentation eingebracht
... damit werden einzelne Bausteine der Erzählung miteinander verbunden	... damit wir einen Ort oder eine Person als sympathisch/unsympathisch wahrnehmen	... damit werden kurze Zusatzinformationen geboten, die mit Bildern nicht vermittelt werden
... damit werden unterhaltende Elemente in die Dokumentation eingebracht	... damit werden neueste Erkenntnisse der wissenschaftlichen Forschung berücksichtigt	... damit kann mehr Bewegung in Dokumentationen gebracht werden
... damit die nächste Szene intensiver wahrgenommen wird	... damit ein Bruch in der Erzählung über die Vergangenheit eindeutiger wird	... damit ein neuer Abschnitt in der Darstellung verdeutlicht wird

5. Historische Begriffe klären

Zum Alltag des Geschichtsunterrichts gehört es, ständig mit gemeinhin als „Fachbegriffe" bezeichneten Termini zu operieren, ohne diese in ihrer domänenspezifischen Bedeutung und darüber hinaus in ihrer zeitlichen (wann?) und räumlichen (wo?) Dimension zu verorten. In den folgenden Beispielen wird versucht zu verdeutlichen, dass historische Begriffe in unterschiedlichen Lexika bzw. Erklärungen mit teilweise unterschiedlichen Schwerpunktsetzungen definiert werden und dementsprechend unterschiedliche Bedeutungen zugeschrieben bekommen.

Die Aufgabe im ersten Beispiel besteht darin, aus einer sprachlich altersgemäßen Definition des Begriffes „Sklaverei" wichtige Informationen herauszufiltern, in Form eines Diagramms darzustellen und schließlich in eigenen Worten eine Definition zu formulieren. Da diese letzte Aufgabe ein gewisses Maß an sprachlicher Eigenständigkeit erfordert, wurde sie als freiwillige Zusatzaufgabe formuliert.

Aufträge/Partnerarbeit:

1. Lest die Begriffserklärung genau durch, klärt die Bedeutung von Wörtern, die ihr nicht kennt.
2. Einigt euch auf sieben wichtige Schlüsselwörter (es können auch Wortgruppen sein) und unterstreicht diese mit Farbe (ein Beispiel ist bereits unterstrichen).
3. Fasst die Schlüsselwörter in der rechten Spalte in Stichworten zusammen.
4. Schreibt die wichtigen Stichwörter in das Diagramm
5. Zusatzaufgabe: Verfasst nun mit Hilfe eures Diagramms in eigenen Worten eine Erklärung des Begriffs „Sklaverei" und schreibt sie auf das Arbeitsblatt.

Abb. 45: Begriffe klären

Sklaven sind Menschen ohne Rechte, die wie eine Ware verkauft und gekauft werden und ihrem Besitzer bedingungslos ausgeliefert sind. Die Schwarzen in Amerika waren früher Sklaven, die aus Afrika verschleppt und nach Amerika transportiert worden waren. Dort mussten sie als Diener oder auf Tabak- und Baumwollfeldern arbeiten. Vor 100 Jahren wurde die Sklaverei in Amerika aufgehoben; sie ist heute auf der ganzen Welt verboten. Trotzdem werden in weniger zivilisierten Ländern immer wieder Fälle von Sklaverei bekannt. Kinderlexikon A-Z. München, 1994	Rechtlose Menschen

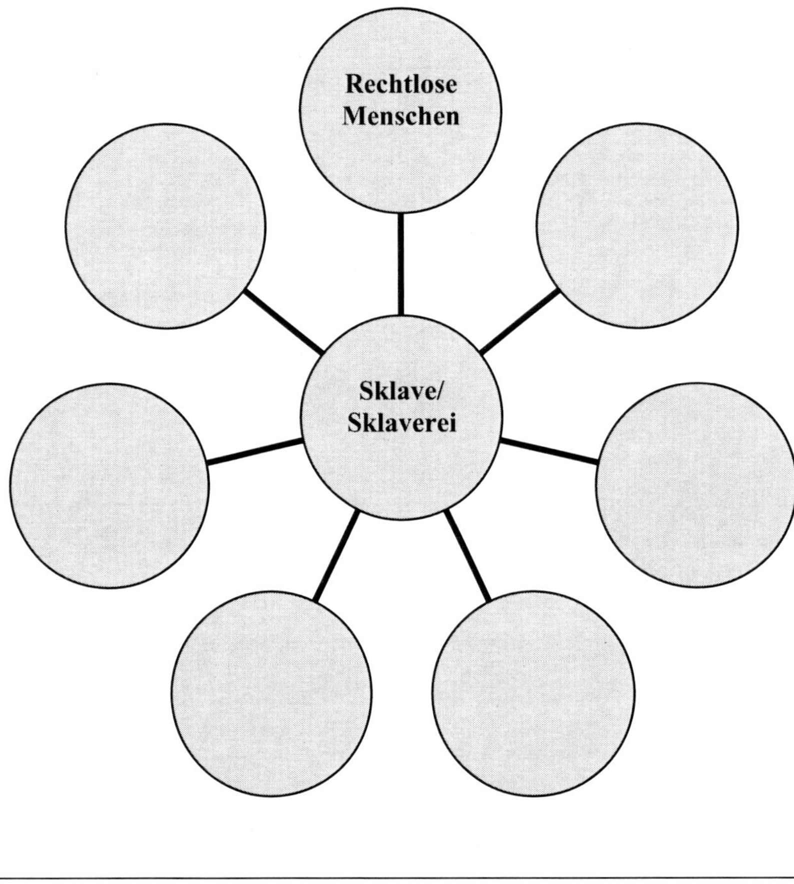

Zusatzaufgabe:
Erklärung des Begriffes der Sklaverei in eigenen Worten:

....

....

....

Das folgende Beispiel ist anspruchsvoller, da hier drei Begriffsklärungen unterschiedlichen sprachlichen Niveaus angeboten werden. Differenziert werden kann bei diesem Auftrag, indem die Lehrperson z.B. nur eine oder zwei Erklärungen anbietet oder die Schüler/innen selbst aus den drei Angeboten zwei auswählen. Eine weitere Differenzierungsmöglichkeit besteht in den Zusatzaufgaben, welche größere Eigenleistungen verlangen. Auch eine selbstständige Recherchearbeit in Internetlexika oder in der Bibliothek könnte umgesetzt werden.

Aufträge/Partnerarbeit:

1. Lest die Begriffserklärungen genau durch, klärt die Bedeutung von Wörtern, die ihr nicht kennt.
2. Einigt euch bei jeder Erklärung auf 4-8 wichtige Schlüsselwörter (es können auch Wortgruppen sein) und unterstreicht diese mit Farbe.
3. Schreibt die Schlüsselwörter in das Diagramm.
4. Zusatzaufgabe: Verfasst nun mit Hilfe eures Diagramms in eigenen Worten eine Erklärung des Begriffs „Absolutismus" und schreibt sie auf das Arbeitsblatt.
5. Zusatzaufgabe 2: Stellt Unterschiede zwischen den Erklärungen fest. Schreibt eure Beobachtungen (2-3 Punkte) in Stichwörtern auf.

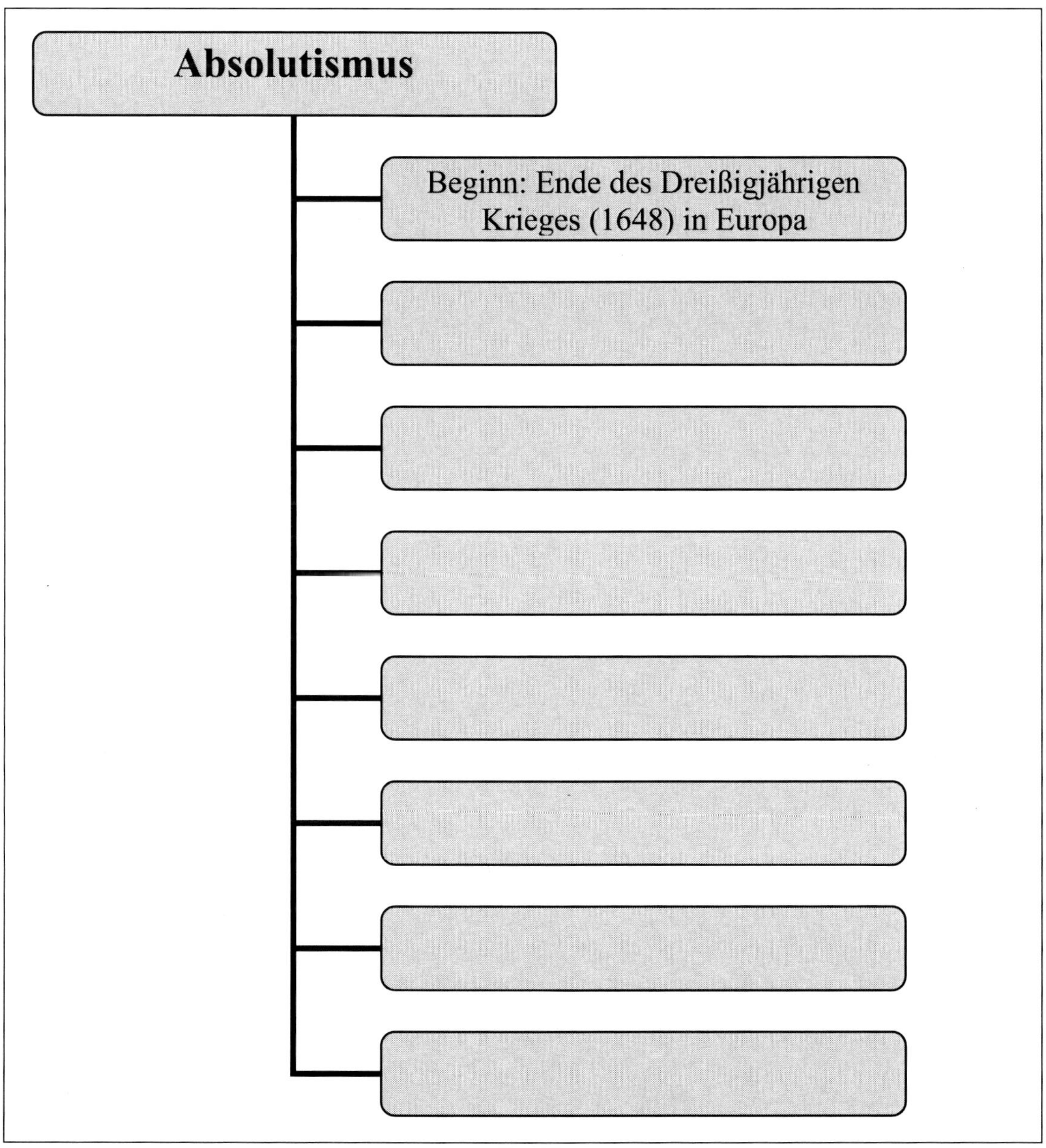

Abb. 46: Begriffsklärung in Form eines Diagramms

Text 1

Absolutismus

Heutzutage können Königinnen oder Könige zum Beispiel in England oder Spanien keineswegs alleine politische Entscheidungen treffen. Gewählte Parlamente und Regierungen bestimmen in diesen Ländern die Politik. Anders war dies in der Staatsform des Absolutismus, die sich nach dem Ende des Dreißigjährigen Krieges (1648) in Europa entwickelte und von der Französischen Revolution (1789) beendet wurde. Ein einzelner Herrscher, der Monarch, übte im Absolutismus die unumschränkte Herrschaft aus. Er stand über dem Volk und allen Gesetzen, fühlte sich von Gott für diese Arbeit ausgewählt. Berühmt und charakteristisch für diese Herrschaftsform ist der Ausspruch des absoluten Herrschers Ludwig XIV., des sogenannten „Sonnenkönigs". Er verkündete: „Der Staat bin ich" (auf Französisch, denn der König sprach Französisch: „L'état c'est moi"). www.hanisauland.de/lexikon/a/absolutismus.html [25.7.2010]

Text 2

Absolutismus

Der Absolutismus war eine Herrschaftsform im 17. und 18. Jahrhundert. Damals konnten die Herrscher und Herrscherinnen (es waren meist Männer) ohne jegliche Kontrolle, also absolutistisch, regieren. Sie fühlten sich niemandem gegenüber verantwortlich.
Das Ende des Absolutismus kam mit der Französischen Revolution (1789).

Aufgeklärter Absolutismus

Darunter versteht man eine abgemilderte Form des Absolutismus, die in Österreich durch Maria Theresia (Königin 1740–1780) und ihren Sohn Josef II. (Kaiser 1765–1790) umgesetzt wurde. Aber auch der aufgeklärte Absolutismus (oder Reformabsolutismus) ließ eine politische Mitbestimmung der Untertanen und Untertaninnen nicht zu. www.politik-lexikon.at/absolutismus [25.7.2010]

Text 3

Absolutismus

Politische Herrschaftsform, bei der eine einzelne Person, i.d.R. der Monarch, vollständig über die souveräne Ausübung aller Staatsgewalt verfügt, zugespitzt in dem Ausspruch Ludwig XIV.: „Der Staat bin ich."
Der A. entwickelte sich nach Ende des Dreißigjährigen Krieges (1648) und bis zur Französischen Revolution (1789) auf dem europäischen Kontinent als wichtigste Form der Herrschaft. Er basiert auf der Idee der Herrschaft von Gottes Gnaden. Während des A. wurde die Ausübung der Herrschaft durch den Aufbau von staatlichen Bürokratien zur Modernisierung von Verwaltung und Militär gefestigt. Mit dem Aufkommen des A. wurde auch die Idee einer unumschränkten staatlichen Souveränität entwickelt. Damit führte der A. nach innen zu einer Entmachtung der Stände und dem Niedergang des Feudalismus und war nach außen mit dem Bemühen um territoriale Integration und machtpolitische Expansion des eigenen Staatswesens verbunden. Staatliche Integrität und Souveränität sind die wichtigsten Grundlagen für die Herausbildung moderner Nationalstaaten. www.bpb.de/popup/popup_lemmata.html?guid=GBZY76 [25.7.2010]

III. Historische Methodenkompetenz

1. Re-Konstruktion

1.1 Passive Rekonstruktion

Unter einer „passiven Rekonstruktion" wird hier eine historische Narration verstanden, die nicht die Lernenden selbst aufbauen, sondern die es ihnen im Rahmen einer Didaktisierung ermöglicht, zu verstehen, wie eine historische Narration entsteht (vgl. Kühberger 2009, 40 ff.).

Schüler/innen sollen etwa erkennen, dass Rekonstruktionszeichnungen im optimalen Fall auf der Grundlage von historischen Quellen (u.a. Ausgrabungsgegenstände, Bild- und Textquellen) und Forschungsergebnissen der Geschichtswissenschaften erstellt werden. Um diese grundlegende Einsicht des Zusammenhanges zwischen einer Erzählung über die Vergangenheit (in diesem Fall in Form einer Rekonstruktionszeichnung) und historischen Quellen bzw. geschichtswissenschaftlichen Erkenntnissen zu veranschaulichen, müssen die Schüler/innen jene Teilbereiche der Rekonstruktionszeichnung identifizieren, die mit den angebotenen Quellen bzw. Erkenntnissen korrespondieren.

Natürlich muss man sich bewusst bleiben, dass ein derartiger Zugang nur ein erster Schritt im Rahmen des frühen historischen Lernens sein kann, da nicht jede verfügbare Rekonstruktionszeichnung tatsächlich den geschichtswissenschaftlichen Forschungsstand berücksichtigt oder auf verfügbare historische Quellen zurückgreift. Daher sollte man Rekonstruktionszeichnungen auch als Annäherungen an die Vergangenheit verstehen bzw. als „Teilfiktionen" behandeln.

Die Aufgabenstellung bei diesem Beispiel besteht darin, dass die Schüler/innen Zuordnungen zwischen den Ausschnitten in den Rekonstruktionszeichnungen und den historischen Quellen (bzw. in Erweiterung vielleicht auch geschichtswissenschaftlichen Erkenntnissen) vornehmen, um die „Intertextualität" zwischen Quellen (und historischen Darstellungen) und einer Rekonstruktionszeichnung zu erkennen.

Dazu wird ihnen eine laminierte Arbeitsfläche mit der Rekonstruktionszeichnung und mit jenen Quellen, welche Grundlagen für die Rekonstruktionszeichnung bilden, zur Verfügung gestellt (Abb. 49, S. 80). Nun müssen die Schüler/innen mit wasserlöslichem Folienstift die korrespondierenden Gegenstände miteinander verbinden. Damit diese Aufgabe auch selbstständig kontrolliert werden kann, befindet sich auf der Rückseite der Arbeitsfläche die Lösung.

Im Sinn der Differenzierung könnte man hier die entsprechenden Ausschnitte der Rekonstruktionszeichnung bereits im Vorhinein kennzeichnen, so dass die Schüler/innen nur noch die Quellen mit den gekennzeichneten Ausschnitten verbinden müssen. Schwieriger wird eine solche Übung, wenn auch Quellen angeboten werden, die sich nicht auf der Rekonstruktionszeichnung wiederfinden, aber dennoch aus der bearbeiteten Epoche stammen.

Als Hilfestellung kann auch eine sprachlich entlastete (Vereinfachung, Kürzung) Fassung des Informationstextes (Abb. 48, S. 79) zur Verfügung gestellt werden.

Diese Aufgabe könnte man auch in anderer Form als Plakat von unterschiedlichen Kleingruppen umsetzen lassen. Dazu könnte man die Rekonstruktionszeichnung auf ein großes Blatt kopieren und den Schülern/innen den Auftrag geben, die ihnen ebenfalls zur Verfügung gestellten historischen Quellen bzw. geschichtswissenschaftlichen Erkenntnisse so auf dem Plakat zu platzieren, dass die narrative Korrespondenz zwischen Quellen/Erkenntnissen und der Zeichnung deutlich wird (vgl. Abb. 49).

Abb. 47: Informationen zur Rekonstruktionszeichnung

Für den Bildband „Die Kelten am Dürrnberg“ (Moser 2010) entstanden in Zusammenarbeit mit dem Graphiker Werner Hölzl eine Reihe von Rekonstruktionszeichnungen, die einen Eindruck von Tracht, Bewaffnung und Alltag der Eisenzeit am Dürrnberg vermitteln sollen.
Eine dieser Zeichnungen stellt die Frau aus Grab 353 mit ihrem reichen Goldschmuck dar. Anhand der wenigen erhaltenen Knochen konnte das Geschlecht des begrabenen Menschen sicher bestimmt werden, wodurch die auf Basis der Trachtbestandteile geäußerte Vermutung bestätigt wurde, dass es sich um eine Frau gehandelt hat. Der Zustand der Zähne ermöglichte es, das Alter der Toten mit etwa 50 Jahre festzulegen. Dementsprechend wurde in der Zeichnung eine Frau fortgeschrittenen Alters dargestellt.

Die Tragweise der Goldkugeln wurde nach der im Keltenmuseum entworfenen Rekonstruktion des Schmucks illustriert. Auf die Abbildung eines Schleiers wurde verzichtet, obwohl sich solche häufig auf bildlichen Darstellungen finden. Es wäre auch eine bedeutend kompliziertere Gestaltung des Kopfschmucks vorstellbar, hierfür fehlen aber die Hinweise.

Arm- und Beinringe stammen auch aus diesem Grab. Während sich die Beinringe in Trachtlage befanden, waren die Armringe zusammen mit einem zweiten Fibelsatz am Rand der Grabkammer niedergelegt. Diese Teile gehörten also vermutlich zu einem zweiten Gewand, welches ins Grab mitgegeben wurde. Für die Rekonstruktion wurden die Ringe miteinander kombiniert.

Der breite Bronzegürtel mit seiner Anhängerkette war nur in Bruchstücken erhalten. Seine Form wurde mit Hilfe besser erhaltener Stücke rekonstruiert.

Über die Schuhe der späten Hallstattzeit besitzen wir nur sehr wenige Informationen. Schnabelschuhe nach etruskischem Vorbild sind am Dürrnberg erst für die frühe Latènezeit fassbar. Die gezeigten hohen Schnürschuhe lehnen sich als freie Rekonstruktion an diesen Schnabelschuhen an. Der hohe Schaft der Schuhe soll das bequemere Tragen der schweren Beinringe ermöglichen. Diese Form ist der Vorstellungskraft des Zeichners und dem praktischen Sinn des Archäologen entsprungen.

Aus den Salzbergwerken von Hallstatt und dem Dürrnberg stammen die größten Sammlungen prähistorischer Stoffe Mitteleuropas. Wir sind daher sehr gut über Web-, Näh- und Färbetechniken informiert. Bisher besitzen wir allerdings kein vollständiges Kleidungsstück. Für den Schnitt des Kleides wurde daher auf die wenigen bildlichen Darstellungen und auf Analogien aus dem Mittelmeerraum zurückgegriffen. Letzteres erscheint im Hinblick auf den starken Einfluss Italiens und Griechenlands auf die Kunst und Mode der Hallstattzeit ein gangbarer Weg der Rekonstruktion.

Die zeitgenössischen Abbildungen von Frauentrachten zeigen in beinahe allen Fällen mit Randborten eingefasste Gewänder. Aus den Bergwerken sind zahlreiche Beispiele solcher farbiger Borten bekannt, die in der so genannten Brettchenwebtechnik hergestellt wurden.

Die Fibeln als Verschluss des Gewandes an den Schultern wurden nach der Lage der Stücke im Grab abgebildet.

(An dieser Stelle sei dem Keltenmuseum Hallein (www.keltenmuseum.at) für die freundliche Kooperation und die Zurverfügungstellung der Bilder und des Textes gedankt!)

Auf dem Dürrnberg bei Hallein (Salzburg) wurde das Grab einer keltischen Frau gefunden. Archäologen und ein Zeichner haben die folgende Zeichnung dieser Frau gemacht.

Einige Knochen der Frau waren erhalten. Damit konnte das Geschlecht der Frau sicher bestimmt werden. Die Untersuchung der Zähne ergab, dass die Frau bei ihrem Tod ungefähr 50 Jahre alt war. Daher wurde in der Zeichnung eine etwas ältere Frau dargestellt.

Die Goldkugeln wurden nach der im Halleiner Keltenmuseum entworfenen Rekonstruktion (Wiederherstellung) des Schmucks gezeichnet.

Arm- und Beinringe stammen auch aus diesem Grab. Während die Beinringe sich bei den Beinen befanden, waren die Armringe zusammen mit anderem Schmuck am Rand der Grabkammer niedergelegt. Diese Teile gehörten also vermutlich zu einem zweiten Gewand, das ins Grab mitgegeben wurde. Für die Wiederherstellung wurden die Ringe miteinander kombiniert.

Der breite Bronzegürtel mit seiner Anhängerkette war nur in einzelnen Teilen erhalten. Seine Form wurde mit Hilfe besser erhaltener Stücke wieder hergestellt.

Über die Schuhe der späten Hallstattzeit besitzen wir nur sehr wenige Informationen. Der hohe Schaft der Schuhe soll das bequemere Tragen der schweren Beinringe ermöglichen. Die Form ist der Vorstellungskraft des Zeichners und dem praktischen Sinn des Archäologen entsprungen.

In Bergwerken wurden Kleidungsstücke von toten Menschen gut erhalten. Daher wissen wir sehr gut über Web-, Näh- und Färbetechniken Bescheid. Bisher besitzen wir allerdings kein vollständiges Kleidungsstück. Für den Schnitt des Kleides wurde daher auf die wenigen bildlichen Darstellungen und auf Vergleichbares aus Italien zurückgegriffen.

In den Bergwerken sind Stoffe mit farbigen Borten gefunden worden. Auf der Zeichnung hat das Kleid eine solche Borte.

An den Schultern verwendeten die Kelten Fibeln als Verschluss. In der Zeichnung wurden sie nach der Lage im Grab abgebildet.

Abb. 48: Informationen zur Rekonstruktionszeichnung (vereinfacht)

Abb. 49: Rekonstruktionszeichnungen entstehen aufgrund von Quellenfunden

Rekonstruktionszeichnung einer Frau aus der keltischen Oberschicht/6. Jh. v. Chr./Dürrnberg bei Hallein/Österreich (angefertigt durch Werner Hölzl)

Aufträge/Partnerarbeit:

1. Lest die Informationen zur Rekonstruktionszeichnung.
2. Betrachtet die Rekonstruktionszeichnung der Frau, die aufgrund von Quellenfunden und archäologischen Ausgrabungen entstanden ist. Verbindet die Ausschnitte in der Zeichnung mit den Quellen, auf die sie sich beziehen.

Quelle 1

Quelle 2

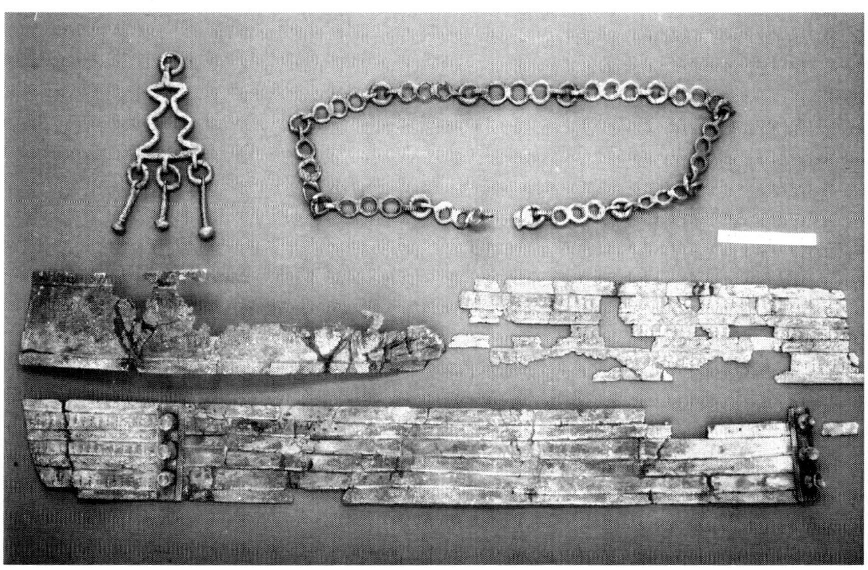

Quelle 3

1.2 Quelleninterpretation

Historische Quellen kritisch zu lesen und ihren Aussagewert herauszufinden, gehört zu den grundlegenden Fähigkeiten und Fertigkeiten der historischen Methodenkompetenz. Vielen Schülern/innen fällt dies jedoch schwer. Aus diesem Grund soll die hier dargestellte Herangehensweise eine Hilfestellung auf dem Weg hin zur selbstständigen Quellenkritik darstellen.

> Die Aufgabe besteht darin, dass die Lernenden bestimmte quellenkritische Aspekte – die bereits vorinterpretiert wurden – mit der richtigen Stelle in der Quelle in Verbindung bringen.

Den Schülern/innen wird dazu etwa eine schriftliche Quelle vorgelegt, die auf einem Brett angebracht ist. Zusätzlich werden ihnen Aussagen zur Quelle, die einer kritischen Analyse entspringen, angeboten. Diese sollen sie im Text identifizieren. Um dieses Aufgabenformat jedoch nicht zu einfach zu gestalten, sollten die Aussagen so formuliert werden, dass sie nicht sofort einem bestimmten inhaltlichen Teilabschnitt zugeordnet werden können, ohne die Quelle wirklich gelesen oder in ihrer Tiefe verstanden zu haben. Die Übung soll nämlich nicht als bloße Verbindungsübung oder als Übung zum Sinn erfassenden Lesen missverstanden werden. Es handelt sich vielmehr um eine Übung, welche die Schüler/innen mit neuen Blickwinkeln auf eine historische Quelle konfrontieren kann.

Für heterogene Klassen können Differenzierungen erstellt werden, indem den Schülern/innen alternativ gestaltete Aussagen zur Verfügung gestellt werden. Auf den Pfeilen (vgl. Abb. 52, S. 84) können dabei etwa einmal sehr eindeutige und damit einfache Interpretationen vorgegeben werden und einmal eher schwierige und offene.

Auf dem Brett ist die Quelle abgebildet. In ihr sind jene Ausschnitte hervorgehoben, die mit den Aussagen der Quelleninterpretation (vgl. Pfeile Abb. 52) korrespondieren. Nun müssen die Schüler/innen die Pfeile, die auf Wäscheklammern geklebt sind, an den korrespondierenden Stellen anbringen.

Abb. 50: Klammerbrett „Historische Quelle“

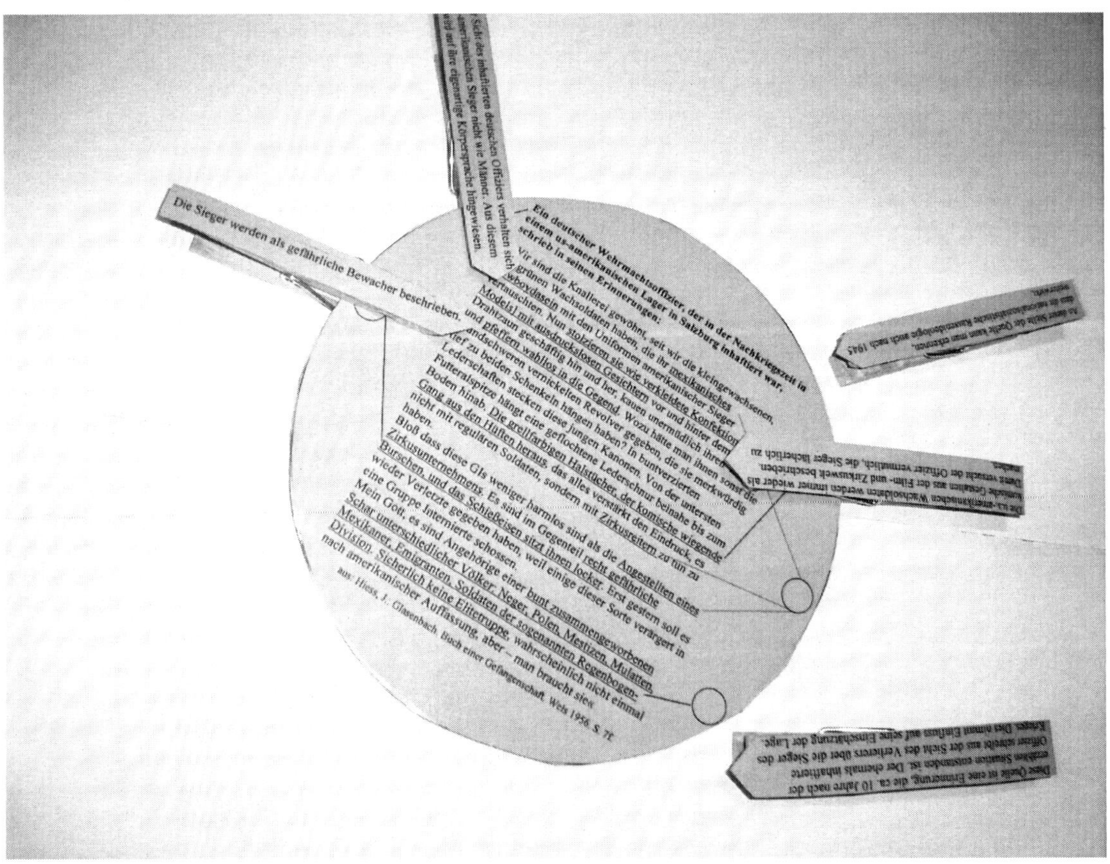

Aufträge/Partnerarbeit:

1. Lest die historische Quelle genau durch!
2. Wie werden die U.S.-amerikanischen Soldaten von dem inhaftierten Offizier wahrgenommen? Klammert die Pfeile mit den Interpretationshilfen an den richtigen Stellen an, so dass die Aussagen auf die passenden Stellen der Quellen verweisen.

Damit diese Aufgabe selbstständig kontrolliert werden kann, werden auf der Rückseite des Brettes die Lösungen mittels kleiner Symbole vermerkt. Dieselben Symbole befinden sich auf der Unterseite der Klammern. Sind die Klammern an der Spielfläche angeklammert, kann man diese umdrehen und die Lösung überprüfen, indem man die Symbole der angebrachten Wäscheklammern mit jenen der Lösungsfläche vergleicht.

Die Aufgabe kann jedoch – im Sinn der Differenzierung – auch ohne die Pfeile gestellt werden: Die Lernenden müssen dann jedoch selbstständig Antworten und Lösungen auf vorgegebene Fragen bzw. Arbeitsaufgaben finden.

Aufträge

1. Lest die historische Quelle genau durch!
2. Schreibt nun alle Bezeichnungen aus der Quelle heraus, welche die U.S.-amerikanischen Soldaten aus der Sicht des ehemals inhaftierten deutschen Offiziers beschreiben! Z.B. „kleingewachsene, olivgrüne Wachsoldaten“, „amerikanische Sieger“ usw.
3. Welches Bild der U.S.-amerikanischen Soldaten erhält man aus dieser Quelle?
4. Dieses Bild entstammt aus der Wahrnehmung eines ehemals inhaftierten deutschen Offiziers. Welchen Zweck könnte er mit einer solchen Darstellung der Amerikaner verfolgt haben?

Abb. 51: Quellenkritische Aspekte identifizieren

Vorderseite des Bretts

Ein deutscher Wehrmachtsoffizier, der in der Nachkriegszeit in einem U.S.-amerikanischen Lager in Salzburg inhaftiert war, schrieb in seinen Erinnerungen:

„Wir sind die Knallerei gewöhnt, seit wir die kleingewachsenen, olivgrünen Wachsoldaten haben, die ihr *mexikanisches Cowboydasein* mit den Uniformen amerikanischer Sieger vertauschten. Nun *stolzieren sie wie verkleidete Konfektionäre [= Models] mit ausdruckslosen Gesichtern* vor und hinter dem Drahtzaun geschäftig hin und her, kauen unermüdlich ihren Wrigley und *pfeffern wahllos in die Gegend.* Wozu hätte man ihnen sonst die pfundschweren vernickelten Revolver gegeben, die sie merkwürdig tief zu beiden Schenkeln hängen haben? In buntverzierten Lederschaften stecken diese jungen Kanonen. Von der untersten Futteralspitze hängt eine geflochtene Lederschnur beinahe bis zum Boden hinab. *Die grellfarbigen Halstücher, der komische wiegende Gang aus den Hüften heraus,* das alles verstärkt den Eindruck, es nicht mit regulären Soldaten, sondern mit *Zirkusreitern* zu tun zu haben.
Bloß dass diese GIs weniger harmlos sind als die *Angestellten eines Zirkusunternehmens.* Es sind im Gegenteil *recht gefährliche Burschen, und das Schießeisen sitzt ihnen locker.* Erst gestern soll es wieder Verletzte gegeben haben, weil einige dieser Sorte verärgert in eine Gruppe Internierte schossen. Mein Gott, es sind Angehörige einer *bunt zusammengeworbenen Schar unterschiedlicher Völker: Neger, Polen, Mestizen, Mulatten, Mexikaner, Emigranten, Soldaten der sogenannten Regenbogen-Division. Sicherlich keine Elitetruppe,* wahrscheinlich nicht einmal nach amerikanischer Auffassung, aber – man braucht sie.“

aus: Hiess 1956, 7 f.

Abb. 52: Pfeile mit Interpretationshilfen

	Lösungszahl:
An dieser Stelle der Quelle kann man erkennen, dass die nationalsozialistische Rassenideologie auch nach 1945 weiterwirkt.	1
Aus der Sicht des inhaftierten deutschen Offiziers verhalten sich die U.S.-amerikanischen Sieger nicht wie Männer. Aus diesem Grund wird auf ihre eigenartige Körpersprache hingewiesen.	2
Diese Quelle ist eine Erinnerung, die ca. zehn Jahre nach der erzählten Situation entstanden ist. Der ehemals inhaftierte Offizier schreibt aus der Sicht des Verlierers über die Sieger des Krieges. Dies nimmt Einfluss auf seine Einschätzung der Lage.	3

	Lösungszahl:
Die U.S.-amerikanischen Wachsoldaten werden immer wieder als komische Gestalten aus der Film- und Zirkuswelt beschrieben. Damit versucht der Offizier vermutlich, die Sieger lächerlich zu machen.	4
Die Sieger werden als gefährliche Bewacher beschrieben.	5

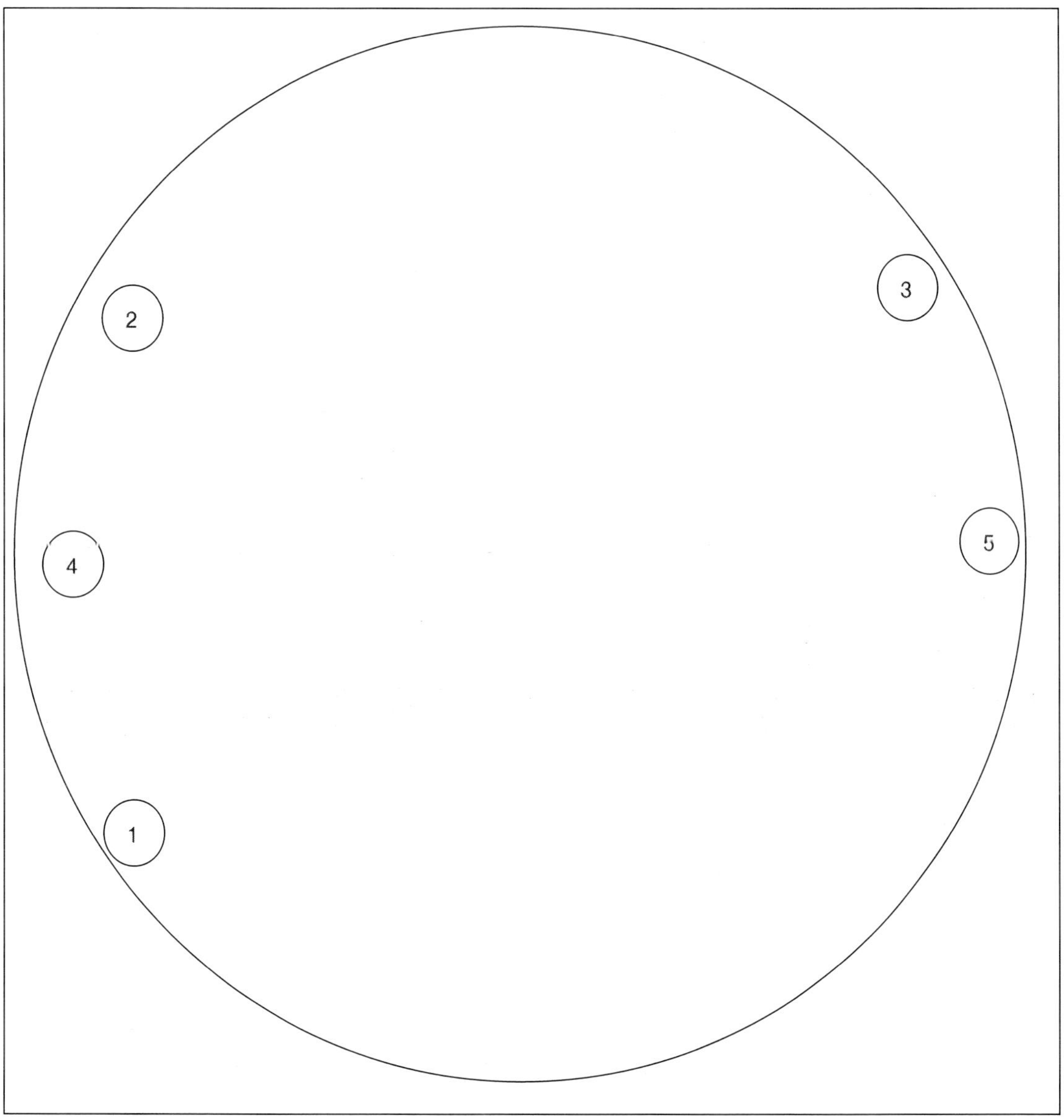

Abb. 53: Lösung (Rückseite des Blatts)

1.3 Wie entsteht eine Erzählung über die Vergangenheit?

Ist es ein Ziel des historischen Lernens, bei den Schülern/innen ein Verständnis dafür aufzubauen, wie „Geschichten" (Rekonstruktionen der Vergangenheit) entstehen, kann es hilfreich sein, ihnen grobe Teilschritte zu skizzieren, die von Historikern/innen gegangen werden, um eine Erzählung über die Vergangenheit anzufertigen. In ähnlicher Weise wie dies viele Schulbücher im Bereich der Ur- und Frühgeschichte mit den Tätigkeiten der Archäologen meist bildlich umsetzen, versucht das hier angebotene Domino ebenfalls einen Einblick in den prozesshaften Charakter der historischen Forschung und ihrer grundlegenden Stationen zu geben.

Das Domino ist hier in der richtigen Reihenfolge abgebildet. Es erzählt den Arbeitszyklus einer Historikerin in sieben Karten (Kühberger 2009, 47).

Auftrag/Partnerarbeit:

Die Arbeitsabläufe der Historikerin sind durcheinander geraten. Schneidet die Dominokarten aus, legt sie in die richtige Reihenfolge der Arbeitsabläufe und klebt sie anschließend auf ein Blatt Papier.

Abb. 54: Arbeitsabläufe in der Geschichtsforschung (Domino)

Start –> Die Historikerin Monika Göllner hat *Interesse* am Leben der Frauen um 1900.	Sie stellt daher am Beginn ihrer Forschungsarbeit eine *Forschungsfrage.*
„Wie wohnten die Arbeiterfrauen um 1900 in Berlin im Gegensatz zu heute?" Die *Frage steht also am Anfang* ihrer Forschung.	Um Herauszufinden, was man schon alles zu diesem Thema weiß, geht sie in die *Bibliothek.*
Dort findet sie Bücher von *anderen Wissenschaftlern und Wissenschaftlerinnen.* So kann sie feststellen, was man schon alles weiß.	Sie sammelt alle *Informationen,* die sie in der Bibliothek findet, braucht aber noch weitere Informationen.
Daher geht sie in ein *Archiv* ...	..., wo *Dokumente wie Schriftstücke, Akten, Karten, Pläne, Film- und Tonmaterialien* aus vergangenen Zeiten aufbewahrt werden.
Dort findet sie historische *Quellen aus der Zeit* um 1900, wie z.B. Zeitungen, Fotos und Briefe.	Diese Quellen geben sehr unterschiedliche Standpunkte und Sichtweisen auf die historischen Ereignisse wieder, die sich teilweise auch widersprechen.
Daher muss sie jetzt die *Quellen überprüfen:* Wer hat sie verfasst? Warum wurden sie verfasst? Was wird über das Wohnen erzählt? ...	Nun hat sie ausreichend Material, mit dem sie ihre „Geschichte" erzählen kann.
Die Historikerin setzt nun die Informationen *aus den Büchern und aus den Quellen* zu einer *Geschichte* zusammen.	Leider konnte sie nicht alles herausfinden. *Viele Fragen bleiben offen.* Das sind die Fragen für weitere Forschungsarbeiten.

1.4 Rekonstruktionskarten

Schüler/innen sollten im Geschichtsunterricht auch die Möglichkeit erhalten, selbstständig etwas über die Vergangenheit zu erzählen. So kann man ihnen, wie es dieses Aufgabenformat versucht, Materialien zur Abfassung von (einer) Geschichte zur Verfügung stellen. Dabei sollte man nicht einer utopischen Vorstellung anhängen, dass es möglich wäre, im Geschichtsunterricht aus den Schülern/innen kleine Historiker/innen zu machen. Doch durch den Nachvollzug von grundlegenden Problemen, die bei der narrativen Rekonstruktion der Vergangenheit auftreten, können sie wichtige Erfahrungen sammeln.

Zu diesem Zweck erhalten die Schüler/innen „Materialkarten", die sowohl historische Quellen als auch geschichtswissenschaftliche Erkenntnisse (etwa in Form von Ausschnitten aus geschichtswissenschaftlichen Darstellungen) bereitstellen. Damit der zu rekonstruierende Ausschnitt der Vergangenheit überschaubar bleibt, gilt es bei der Auswahl der Materialien darauf zu achten, dass es sich um eine eng umgrenzte Fragestellung handelt. Da es in der Regel aufwendig ist, verschiedene historische Quellen und Ausschnitte aus geschichtswissenschaftlichen Darstellungen zu einem eng umrissenen Thema zu finden, hat es sich in der Praxis als brauchbar erwiesen, auf Ausstellungskataloge zurückzugreifen. In ihnen befinden sich meist fachwissenschaftliche Ausführungen in Form von rezipientengerechten Fachtexten sowie Abbildungen von historischen Quellen, die man für die Materialkarten als Ausgangsbasis für eine Rekonstruktion heranziehen kann.

Die Auswahl der Materialien ist dabei sicherlich zentral. Die historischen Quellen sollten eine gewisse Komplexität aufweisen und dennoch den Schülern/innen die Chance bieten, sie erschließen zu können. Bei schriftlichen Quellen sollten etwa das sprachliche Niveau, die Länge sowie die daraus ableitbaren Aussagen als Auswahlkriterien beachtet werden. Bildliche Quellen hingegen besitzen den Vorteil, dass sie – wenn sie nicht gerade eine Darstellungsform besitzen, die den Schülern/innen fremd ist – auch ohne hervorragende sprachliche Kenntnisse verstanden werden können.[1] Als weitaus schwieriger gestaltet sich in der Regel das Auffinden von brauchbaren Fachtexten, die in Ausschnitten als Materialkarte gestaltet werden können. Dies hängt damit zusammen, dass man einerseits auf authentische fachwissenschaftliche Texte zurückgreifen sollte, andererseits jedoch gerade die Texte in Fachbüchern meist sehr schwierige sprachliche Konstruktionen aufweisen und für Schüler/innen oft schwer zu erschließen sind.

Aus einem Arrangement einer unterschiedlich großen Anzahl von Materialkarten kann man ganz unterschiedliche Aufgabenformate für das Offene Lernen entwickeln. Wichtig ist dabei, den Schülern/innen zu vermitteln, dass es sich bei historischen Rekonstruktionen in Form von schriftlichen Erzählungen über die Vergangenheit nicht um triviale und willkürliche Zusammenstellungen oder Zusammenkoppelungen von historischen Quellen und geschichtswissenschaftlichen Erkenntnissen handelt, sondern dass historische Erzählungen primär Antworten auf Fragen an die Vergangenheit geben (vgl. Kapitel B. II) und dass die Formulierung der historischen Fragen Einfluss auf die Erzählung nimmt. Darüber hinaus sollten auch die unterschiedlichen Schritte der Quellenkritik nicht zu kurz kommen.

In der Sekundarstufe I werden Schüler/innen im Bereich der selbstständigen Rekonstruktion nur kleine Teilschritte gehen können, die durch unterschiedliche didaktisierte Settings gestützt werden.

Die Arbeitsaufgaben für den Umgang mit den Materialkarten zu einem bestimmten Thema können jedoch ganz unterschiedlich ausfallen (vgl. Abb. 55, S. 88). Dies ermöglicht es gerade in heterogenen Gruppen differenzierte Aufgaben anzubieten.

---

1 Zwar ist es richtig, dass bildliche Quellen Inhalte oder Intentionen schnell kommunizieren, letztlich müssen Schüler/innen doch selbst diese Bilder wieder in Sprache fassen, wodurch die sprachlichen Kompetenzen für das historische Denken unabdingbar sind.

Abb. 55: Historisches Erzählen anregen (Kühberger 2009, 49; Kühberger/Windischbauer 2010, 18-22)

Durch methodisches Vorgehen kann die Annäherung an den Prozess des selbstständigen Verfassens einer Erzählung über die Vergangenheit erleichtert werden. Exemplarisch werden hier drei Varianten vorgestellt:

Variante 1: Detaillierte Fragen werden durch Lehrperson vorgegeben

Da jede historische Darstellung von einer zentralen Fragestellung und vielen Unterfragen lebt, ist es sinnvoll, diese Fragen den Lernenden zur Verfügung zu stellen. Je mehr und je genauer diese Fragen bzw. Unterfragen ausgestaltet werden, desto leichter wird es den Lernenden fallen – entlang des ihnen zur Verfügung gestellten Materials (Quellen, Darstellungen) – aus der Vielzahl der Einzelantworten eine Erzählung zu destillieren.

Variante 2: Teil-Re-Konstruktion

Oft werden aus zeitlichen Gründen komplexe Re-Konstruktionen im Geschichtsunterricht nicht durchgeführt. Die Behandlung des Problems bleibt dann in der ermüdenden, immergleichen und oft wenig ergiebigen Quellenkritik stecken, ohne die erarbeiteten Vergangenheitspartikel zu nützen bzw. ausreichend zu kontextualisieren. Eine Möglichkeit, die Ergebnisse einer kritischen Auseinandersetzung mit den Quellen entlang einer Fragestellung in einen größeren Kontext einzubetten, bestünde darin, die Lernenden nur einen Zwischenschritt in der Erzählung über die Vergangenheit alleine gehen zu lassen. Während der Beginn der Erzählung und die weitere Darstellung vorgegeben sind, sollen die Schülerinnen und Schüler einen Teilaspekt der Gesamterzählung re-konstruieren. Auf diese Weise können Fragestellungen positioniert und Kontexte entfaltet werden, an denen die Lernenden weiterarbeiten.

Variante 3: Der Anfang

Eine ähnliche Variante sieht vor, dass der Lehrer/die Lehrerin selbst den Anfang der historischen Narration verfasst, indem er/sie dort die Fragestellung entwickelt und einen knappen Einstieg in die Erzählung bietet. Die Schülerinnen und Schüler gestalten davon ausgehend selbstständig die weitere Erzählung.

Macht man sich die Mühe, derartige Kartensätze zu unterschiedlichen Themen zu entwerfen, haben sie den Vorteil, dass man mit ihnen zeiteffizient auch andere in diesem Buch präsentierte Aufgabenformate (z.B. „Passive Rekonstruktion“) entwickeln kann. Dabei wird den Schülern/innen eine „fertige Geschichte“ vorgelegt und sie müssen die Karten den richtigen Ausschnitten der Erzählung zuordnen, um die Intertextualität u.a. zwischen wissenschaftlichen Texten und historischen Quellen als Grundlage der historischen Rekonstruktion zu erkennen.

Erziehung zur faschistischen Männlichkeit

Dieser hier präsentierte Kartensatz stellt unterschiedliche Quellen zur faschistischen Vergangenheit zur Verfügung. Im Zentrum stehen dabei männergeschichtliche Aspekte. Um diese Übung aus dem Bereich der Rekonstruktionskompetenz zu entschleunigen und zu differenzieren, könnte man einzelne Quellen bereits im gebundenen Unterricht besprechen und auf ihren Aussagewert, ihre Problematik und ihre Perspektive hin befragen, damit den Schülern/innen im Offenen Lernen bereits Teilergebnisse der Quellenkritik vorliegen, die sie nur noch einarbeiten müssen. So sollte etwa das Bild (Karte 6, S. 92) eines faschistischen Jungen *(Balilla moschettiero)* hinsichtlich seines Aussagewertes besprochen werden (u.a. Inszenierung des jungen soldatischen Jungen, Funktion der Uniform für Buben etc.).

Dennoch handelt es sich dabei um ein anspruchsvolles Aufgabenformat, für das ein ausreichender Zeitaufwand einzurechnen ist.

Abb. 56: Kartensatz: Erziehung zur faschistischen Männlichkeit

Auftrag/Partnerarbeit:

Lest den Beginn der folgenden *Erzählung über die Vergangenheit* (Geschichte) und schreibt sie mit Hilfe der historischen Quellen zu Ende:

Wie sollten Burschen im faschistischen Italien sein?

Der italienische Faschismus hatte klare Vorstellungen über die Rolle der männlichen Jugendlichen und Kinder. Sie sollten zu faschistischen Männern erzogen werden. Von klein auf sollten ihnen politische und soldatische Ideale des Faschismus näher gebracht werden.

Im Gegensatz zu gläubigen, katholischen Jugendlichen, die man als schwach und lahm ansah, verdeutlicht eine Karikatur aus einer faschistischen Jugendzeitschrift 1932 das Männlichkeitsideal für die faschistischen Burschen. Sie sollten ...

1

Karikatur *„Die neuen Generationen" (Le nuove generazioni)*
aus der faschistischen Jugendzeitschrift *Gioventù Fascista* (1932)

Übersetzung: ... wie man sie wollte ... und wie wir sie wollen

Aus: Le nuove Generazioni. In: Gioventù fascista, a. I/n. 4 (12.4.IX) [1932]

2

Der italienische Historiker Olivia stellt fest:

„Die Zielsetzungen der [faschistischen Jugendorganisation] *Opera Nazionale Balilla* (...) waren vorrangig sportlicher und vormilitärischer Art: die Turnhalle und der Exerzierplatz wurden zu bevorzugten Orten der Erziehung, die auch über die Uniform, die Gewöhnung an die Hierarchie, die vormilitärische Ausbildung, den Kult um das Regime und das organisierte Vergnügen vermittelt wurde."

Übersetzt aus: Olivia 1996, 398

3

Die hier angegebenen „Zehn Gebote" für den jungen Faschisten (Balilla) aus dem Jahr 1927 schreiben vor, wie ein faschistischer Junge zu sein hat:

1. Der Balilla ist ein kleiner Faschist und liebt wie sein größerer Bruder das Vaterland, den Duce und den König. Er ist bereit zu rufen: „Ich bin kampfbereit!"[1], wenn das Vaterland wie bedroht wird.
2. Das Wort eines Balilla ist heiliger als ein Schwur.
3. Der Balilla ist stark und großzügig und er weiß, beim Einsatz des eigenen Lebens, den Schwachen zu helfen.
4. Der Balilla spürt und praktiziert den Bruderschaftsgeist nur unter denen, die ihr Vaterland lieben.
5. Der Balilla hat Sinn für die Hierarchie, gehorcht bedingungslos den Lehrern und den Führern, die ihn kommandieren.
6. Der Balilla ist ein kleiner Bauherr, kein Vandale, er liebt die Tiere, respektiert die Pflanzen und zerstört kein öffentliches Eigentum.
7. Der Balilla ist liebenswürdig und höflich, ohne süßlich zu sein.
8. Der Balilla, Blume der Jugend, ist immer fröhlich und verfolgt mit Heiterkeit und Bereitschaft die Aufgaben, die ihm anvertraut werden.
9. Der Balilla weiß dem Durst zu widerstehen, weiß Ruhm zu ertragen, weiß in der Sonne und im Regen zu stehen, ohne zu jammern.
10. Der Balilla bekennt sich zur Religion des Staates und praktiziert sie, er flucht nicht, er vermeidet unkorrekte Worte und begeht keine Taten, die seine Würde als kleiner Faschist schmälern oder den Ruhm der großen Familie, zu der er gehört.

Aus: Galeotti 2000, 63 f. – [1] Hier im Sinn übersetzt; auf Italienisch *„Chi linse"* im Sinn von *„la rompo"* („Ich zerstöre es")

4

Mitgliederzahlen der faschistischen Jugendorganisation „Opera Nazionale Balilla“

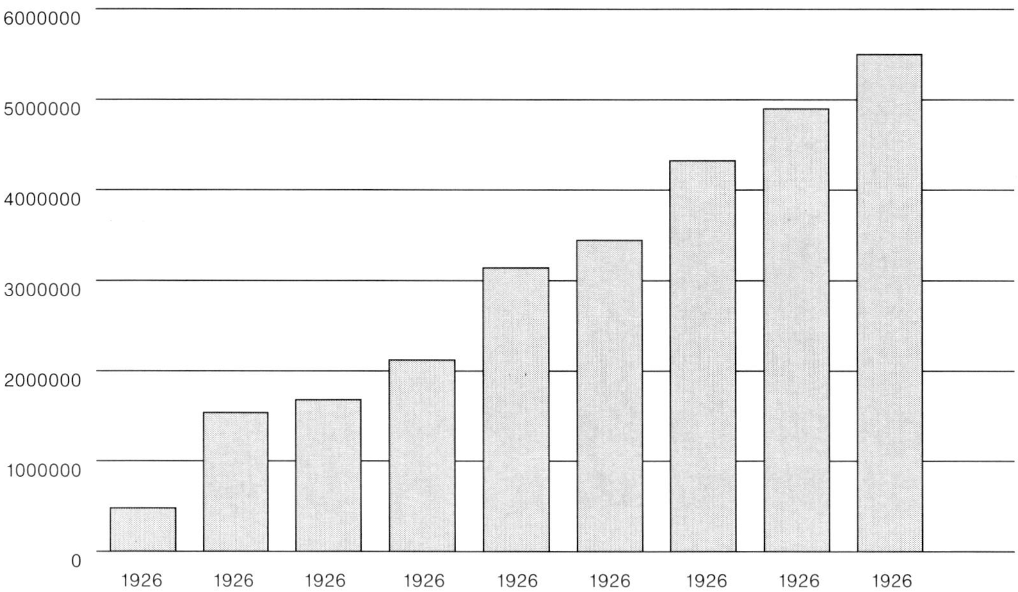

Erstellt nach: Koon 1985, 173

Koon, Tracy H.: Belive, Obey, Fight. Political Socialization of Youth in Fascist Italy 1922-1943. Chapel Hill 1985, S. 173

5

„Der faschistische Samstag“/*„Il sabato fascista“*

Nach der Reduzierung der Arbeitszeit auf 40 Stunden pro Woche versuchte das faschistische Regime die Freizeit der Italiener und Italienerinnen zu kontrollieren. Der „faschistische Samstag“ wurde daher eingeführt, um eine größtmögliche Beteiligung der Massen an den politischen Aktivitäten des Regimes zu erreichen: Einübung von Paradeschritten, Vorbereitungen für Umzüge und Versammlungen etc. Die Erinnerungen von Erwachsenen, die in den 1930er Jahren als Kinder den „Faschistischen Samstag“ am Land in der Nähe von Rom erlebten, sind jedoch recht unterschiedlich. In Interviews erzählten sie ihre Eindrücke von damals:

Gino Bovolenta (*1915) erzählt:

„Dort bekamen wir Theorie beigebracht, aber auch militärische Ausbildung. Man hatte einen halben Tag Fest, ja Leben, Freiheit, eben nicht Arbeit. Es war ein Tag, an dem man feierte. Wie Sonntag. Samstag ging man nach dem Mittagessen zu diesen Treffen, die wie Feste waren. ... Man traf sich nur samstags ... Es gab eine Stunde, eineinhalb, zwei Stunden höchstens [Erziehung], danach waren wir frei, jeder konnte machen was er wollte.“

Mracello Baldan (* 1923) kann sich so erinnern:

„Man musste zu diesen Treffen gehen. Es war eine Gewohnheit. Auch die Frauen, in Uniform. Sie hatten Waffen, aber auch sie kamen am Samstag ... Ich verstand [damals] nicht alles vom Faschismus. Es war eine Gewohnheit. Dort waren auch die Aufseher, die etwas sahen oder nicht. Das waren Squadristen, die [Faschisten] der ersten Stunde. Sie waren wie Spione. Sie beobachteten jeden Moment der Mitmenschen und wenn irgendwer Ungerechtigkeiten anklagte, berichteten sie das ihren Chefs. ... Ich war stolz [am Samstag dorthin zu gehen]. Es war keine Sache, die mir missfiel, als kleiner Bub verstand ich nichts davon. ‚Ja!‘ – verstand ich. Ich meine damit, dass wir schon von klein auf [daran gewöhnt wurden].“

Transkribierte Textteile von Interviews (geführt 1997) aus: Kühberger 2001, 29 f.

6

Foto von Benito Mussolinis Sohn als Balilla-Musketier („Balilla Moschettiere")

aus: Mussolini 1942, 8

1.5 Historische Bilder mit Hilfe eines Rasters analysieren

In Schulbüchern und im Geschichtsunterricht werden historische Bilder häufig als Illustrationen verwendet, um die Vorstellungen über die Vergangenheit konkreter werden zu lassen. Historische Bilder haben allerdings einen weiteren, im Sinne der historischen Kompetenzen noch weit wichtigeren Wert: Sie sind Quellen, über die wir einen Zugang zum vergangenen Geschehen erhalten können, wenn wir uns quellenkritisch annähern.

Im folgenden Raster zur Bildanalyse findet sich eine abolitionistische Zeichnung zur Sklavenbefreiung. Dieses Bild könnte aber durch jedes andere für die Altersgruppe passende historische Bild ersetzt werden.

Ausgehend vom innersten Rahmen (Punkt 1), bei dem mit einer Bildbeschreibung begonnen wird, soll das Bild immer tiefer erschlossen werden. Die Arbeit erfolgt in Gruppen, um ein geeignetes Forum für Fragen und Diskussionen zu bieten. Die Schüler/innen schreiben ihre Antworten mit Folienstift in die Rahmen. Um die Aufgabe zu vereinfachen oder für den Fall, dass Schüler/innen eine Hilfestellung benötigen, können auch Kärtchen mit möglichen Antworten angeboten werden, die zugeordnet werden. Es sollten auch einige unbeschriftete Kärtchen bereit liegen, in welche die Schüler/innen eigene Beobachtungen schreiben können. Auch in diesem Fall können Diskussionen unter den Schülern/innen vertiefend wirken. Hingewiesen sei auf die Tatsache, dass das Zuordnen der Kärtchen in vielen Fällen keine eindeutigen Lösungen ergibt!

Arbeit mit dem Bildraster

Aufträge/Partner- oder Gruppenarbeit:

a) Betrachtet das Bild und versucht Antworten auf die Fragen in den Rahmen zu finden. Geht dabei von innen nach außen vor. Schreibt eure Antworten mit Folienstift in den Rahmen (bzw. legt die Kärtchen mit möglichen Antworten in den eurer Meinung nach passenden Rahmen. Schreibt eigene Beobachtungen und Anmerkungen auf die leeren Kärtchen und ordnet auch diese zu).

b) Besprecht eure Lösung mit einer Lehrperson.

4. Was teilt das Bild den Betrachtern/innen mit?

3. Welche Fragen möchtet ihr zu diesem Bild stellen?

2. Welche Symbole sind zu erkennen und was bedeuten sie?

1. Was ist auf dem Bild zu sehen?

Zeichnung über die Sklavenbefreiung auf den Westindischen Inseln aus einer Zeitschrift von Gegnern/innen der Sklaverei (Everett 1998, 152)

Abb. 57: Raster für Bildanalyse (auf Karton kopieren, laminieren)

Abb. 58: Mögliche Antworten zum Zuordnen (auf Karton kopieren, ausschneiden, laminieren)

Die Menschen freuen sich.	Im Hintergrund sieht man eine verfallene Holzhütte und eine Palme.	Der Mann ist nur mit einem Tuch um die Hüften bekleidet.
Ein Knabe gräbt mit einer Schaufel ein Loch.	Die Frau lächelt und hebt ihr Baby freudig in die Höhe.	Alle Menschen haben dunkle Hautfarbe.
Der Mann hebt freudig die Arme.	Eine Peitsche liegt am Boden und der Mann steht darauf.	Die am Boden liegende Peitsche und die Kette symbolisieren, dass sie keine Gefahr mehr sind.
Auf der Bank liegt ein Buch, wahrscheinlich eine Bibel.	Im Hintergrund sieht man ganz kleine, jubelnde Menschen.	Das Mädchen spielt mit den zerrissenen Ketten und wird sie wahrscheinlich im Loch vergraben.
Das Vertrauen auf die Bibel hat zur Freiheit geführt.	Die Sklaverei ist zu Ende und die Betroffenen freuen sich darüber.	Wie wird es dieser Familie in der Freiheit ergehen?
Wie ist es zum Ende der Sklaverei gekommen?	Wie reagieren die ehemaligen Sklavenhalter?	Vor den ehemaligen Sklaven/Sklavinnen liegt eine schöne Zukunft.

1.6 Historische Plakate analysieren

Politische Plakate sind Werbemittel, die Informationen transportieren und Meinungen und letztlich das Verhalten der Betrachter/innen in ihrem Sinn verändern wollen. Dazu bedienen sie sich einer „Sprache des Augenblicks“, verwenden Strategien der schnellen Impressionen, indem sie verkürzt argumentieren, Emotionen ansprechen, Bild und Textaussagen auf das Wesentliche beschränken, positiv konnotierte Stereotypen für die „eigene“ Sache und negativ konnotierte für die „gegnerische“ verwenden (Krammer 2006, 37).

Als politische Konstrukte, die politische Auseinandersetzungen einer Zeit widerspiegeln, können sie einer Quellenkritik unterzogen werden. Der Einsatz im Geschichtsunterricht wird durch die Tatsache erschwert, dass sich Plakate bestimmter, in ihrer Zeit allgemein verständlicher Symbole und Stereotypen bedienen, welche von den Schülern/innen oft nur mit Hilfestellung entschlüsselt werden können. Bezogen auf das hier angeführte Beispiel eines NS-Propagandaplakates sei z.B. auf die Mützen der Männer verwiesen, die auf ihre Zugehörigkeit zur Arbeiterklasse verweisen. Aus diesem Grund werden – für jene, die eine Hilfestellung benötigen – Pfeile mit möglichen Antworten und Hinweisen angeboten. Um politische Plakate analysieren zu können, ist aber auch ein bestimmtes Maß an Vorwissen über die Entstehungszeit und die politischen Verhältnisse erforderlich, das z.B. in Form einer kurzen schriftlichen Zusammenfassung zur Verfügung gestellt werden kann.

Vorgegebene Fragen zur Quellenkritik des vorliegenden NS-Propagandaplakates sollen die Aufmerksamkeit der Schüler/innen auf bestimmte, für das Verständnis notwendige Elemente des Plakates lenken und sie dabei unterstützen, die wesentlichste Frage – nämlich die nach der „message“ – selbstständig zu beantworten. Da die Beantwortung der Fragen in einem kommunikativen Prozess leichter fallen wird, sollen die Aufträge in Form einer Partnerarbeit gelöst werden.

Aufträge/Partnerarbeit:

1. Betrachtet das Plakat.
2. Versucht nun die Fragen in den Kästchen zu beantworten. Wer Hilfe braucht, kann die Pfeile mit den Hilfestellungen verwenden. Falls euch noch etwas auffällt, könnt ihr dies mit Folienstift auf die leeren Pfeile schreiben.
3. Beantwortet am Ende die fett gedruckte Frage nach der Aussage des Plakates. Schreibt eure Ergebnisse ins Heft.

Abb. 59: Ein nationalsozialistisches Propagandaplakat analysieren

Ein NS-Propagandaplakat mit Hilfe von Fragen analysieren

Was bedeutet der Text dieses Plakates? In welchem Zusammenhang steht er mit dem Bild?

Was sieht man hier im Hintergrund? Was soll dies bedeuten?

Welchen Ausdruck haben die Gesichter der Menschen? In welcher Stimmung sind die Menschen? Womit lässt sich diese Stimmung erklären?

Welche Menschen sind zu sehen? Wie sind sie gekleidet? Welcher Gesellschaftsschicht gehören sie vermutlich an?

Von wem wurde dieses Plakat in Auftrag gegeben? Welchem Zweck sollte es dienen?

Welche Symbole (Kopfbedeckung, Kleidung) werden verwendet, um Hinweise auf die Gesellschaftsschicht der Menschen zu geben?

Wahlplakat der NSDAP 1932,
Deutsches Historisches Museum, Berlin

In welcher wirtschaftlichen Lage befand sich Deutschland zum Zeitpunkt der Entstehung dieses Plakates?

Was ist die Aussage dieses Plakates? Welche Menschen sollen damit besonders angesprochen werden?

Abb. 60: Mögliche Antworten zum Zuordnen (auf Karton kopieren, laminieren, ausschneiden)

Die Mützen, die manche Männer tragen, lassen darauf schließen, dass es sich um Arbeiter handelt.

Ein Mann trägt einen Anzug und Krawatte. Vermutlich handelt es sich um einen Beamten.

Die Menschen schauen ernst und besorgt aus.

Wahrscheinlich ist die Stimmung der Menschen auf die schlechte Wirtschaftslage zurückzuführen. Es gibt viele Arbeitslose.

Deutschland und viele andere Länder litten zu Beginn der 1930er Jahre unter einer Wirtschaftskrise.

Die Nationalsozialistische Deutsche Arbeiterpartei ließ dieses Plakat entwerfen und drucken.

Das Plakat sollte der NSDAP bei den Wahlen 1932 Stimmen von Wählern und Wählerinnen bringen.

Das Haus und die große Menschenmenge im Hintergrund sollen zeigen, dass sehr viele Menschen ihre Hoffnung auf Hitler setzen.

Der Text will die Menschen davon überzeugen, dass Hitler der Einzige ist, der die Probleme beseitigen kann.

Man sieht sehr viele Männer, aber auch zwei alte Frauen mit Kopftuch und eine junge Frau mit Kind.

Die Menschen, die unter den Auswirkungen der Wirtschaftskrise leiden, sollen Hitler wählen.

Nur Hitler kann diesen Menschen eine bessere Zukunft sichern.

Das Haus ist ein großes Mietshaus und jedenfalls keine Villa. Vielleicht handelt es sich um ein Arbeiterwohnviertel.

1.7 Historische Karikaturen analysieren

Karikaturen sind offensichtliche Beispiele dafür, dass historische Dokumente nicht die Vergangenheit zeigen, sondern eine Darstellung der Vergangenheit sind. Denn Karikaturen urteilen und nehmen ganz offen Stellung – sie geben nie vor, „objektiv" oder „sachlich" zu sein. Durch das Lächerlichmachen von Personen, Übertreibungen, Spott und Komik wollen sie zum Nachdenken anregen (Gautschi 2005, 65). Karikaturen argumentieren daher nicht ausgewogen, sondern sind parteilich. Gerade die vernachlässigte oder fehlende Seite der Argumentation regt allerdings zur Weiterarbeit an, fordert begründete Urteile von Schülern/innen, gibt Anstöße zum Weiterdenken (Krammer/Mebus 2006, 102).

Die folgende Karikatur, die wohl zu den „Ikonen der Zeitgeschichte" gezählt werden kann, wurde 1962 veröffentlicht, als die Kuba-Krise die Welt an den Rand eines Atomkriegs brachte. Da die Aussage der Karikatur sich auf ein sehr konkretes Ereignis von weltweiter Bedeutung bezieht, da ihre „message" sehr klar ist und die wenigen Symbole recht einfach zu entschlüsseln sind, eignet sie sich gut für den Einsatz im Unterricht. Denn Karikaturen sind in der Regel sehr in ihrer Zeit verhaftet, bedienen sich vieler Symbole und „Metaphern", welche von so genannten „Nachgeborenen" oft nicht mehr oder nur mit großen Schwierigkeiten entschlüsselt werden können (Ammerer/Windischbauer 2008, 38).

Um die vorliegende Karikatur entschlüsseln zu können, ist es erforderlich, dass die Schüler/innen Kennedy und Chruschtschow erkennen – sie müssen also vorher schon Fotos von ihnen gesehen haben. Überdies müssen sie bereits von der Kuba-Krise gehört bzw. gelesen haben. Es könnte jedoch auch ein Arbeitswissen als inhaltlicher Einstieg zur Verfügung gestellt werden.

Für den Offenen Unterricht wird das Sechseck auf Karton kopiert und laminiert, damit die Schüler/innen es mit wasserlöslichem Folienstiften beschreiben können. Die Antwortkärtchen werden ausgeschnitten und in einer Schachtel gesammelt.

> Das Analyse-Sechseck „Karikaturen lesen" eignet sich prinzipiell zur Analyse jeder historischen Karikatur. Die Schüler/innen müssen allerdings vorher mit den „Stilmitteln" von Karikaturen (Symbole, Übertreibung usw.) vertraut gemacht worden sein und es sollte zumindest *eine* historische Karikatur gemeinsam im gebundenen Unterricht Schritt für Schritt analysiert worden sein. Für die Analyse ist es bedeutsam, dass auch die Schüler/innen wissen, wann und wo (in welchem Land, in welchem Medium) die zu analysierende Karikatur erschienen ist.

Aufträge/Partnerarbeit:

1. Betrachtet die Karikatur und löst die Aufgaben (in der vorgegebenen Reihenfolge). Schreibt eure Antworten mit Folienstift auf das Analyse-Sechseck. Falls ihr Hilfe benötigt, könnt ihr die Textkärtchen verwenden: Legt sie zur eurer Meinung nach richtigen Frage. Falls ihr anderer Meinung seid, könnt ihr diese mit Folienstift auf die leeren Textkärtchen schreiben und zuordnen.

2. Vergleicht mit der angebotenen Lösung.

Abb. 61: Analyse-sechseck: Historische Karikaturen analysieren

Die folgende Karikatur erschien im Jahr 1962 in der Daily Mail in England:

1. Beschreibt genau, was auf dem Bild zu sehen ist.

2. Stellt fest, auf welches Ereignis oder welchen Zustand, welche Situation sich die Karikatur bezieht.

6. Fasst zusammen, was die Künstlerin/der Künstler eurer Meinung nach mit dieser Karikatur bewirken wollte.

„Einverstanden, Herr Präsident, wir reden miteinander."

Karikatur aus der britischen Zeitung „Daily Mail" von 1962, zitiert aus Spiegel-Verlag, Hamburg, 1962: Der Spiegel/44

3. Findet heraus, welche Symbole der Künstler/die Künstlerin verwendet und wofür diese Symbole stehen.

5. Stellt Vermutungen an, welche Meinung der Künstler/die Künstlerin zum Thema vertritt und auf wessen Seite er/sie steht.

4. Stellt fest, wo die Künstlerin/der Künstler übertreibt, wo er/sie einseitig urteilt oder parteilich Stellung nimmt.

US-Präsident Kennedy und der Präsident der Sowjetunion, Chruschtschow, sitzen einander gegenüber und messen sich beim Armdrücken.	Beide Präsidenten halten den Zeigefinger der freien Hand über einen Knopf, der mit einer Atombombe verbunden ist.
Der US-Präsident sitzt auf einer sowjetischen Atom- oder Wasserstoffbombe, der sowjetische Präsident sitzt auf einer amerikanischen.	Beide Präsidenten schwitzen vor lauter Anstrengung, besonders Chruschtschow.
Die Karikatur bezieht sich auf die Kuba-Krise im Jahr 1962. Zu diesem Zeitpunkt drohte ein Atomkrieg zwischen der Sowjetunion und der USA.	Die beiden Präsidenten messen sich im Armdrücken, d.h. sie messen ihre Kräfte, statt miteinander zu sprechen (verhandeln).
Die Atom- oder Wasserstoffbomben, die den beiden Präsidenten als Sitzgelegenheit dienen, symbolisieren die drohende Gefahr eines Atomkriegs.	Beide Präsidenten lassen drohend einen Zeigefinger über einem Knopf schweben, der die Bomben zündet. Es braucht also nur einen kleinen Knopfdruck, um die Welt zu zerstören.
Die beiden Präsidenten sitzen direkt auf der jeweils feindlichen Bombe und es würden sofort beide in die Luft gehen und getötet werden.	Der Künstler kritisiert die gegenseitige Bedrohung.
Der Künstler kritisiert, dass die USA und die Sowjetunion miteinander Kräfte messen und die Welt an den Rand des Abgrunds führen, statt zu verhandeln.	Der Künstler möchte davor warnen, dass das Kräftemessen die Welt an den Rand des Atomkriegs und damit zum Untergang führt.
Der Künstler möchte die Menschen darüber informieren, welche Gefahr der Welt durch das Kräftemessen der USA und der Sowjetunion droht.	

Abb. 62: Textkärtchen mit möglichen Antworten (kopieren, laminieren, ausschneiden)

1.8 Schritt für Schritt eine Geschichtsdarstellung schreiben

Ähnlich wie beim vorhergehenden Beispiel sollen die Schüler/innen im Folgenden mit Hilfe didaktisierter Materialien Teilschritte der Rekonstruktion einer historischen Darstellung gehen.

> Die Aufgabe besteht darin, zu erkennen, dass durch das Heranziehen unterschiedlicher Quellen sehr gegensätzliche historische Darstellungen entstehen können. Um einen Austausch über die zu erwartenden Ergebnisse zu ermöglichen, wird hier die Sozialform der Gruppenarbeit gewählt.

Auftrag/Gruppenarbeit (3 Personen):

Der Auftrag besteht aus zwei Schritten und einer (freiwilligen) Zusatzaufgabe:

1. Einzelarbeit: Jede/r liest *ausschließlich* seinen/ihren Auftrag (Auftrag Schüler/in A, B und C).
2. Gruppenarbeit: Tauscht die Ergebnisse eurer Arbeit aus. Stellt fest, wo es Übereinstimmungen bei euren Einträgen für das Lexikon gibt und wo Unterschiede bestehen. Diskutiert über mögliche Gründe für diese Unterschiede. Welcher Text entspricht eurer Meinung nach am meisten dem wirklichen Geschehen? Begründet eure Meinung.
3. Zusatzaufgabe: Versucht nun, mit Hilfe der Quellentexte, die euch glaubhaft erscheinen, einen gemeinsamen Eintrag in das Geschichtelexikon zu verfassen, der die Geschehnisse sachlich zusammenfasst. Schreibt diesen auf ein großes Blatt Papier und heftet dieses an eine Pinnwand. Im gebundenen Unterricht werden die Ergebnisse eurer Gruppenarbeit miteinander verglichen!

Abb. 63: Schritt für Schritt eine Geschichtsdarstellung schreiben (Gruppenarbeit)

Auftrag für Schüler/in A/Gruppenarbeit: Vorsicht: Dieses Blatt darf nur Schüler/in A lesen und bearbeiten!!

Du bist Geschichtsforscherin/Geschichtsforscher und findest in einem Buch den folgenden Ausschnitt aus einer Rede des damaligen amerikanischen Präsidenten, in der er über die belgische Kolonie Kongo berichtet.

1. Lies den Ausschnitt aus der Rede.
2. Stelle dir nun vor: Du sollst für ein Geschichtelexikon auf der Basis dieser Rede einen kurzen Beitrag (zwei Sätze) verfassen zum Thema:
   - Die belgischen Kolonialherren im Kongo.

   Schreibe die Sätze in dein Heft.

US-Präsident Arthur berichtete im Dezember 1883 in seiner Botschaft an den Kongress über Belgisch Kongo:
Das reiche und dicht bevölkerte Tal des Kongo wird von einer Gesellschaft namens Internationale Afrikanische Gesellschaft erschlossen, deren Präsident der König der Belgier ist ... Große Landstriche wurden der Gesellschaft von Eingeborenenhäuptlingen überlassen, Straßen wurden gebaut, Dampfschiffe auf dem Fluss stationiert und der Anfang mit der Bildung von Staaten gemacht ... unter einer Flagge, die Handelsfreiheit bietet und den Sklavenhandel unterbindet. Die Absichten der Gesellschaft sind philanthropischer [= menschenfreundlicher] Natur. Sie zielt nicht auf dauerhafte politische Herrschaft, sondern bemüht sich um Neutralität für das Tal.

Hochschild 2002, 122

Auftrag Schüler/in B/Gruppenarbeit: Vorsicht! Dieses Blatt darf nur Schüler/in B lesen und bearbeiten!!

Du bist Geschichtsforscherin/Geschichtsforscher und findest in einem Buch den folgenden Ausschnitt aus einer Tagebucheintragung eines Offiziers der belgischen Armee, in der er über die belgische Kolonie Kongo berichtet.

1. Lies den Ausschnitt aus der Tagbucheintragung.
2. Stelle dir nun vor: Du sollst für ein Geschichtelexikon auf der Basis dieser Rede einen kurzen Beitrag (zwei Sätze) verfassen zum Thema:
   - Die belgischen Kolonialherren im Kongo.

   Schreibe die Sätze in dein Heft.

Der Offizier Charles Lemaire, der in der belgischen Armee im Kongo kämpft, berichtet in seinem Tagebuch:
14. Juni 1891: Expedition gegen die Loliva [= kongolesischer Stamm], die sich weigern, zum Stützpunkt zu kommen. Scheußliches Wetter; Angriff im strömenden Regen. Große Gruppe von Dörfern; konnten sie nicht alle zerstören. Etwa 15 Schwarze getötet. 4. September 1891: Um 4 Uhr morgens Vorbereitungen für den Angriff auf Ipeko [= kongolesisches Dorf]. Das ganze Dorf niedergebrannt, Bananenstauden gefällt. 13. Juli 1892: Am 7. Juli greift Leutnant Sarrazijn die Bompopo-Dörfer an; 20 Eingeborene getötet; 13 Frauen und Kinder gefangen genommen.

Hochschild 2002, 351 f.

Auftrag Schüler/in C/Gruppenarbeit: Vorsicht! Dieses Blatt darf nur Schüler/in C lesen und bearbeiten!!

Du bist Geschichtsforscherin/Geschichtsforscher und findest in einem Buch den folgenden Bericht des britischen Vize-Konsuls, in dem er über die belgische Kolonie Kongo berichtet.

1. Lies den Ausschnitt aus dem Bericht.

2. Stelle dir nun vor: Du sollst für ein Geschichtelexikon auf der Basis dieses Berichtes einen kurzen Beitrag (zwei Sätze) verfassen zum Thema:
   - Die belgischen Kolonialherren im Kongo.

   Schreibe die Sätze in dein Heft.

Der britische Vize-Konsul berichtet 1899 darüber, wie die „Eingeborenen" im Kongo von den Belgiern zum Kautschuksammeln gezwungen werden:
Die Methode dieses Offiziers ... war die, dass man mit Kanus bei einem Dorf anlegte, dessen Einwohner daraufhin regelmäßig das Weite suchten; die Soldaten wurden dann an Land geschickt und begannen sogleich mit dem Plündern, wobei sie aus den Häusern alle Hühner, alles Korn usw. herausholten; danach griffen sie die Eingeborenen an, bis sie sich ihrer Frauen bemächtigen konnten; die Frauen wurden als Geiseln festgehalten, bis der Häuptling des Bezirks die geforderte Menge an Kilogramm Kautschuk herbeigeschafft hatte. Wenn der Kautschuk dann zusammengebracht war, wurden die Frauen für ein paar Ziegen pro Kopf an ihre Besitzer zurückverkauft, und so verfuhr er in einem Dorf nach dem anderen, bis die gewünschte Menge an Kautschuk beisammen war.

Hochschild 2002, S. 250 f.

Als Hilfestellung können die folgenden Sätze zur Verfügung gestellt werden, welche die Schüler/innen dann in Anspruch nehmen, wenn sie selbst das Bedürfnis nach Unterstützung haben:

Hilfestellung Schüler/in A

Welche der unten angeführten Sätze würdest du für den Beitrag im Geschichtelexikon verwenden? Kreuze diese Sätze an.

- Die Internationale Afrikanische Gesellschaft des belgischen Königs baut im Kongo Straßen und verbietet den Sklavenhandel.
- Die Belgier versklaven viele Kongolesen.
- Die lokalen Führer wollen den Belgiern kein Land geben.
- Die Belgier sind sehr menschenfreundlich und sie helfen bei der Entwicklung des Kongo.

Abb. 64: Schritt für Schritt eine Geschichtsdarstellung schreiben (Hilfestellungen)

Hilfestellung Schüler/in B

Welche der unten angeführten Sätze würdest du für den Beitrag im Geschichtelexikon verwenden? Kreuze diese Sätze an.

- Die belgische Armee geht erbarmungslos gegen die Kongolesen vor und tötet viele Männer, Frauen und Kinder.
- Die Belgier zerstören ganze Dörfer und nehmen Frauen und Kinder gefangen.
- Die lokalen Führer wollen den Belgiern kein Land geben.
- Die Belgier sind sehr menschenfreundlich und helfen bei der Entwicklung des Kongo.

Hilfestellung Schüler/in C
Welche der unten angeführten Sätze würdest du für den Beitrag im Geschichtelexikon verwenden? Kreuze diese Sätze an.
• Belgische Soldaten plünderten die Häuser der Kongolesen und nahmen die Frauen als Geiseln.
• Erst wenn die Männer genug Kautschuk gesammelt hatten, verkauften die Belgier die Frauen an ihre Männer zurück.
• Die lokalen Führer wollen den Belgiern kein Land geben.
• Die Belgier sind sehr menschenfreundlich und helfen bei der Entwicklung des Kongo.

2. De-Konstruktion

2.1 Annäherungen an die De-Konstruktion von historischen Narrationen

Erzählungen über die Vergangenheit kritisch zu lesen und zu hinterfragen, gehört zu den grundlegenden Fähigkeiten und Fertigkeiten der historischen Methodenkompetenz (De-Konstruktion). Vielen Schülern/innen fällt dies jedoch schwer. Aus diesem Grund soll die hier dargestellte Herangehensweise eine Hilfestellung auf dem Weg hin zur selbstständigen De-Konstruktion von historischen Narrationen darstellen.

Der Text einer historischen Narration aus einer populären Geschichtszeitschrift oder aus einem Sachbuch wird kopiert und auf ein Brett geklebt. Zusätzlich werden Aussagen zum Text, die einer kritischen Analyse entspringen, angeboten. Die Schüler/innen

Abb. 65: Klammerbrett „Historische Darstellung“

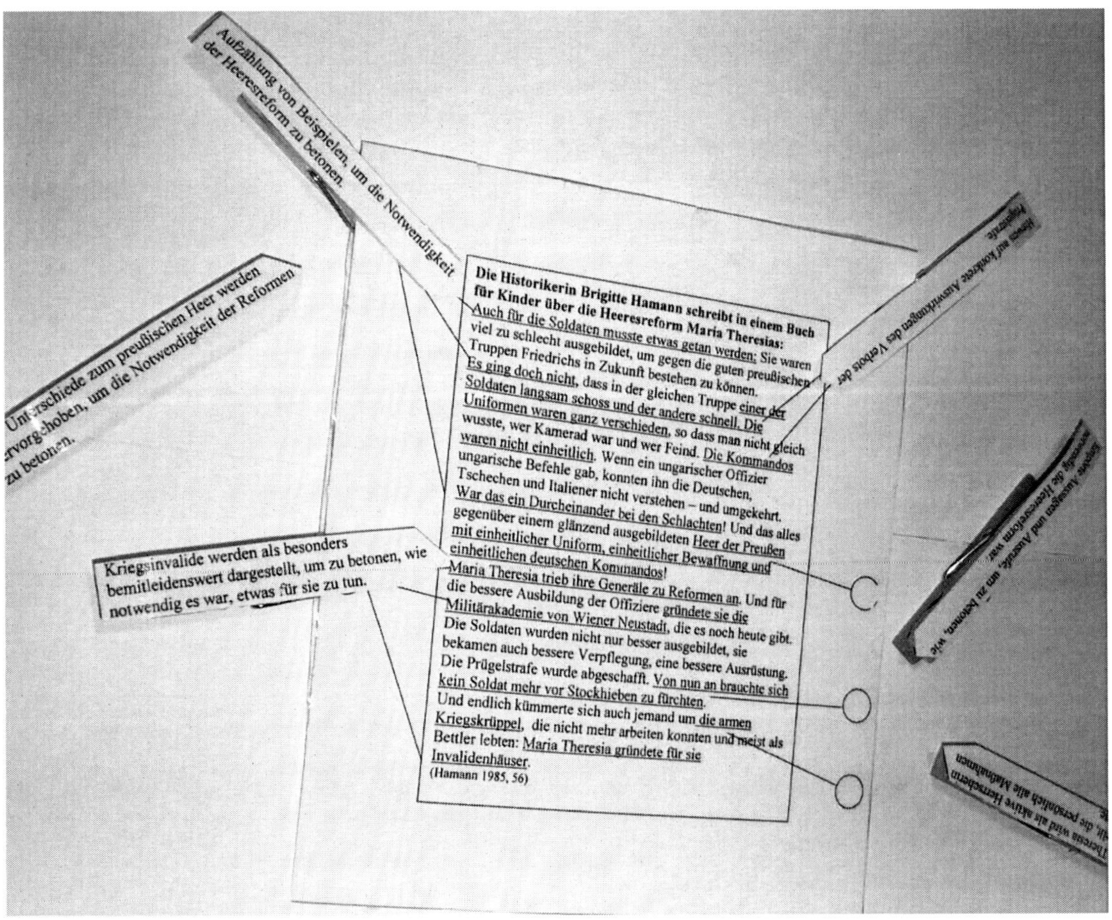

sollen die Aussagen den entsprechenden Textabschnitten der Narration zuordnen. Um dieses Aufgabenformat jedoch nicht zu einfach zu gestalten und auf ein Lesetraining oder eine Verbindungsübung zu reduzieren, sollten die Aussagen so formuliert werden, dass sie nicht sofort bestimmten inhaltlichen Teilabschnitten zugeordnet werden können, ohne die Narration wirklich gelesen oder besser in ihrer Tiefe verstanden zu haben. Es handelt sich nämlich vielmehr um eine Übung, welche die Schüler/innen mit neuen Blickwinkeln auf eine historische Narration konfrontieren kann.

Je nach Leistungsniveau können bei der Aufgabenstellung alternative Aussagen entwickelt werden, die entweder sehr eindeutige und damit einfache Vorgaben liefern oder eher schwierige und offene. Aber nicht nur das Anforderungsniveau lässt sich variieren, auch die Auswahl des in den Mittelpunkt gestellten Aspektes der kritischen Analyse kann verändert werden.

> Die Aufgabenstellung besteht darin, dass die Schüler/innen Zuordnungen zwischen den hervorgehobenen Ausschnitten in der Geschichtsdarstellung und den Aussagen dazu vornehmen. Mit Hilfe der zur Verfügung gestellten Aussagen sollen sie Gestaltungselemente der Geschichtsdarstellung erkennen und sich schrittweise bewusst werden, dass unterschiedliche Gestaltungselemente unterschiedliche Wirkungen auf die Rezipient/innen haben bzw. verfolgen.

Bei der auf das Brett geklebten historischen Narration sind jene Ausschnitte durch Unterstreichen hervorgehoben, die mit den Aussagen der De-Konstruktion korrespondieren (siehe Pfeile Abb. 67, S. 104 f.). Jeder Pfeil wird dazu auf eine Wäscheklammer geklebt. Nun müssen die Schüler/innen die Wäscheklammern mit den darauf befestigten Aussagen an den korrespondierenden Textstellen auf dem Brett befestigen. Damit diese Aufgabe selbstständig kontrolliert werden kann, werden auf der Rückseite des Brettes Lösungssymbole angebracht. Dieselben Symbole befinden sich auch auf der Unterseite der Klammern. Sind die Klammern am Brett befestigt, können die Ergebnisse durch Umdrehen des Brettes verglichen werden.

Aufträge/Partnerarbeit:

Im folgenden Text erzählt eine Historikerin für Kinder über die Heeresreform Maria Theresias. Um den Text für Kinder interessant und spannend zu machen, verwendet die Historikerin einige besondere Formulierungen.

1. Lest den Text über Maria Theresia sorgfältig durch.
2. Lest euch nun die Aussagen auf den Pfeilen durch.
3. Ordnet die Aussagen auf den Pfeilen den entsprechenden unterstrichenen Textstellen zu. Befestigt die Pfeile an der betreffenden Stelle.
4. Wenn ihr alle Pfeile befestigt habt, könnt ihr das Brett umdrehen und auf der Rückseite selbst kontrollieren.

Abb. 66: Gestaltungselemente von Geschichtsdarstellungen erkennen

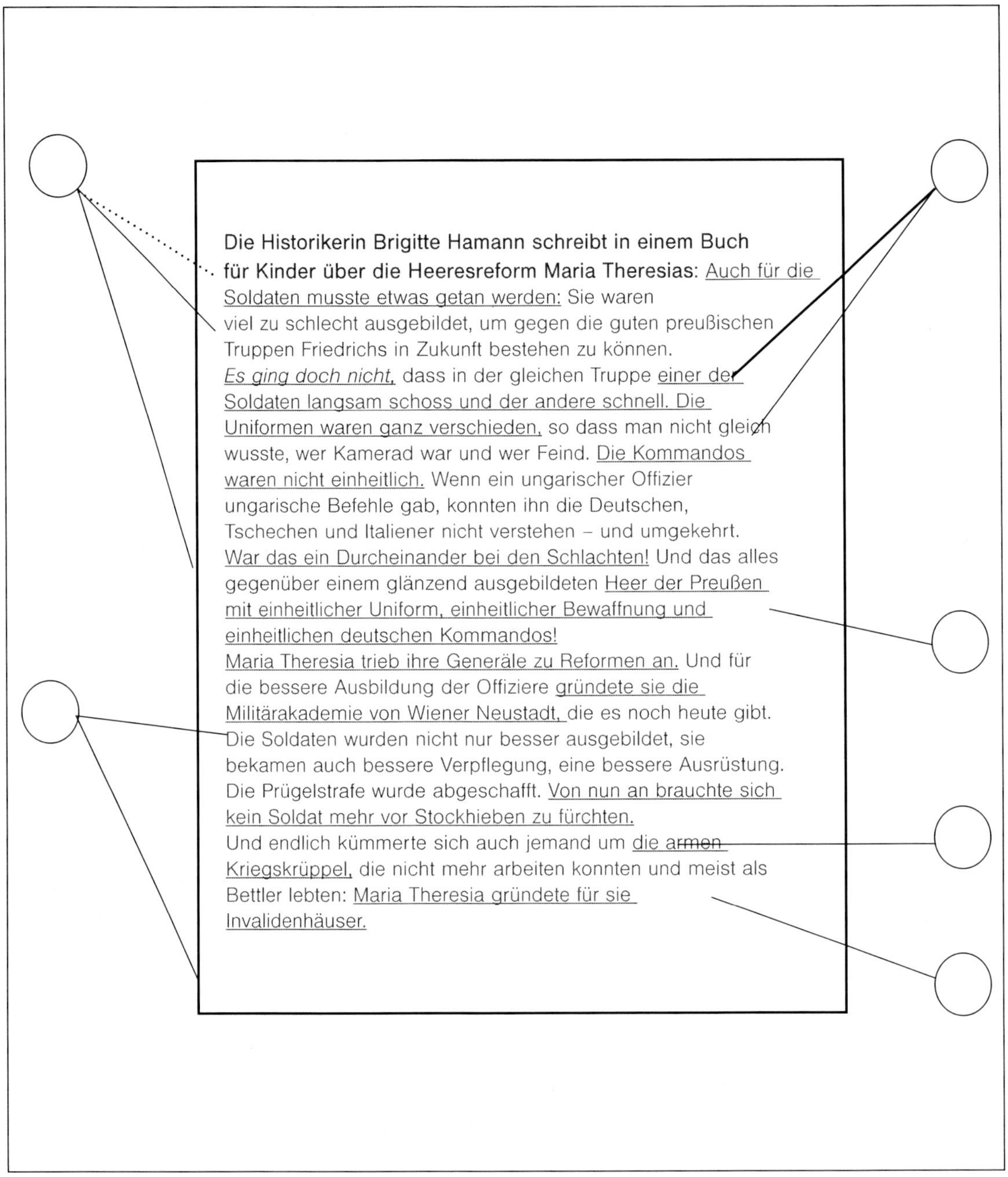

Die Historikerin Brigitte Hamann schreibt in einem Buch für Kinder über die Heeresreform Maria Theresias: Auch für die Soldaten musste etwas getan werden: Sie waren viel zu schlecht ausgebildet, um gegen die guten preußischen Truppen Friedrichs in Zukunft bestehen zu können. *Es ging doch nicht,* dass in der gleichen Truppe einer der Soldaten langsam schoss und der andere schnell. Die Uniformen waren ganz verschieden, so dass man nicht gleich wusste, wer Kamerad war und wer Feind. Die Kommandos waren nicht einheitlich. Wenn ein ungarischer Offizier ungarische Befehle gab, konnten ihn die Deutschen, Tschechen und Italiener nicht verstehen – und umgekehrt. War das ein Durcheinander bei den Schlachten! Und das alles gegenüber einem glänzend ausgebildeten Heer der Preußen mit einheitlicher Uniform, einheitlicher Bewaffnung und einheitlichen deutschen Kommandos! Maria Theresia trieb ihre Generäle zu Reformen an. Und für die bessere Ausbildung der Offiziere gründete sie die Militärakademie von Wiener Neustadt, die es noch heute gibt. Die Soldaten wurden nicht nur besser ausgebildet, sie bekamen auch bessere Verpflegung, eine bessere Ausrüstung. Die Prügelstrafe wurde abgeschafft. Von nun an brauchte sich kein Soldat mehr vor Stockhieben zu fürchten. Und endlich kümmerte sich auch jemand um die armen Kriegskrüppel, die nicht mehr arbeiten konnten und meist als Bettler lebten: Maria Theresia gründete für sie Invalidenhäuser.

Hamann 1985, 56

Abb. 67: Pfeile mit Hilfestellungen (auf Karton kopieren, laminieren und auf Wäscheklammern kleben)

Empörte Aussagen und Ausrufe, um zu betonen, wie notwendig die Heeresreform war.

Aufzählung von Problemen, um die Notwendigkeit der Heeresreform zu betonen.

Maria Theresia wird als aktive Herrscherin dargestellt, die persönlich alle Maßnahmen veranlasste.

Die Unterschiede zum preußischen Heer werden hervorgehoben, um die Notwendigkeit der Reformen zu betonen.

Kriegsinvalide werden als besonders bemitleidenswert dargestellt, um zu betonen, wie notwendig es war, etwas für sie zu tun.	Hinweis auf konkrete Auswirkungen des Verbots der Prügelstrafe.

2.2 Darstellungen erkennen

Historische Narrationen werden immer aus einer bestimmten Perspektive geschrieben. Im Idealfall versucht der Autor/die Autorin verschiedene Perspektiven einzunehmen, um die in der Wissenschaft angestrebte intersubjektive Nachvollziehbarkeit zu sichern. Um Schülern/innen einen Zugang zu diesem schwierigen Bereich zu legen, wurden hier zwei Darstellungen entwickelt, welche die Problematik der Perspektive und Parteinahme für eine Seite zuspitzen.

Aufträge/Partnerarbeit:

1. Lest die Darstellung „Alexander der Große".
2. Versucht anhand der „Adjektivraute" (siehe unten) Alexander zu charakterisieren. Wie wird er in der Erzählung dargestellt? Markiert die zutreffenden Adjektive (= Eigenschaftswörter) mit einem roten Stift. Markiert gleichzeitig auch jene Stellen in der Darstellung, welche eure Auswahl begründen.
3. Lest nun die Darstellung „Alexander der Barbar".
4. Versucht anhand der Adjektivraute Alexander zu charakterisieren. Wie wird er in der zweiten Erzählung dargestellt? Markiert die zutreffenden Adjektive mit einem blauen Stift. Markiert gleichzeitig auch jene Stellen in der Darstellung, welche eure Auswahl begründen.
5. Vergleicht nun eure Ergebnisse. Was fällt euch auf? Stellt Vermutungen dazu an, warum es zu diesem Ergebnis kommen kann.

Adjektivraute:

gütig

barbarisch hilfsbereit

grausam vernünftig

kriegerisch verständnisvoll

zerstörerisch liebevoll

rachsüchtig kooperativ

tapfer erfolgreich

eroberungslustig weise

ruhmreich klug

tollkühn feige

machthungrig

Abb. 68: Unterschiedliche Bewertungen in Geschichtsdarstellungen

Alexander der Große

Alexander der Große eroberte in zwölf Jahren (334-323 v. Chr.) ein riesiges Reich, das von Griechenland bis Ägypten und von Kleinasien bis nach Indien reichte. Mit jeder neuen Eroberung wuchs der Ruhm des Königs. Sein Feldzug im Osten wurde erst an der Grenze zu Indien durch seine Soldaten und Offiziere gestoppt, da sie ihrem König nicht weiter in unbekannte Gebiete folgen wollten.

Es war die Klugheit und Tapferkeit des anfänglich 20-jährigen Alexander, die ihn zum großen Feldherrn machten. Durch seine Eroberungen brachte er die griechische Lebensweise und Gedankenwelt bis weit nach Asien hinein.

Die Herrschaft über die eroberten Gebiete sicherte sich Alexander nicht durch Unterdrückung. Er strebte eine Verbindung mit der lokalen Oberschicht an. Er und 10 000 Soldaten heirateten etwa bei einer Massenhochzeit in Susa vornehme persische Frauen.

Alexander der Barbar

Alexander III. von Makedonien ist im heutigen Persien als „Alexander der Barbar" bekannt. Obwohl der anfänglich 20-jährige König innerhalb von nur zwölf Jahren (334-323 v. Chr.) eines der größten Reiche der Antike im Überschneidungsbereich zwischen Asien, Europa und Afrika schuf, sollte man die negativen Dinge nicht übersehen. Seine Feldzüge waren von einer unbändigen Eroberungslust gekennzeichnet. Neue Siege stillten nicht den Hunger des jungen Königs nach Ausdehnung seiner Herrschaft. Letztlich schützen ihn seine eigenen Soldaten und Offiziere vor allzu großer Tollkühnheit an den Grenzen Indiens und drängten ihn zur Heimkehr.

Es ist zudem fraglich, ob Massenhochzeiten, wie jene in Susa mit 10 000 persischen Frauen aus der Oberschicht, freiwillig vollzogen wurden. Die politische Botschaft Alexanders, der selbst eine Perserin heiratete, ist klar, auf die Gefühle der Betroffenen wurde bisher wenig achtgegeben.

Es verwundert daher nicht, dass man Alexander III. von Makedonien heute nicht mehr einfach nur „den Großen" nennen kann, denn er führte blutige Kriege, brachte Zerstörung und Verwüstung und breitete seine Kultur mit militärischem Zwang aus.

2.3 Rekonstruktionszeichnungen

2.3.1 Darstellungsformen beeinflussen unsere Vorstellung der Vergangenheit

Rekonstruktionszeichnungen sind insbesondere in der Sekundarstufe I beliebte Medien, um den Schülern/innen auf altersgerechte Weise ein Bild von der Vergangenheit vorzuführen. Es handelt sich dabei aber immer auch um eine Interpretation der Vergangenheit. Damit Schüler/innen lernen, kritisch mit diesen Zeichnungen umzugehen, sollten sie durchaus auch mit der narrativen Struktur von Bildern und den in ihnen ruhenden künstlerisch umgesetzten Bewertungen konfrontiert werden.

Die Körper- und Gesichtszüge der in den Rekonstruktionen gezeigten Menschen nehmen Einfluss auf die Vorstellungen von der Vergangenheit. Durch eine Entindividualisierung, etwa durch die Reduktion auf Sozialtypen, kann diese Lenkung eingeschränkt werden (Sauer 2007, 129). Schemenhafte Darstellungen sind bei weitem nicht so interessant und bieten weniger Raum für Identifikation als Bilder von Menschen, die eine eindeutige und erkennbare Gestik und Mimik besitzen. Durch letztere werden aber gleichzeitig emotionale Codes mitgeliefert und psychologische Einstellungsmuster seitens der Betrachter/innen abgerufen. Bestimmte historische Epochen oder Kulturen können dadurch als besonders freundlich, friedlich, uns nahe oder liebenswert, aber auch als feindselig, verschlagen und uns fern dargestellt werden. In Situationen des historischen Lernens gilt es daher, Materialien anzubieten, die den Lernenden helfen, derartige Momente – hier eben die Darstellung von Menschen in Rekonstruktionszeichnungen und ihre Wirkung auf die Betrachter/innen – einer aktiven Reflexion zuzuführen. Diese Reflexionen sollten dazu beitragen, etwa die dargestellten Antipathie- oder Sympathieträger/innen als visuelle Argumente der Zeichner/innen mitdenken zu können und nicht ohne Selbstreflexion auf ganze Gesellschaften oder Kulturen zu übertragen (Kühberger 2007, 55).

Den Lernenden werden drei verschiedene Darstellungen von Kelten in Form von Rekonstruktionszeichnungen vorgelegt. Sie sollen sich anhand der Bilder damit beschäftigen, welche Darstellung welche charakterlichen Assoziationen (in Form von Adjektiven) über die Gezeigten hervorruft. Die Schüler/innen sollten zudem begründen können, warum sie sich für welche Adjektive entschieden haben. Auf diese Weise sollte es auch anhand von bildlichen Darstellungen gelingen, den Schülern/innen die einflussnehmenden Faktoren auf die bildliche Erzählung über die Vergangenheit aufzuzeigen (u.a. Sympathie für die dargestellten Personen, Einfluss von Gestik und Mimik, Art der künstlerischen Darstellung und ihre Wirkung etc.).

Aufträge/Partnerarbeit:

1. Ordnet jedem Bild eine unterschiedliche Farbe zu!
2. Überlegt nun, welches Adjektiv (Eigenschaftswort) für welche Rekonstruktionszeichnung zutrifft. Unterstreicht die für euch passenden Adjektive mit der Farbe, die ihr vorher den Bildern zugeordnet habt.
3. Schreibt Überlegungen nieder, warum die drei Bilder so unterschiedlich wirken.

Abb. 69: Gestaltungselemente von Rekonstruktionszeichnungen erkennen

Kelte 1

[Farbe]

Kelte 2

[Farbe]

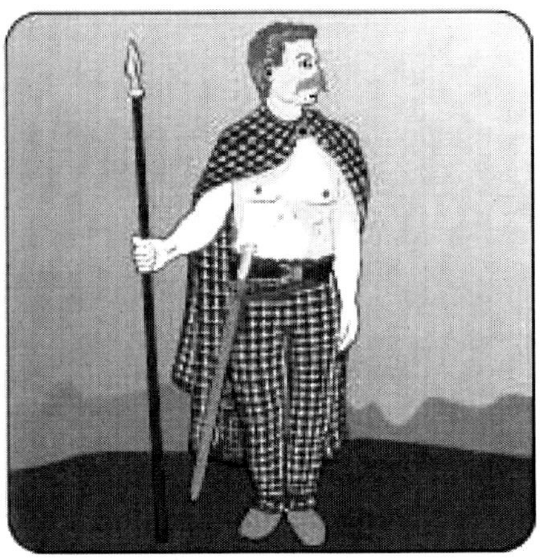

Kelte 2

[Farbe]

aggressiv

freundlich

nett

stark

gefährlich

wütend

böse

kräftig

sympathisch

mächtig

hilflos

schlau

kriegerisch

schön

feige

friedlich

unfreundlich

dumm

neutral

ruhig

entrückt

fröhlich

2.3.2 Das Wissen hinter Rekonstruktionszeichnungen

Einen anderen Zugang zu Rekonstruktionszeichnungen stellen Fragen dar, die den Zusammenhang zwischen aufgefundenen archäologischen und/oder historischen Quellen in den Mittelpunkt der Auseinandersetzungen stellen (vgl. Ammerer/Windischbauer, 2008, 4 f.).

> Rekonstruktionszeichnungen sind im ursprünglichen Sinn Zeichnungen, die nicht einer künstlerischen Fiktion entspringen dürfen, sondern durch archäologische und historische Quellen belegbar sein sollten. Die Schüler/innen sollen sich daher mit der Frage beschäftigen, welche Quellen man gefunden haben muss, um eine bestimmte Zeichnung anfertigen zu können.

Auftrag/Partnerarbeit:

Aus der Zeit um 1500 v. Chr. sind nur sehr wenige schriftliche Quellen erhalten. Vieles, was wir über das Leben der Menschen wissen, wissen wir durch die Ergebnisse archäologischer Ausgrabungen. Betrachtet die Zeichnung genau und überlegt, was die Forscher/innen gefunden haben müssen, damit die Zeichnung angefertigt werden konnte. Erstellt eine Liste und markiert die Stellen im Bild, auf die sich die von euch genannten Quellen beziehen.

Abb. 70: Rekonstruktionszeichnung vor ca. 3500 Jahren

Illustration von M. Feyerer-Fleischanderl, in: Hammerschmid/Pramper/Windischbauer: Geschichte live 2. Veritas Linz, 2. Aufl. 2009, 16

2.4 Diagramme über die Vergangenheit lesen

Eine Zwischenstufe zwischen allgemeinen und domänenspezifischen Kompetenzen nehmen Diagramme ein. Denn einerseits handelt es sich um eine sozialwissenschaftliche Darstellungsart, die in vielen Bereichen des gesellschaftlichen Lernens Verwendung findet, andererseits sind Diagramme, die historische Verläufe darstellen, auch mathematisierte grafische Darstellungen der Vergangenheit, die versuchen, strukturelle Zusammenhänge und Datenmengen grafisch zu veranschaulichen. Sie sollen bei der Erfassung und Interpretation von Sachverhalten helfen, indem sie Datenmengen visualisieren (vgl. Mayer 2007a, Mayer 2007b). Diagrammen wird häufig vorschnell Vertrauen geschenkt, weil sie auf den ersten Blick objektiv und glaubwürdig wirken. Allerdings geben sie nicht immer die objektiven Ergebnisse einer Erhebung wieder, sondern liefern Interpretationen gleich mit – etwa durch die Wahl der Überschrift oder durch die Art der grafischen Gestaltung (z.B. können engere Abstände auf der x-Achse und weitere auf der y-Achse dramatischere Schwankungen suggerieren) (Ammerer/Windischbauer 2008, 34).

Im Offenen Lernen eigenen sich Diagramme, um inhaltliche Aspekte, die im gebundenen Unterricht bereits besprochen wurden, zu wiederholen und um gleichzeitig strukturierte methodische Herangehensweisen anzubahnen. Dies gelingt besonders gut, indem den Schülern/innen etwa über einen Leitfaden oder über eine Methodenkartei (vgl. Kapitel B.V.1) eine Anleitung zur Erschließung von Diagrammen an die Hand gegeben wird (vgl. Werner 2005, 117).

Abb. 71: Leitfaden zur Analyse von Diagrammen

Schritte zum Lesen von Diagrammen

1) Welches Thema wird behandelt?

Am Beginn muss festgestellt werden, welches *Thema* das Diagramm behandelt und welche *Daten* (oder Datengruppen) uns gezeigt werden.

Auftrag/Partnerarbeit:

Welches Thema behandelt das Diagramm?

Welche Daten werden gezeigt?

Welche Überschrift trägt das Diagramm?

2) Was fällt besonders auf?

Man sollte bei der Arbeit mit Diagrammen vor allem auf *Auffälligkeiten* achten. Diese können sich durch sehr hohe Zahlenwerte ergeben, aber auch durch geringe oder durch gleich bleibende Werte.

Auftrag/Partnerarbeit:

Sind Auffälligkeiten oder Besonderheiten zu erkennen? Wenn ja, welche?

3) Wie kann man die Auffälligkeiten erklären?

Diagramme muss man immer in einen *großen Zusammenhang* (Kontext) stellen. Aufgrund von Informationen, die nicht im Diagramm zu sehen sind, kann man die Besonderheiten bzw. Auffälligkeiten erklären.

Man sollte dabei die Gründe herausfinden, warum es zu den im Diagramm gezeigten Entwicklungen kommt.

Auftrag/Partnerarbeit:

Verfolge die Entwicklungen entlang der Zeitachse! In welchen zeitlichen Abschnitten kommt es zu starken Veränderungen? Informiere dich in einem Lexikon oder in deinem Schulbuch über diesen Zeitabschnitt! Was könnten die Gründe gewesen sein?

4) Wie verlässlich sind die Daten?

Überprüfe, von wem die Daten zur Verfügung gestellt wurden. Oft ist es für eine bestimmte Gruppe der Gesellschaft von Vorteil, Daten so darzustellen, dass ihre Anliegen deutlich werden.

Auftrag/Partnerarbeit:

In wessen Auftrag wurde das Diagramm erstellt?

Wer hat das Diagramm erstellt? Zu welchem Zweck?

Welche Interessen könnten damit verfolgt werden?

Das nächste Beispiel versucht, die zeitliche Orientierung entlang der Zeitachse des Diagramms sowie die damit verbundenen Veränderungen im Fluss der Zeit am Beispiel der Geburtenentwicklung in den Mittelpunkt zu stellen. Je nach Differenzierungsgrad können dabei die Arbeitsaufgaben von den Schülern/innen selbstständig (u.a. durch Recherche) gelöst werden oder in Kombination von Recherche und vorgefertigten Musterantworten.

Die Aufgabe besteht darin, dass die Schüler/innen die vorgegebenen Erklärungen für die grafischen Höhen und Tiefen durch Recherchen im Internet oder im Schulbuch den richtigen Abschnitten des Diagramms zuweisen. Während es im ersten Auftrag um die grobe Zuordnung von gesellschaftlichen Veränderungen und historischen Situationen geht, versucht der zweite Auftrag Interpretationshilfen für die Geburtenentwicklung zu geben.

Aufträge/Partnerarbeit:

Recherchiert in eurem Schulbuch oder im Internet. Ordnet die historischen Ereignisse den gekennzeichneten Phasen der Geburtenentwicklung in Österreich im 20. Jahrhundert zu!

Abb. 72: Historische Ereignisse grafischen Höhen und Tiefen zuordnen

Zahlen von: http://www.statistik.at/web_de/statistiken/bevoelkerung/geburten/index.html [10.10.2007]

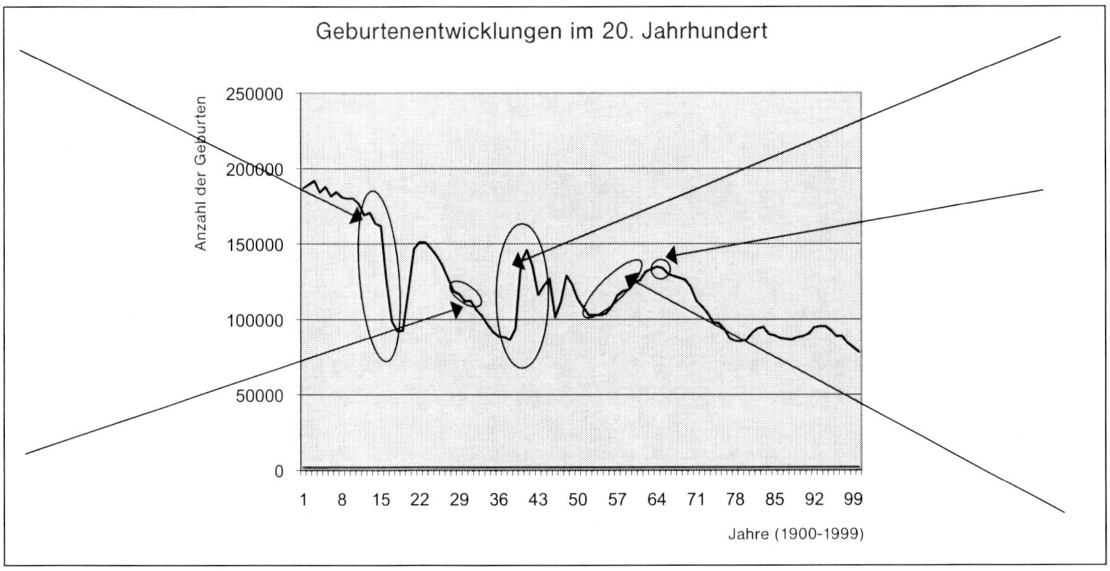

Einführung der Antibabypille am Markt	Die Nachkriegszeit und Aufbauzeit nach dem Zweiten Weltkrieg	Die Nationalsozialistische Herrschaft	Weltweite Wirtschaftskrise	Der Erste Weltkrieg

Auftrag/Partnerarbeit:

Die Geburtentwicklung in Österreich – Schneidet die Aussagen aus und ordnet sie den Entwicklungen des Diagramms zu!

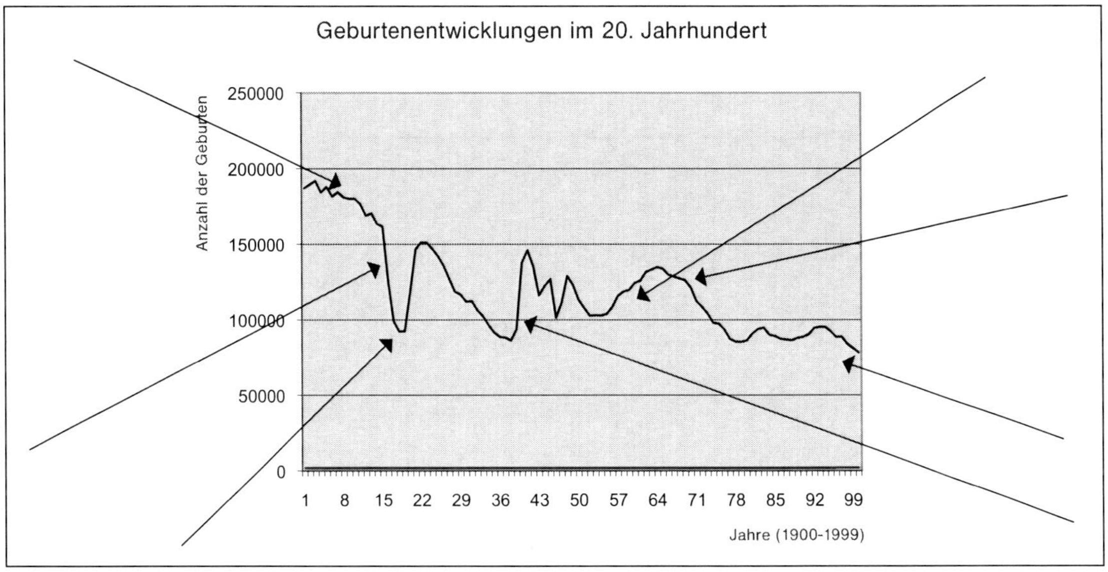

Abb. 73: Historische Entwicklungen anhand eines Diagrammes interpretieren

Zahlen von: http://www.statistik.at/web_de/statistiken/bevoelkerung/geburten/index.html [10.10.2007]

Im Krieg sind viele Männer nicht zu Hause und die wirtschaftliche Lage ist schlecht. Die Geburtenzahlen sinken.	Der „Pillenknick“: Durch die Einführung der Antibabypille nimmt die Geburtenrate ab.	Aufgrund des „Wirtschaftswunders“ der fünfziger Jahre wollen wieder mehr Paare Kinder.	Die Weltwirtschaft erholt sich und entspannt auch die Situation in Österreich. Die Geburten steigen wieder an.	Das 20. Jahrhundert beginnt auf dem heutigen österreichischen Gebiet mit hohen Geburtenzahlen.	Der erste Tiefpunkt der Geburtenzahlen ist mit dem Ende des Ersten Weltkrieges erreicht.	Gegen Ende des 20. Jahrhunderts ist ein stetiges Fallen der Geburtenziffern zu erkennen.

2.5 Diagramme zeichnen

Neben dem „Lesen“, der Analyse fertiger Diagramme (vgl. Kapitel B.III.2.4) ist auch das eigenständige Erstellen von Diagrammen Teil sowohl der allgemeinen als auch der historischen Methodenkompetenz. Da hierfür auch mathematische Kenntnisse vonnöten sind, sollten Hilfestellungen angeboten werden, wie z.B. im folgenden Beispiel in Form von leeren Säulen, welche in der entsprechenden Höhe ausgemalt werden müssen. Ist aufgrund der Lehr-Lern-Organisation des Offenen Lernens eine Zusammenarbeit mit Mathematik oder Geografie möglich, gilt es diese zu nützen.

Die Aufgabe besteht darin, einer historischen Narration Daten zu entnehmen und sie in ein Säulendiagramm umzuwandeln. Im Sinne der Vermittlung historischer Kompetenzen darf der Auftrag sich aber nicht auf die mathematische Umsetzung beschränken, sondern es gilt auch, sich Gedanken über die Wirkung der unterschiedlichen Darstellungsformen zu machen.

Aufträge/Partnerarbeit:

- Lest zuerst den Text sorgfältig durch.
- Tragt die Daten zu den Lebenserwartungen in das Diagramm unten ein, indem ihr die Säulen richtig anmalt.
- Vergleicht mit dem Lösungsblatt.
- Vergleicht die Aussagen des Textes und des Diagramms: Welche Darstellungsform ist ohne zusätzliche Informationen besser verständlich? Welche ist anschaulicher? Welcher würdet ihr den Vorzug geben? Schreibt die Antworten auf diese Fragen in euer Heft.

Abb. 74: Daten aus einer historischen Darstellung in ein Diagramm umwandeln (vgl. Gimpl/ Windischbauer 2010)

Text: Entwicklung der Lebenserwartung in Deutschland und Österreich

Kriege, Naturkatastrophen, Seuchen und Hunger bedrohten das Leben der Menschen im Mittelalter. Oft wurde Krankheit als Strafe für Sünden gesehen, aber auch als ein Aufruf zu Buße und Umkehr.

Mindestens 40 % der Kinder starben vor dem Erreichen der Pubertät. 10 – 20 % der Kinder starben im ersten Lebensjahr. Heute stirbt in Deutschland und Österreich im ersten Lebensjahr nicht einmal 1 % der Kinder.

Die durchschnittliche Lebenserwartung* betrug im Mittelalter bei Frauen ungefähr 25 Jahre, bei Männern 32 Jahre. Die Lebenserwartung war bei Frauen geringer, da sie durch die vielen Schwangerschaften und Geburten und die fehlende Hygiene bei den Geburten gefährdeter waren als Männer.

Noch um 1900 wurden Männer mit mitteleuropäischen Raum im Durchschnitt nur 41 Jahre alt, Frauen 43 Jahre.

Heute (Daten aus dem Jahr 2009) beträgt die Lebenserwartung für deutsche und österreichische Männer ca. 77 Jahre, für Frauen fast 83 Jahre. Dass Männer heute eine geringere Lebenserwartung haben als Frauen, liegt v.a. in ihrem ungesünderen Lebensstil: Sie rauchen öfter und trinken häufiger Alkohol, ernähren sich weniger gesundheitsbewusst, gehen seltener zum Arzt usw.

*Zur Errechnung der durchschnittlichen Lebenserwartung wird das Alter aller Menschen zum Zeitpunkt ihres Todes zusammengerechnet und dann durch die Anzahl der Menschen dividiert. Es werden also verstorbene Kinder ebenso dazugerechnet wie eine 98-jährige Frau. Man kann die Lebenserwartung für Männer und Frauen getrennt ausrechnen oder für Männer und Frauen zusammen.

Diagramm: Durchschnittliche Lebenserwartung im Mittelalter (MA), um 1900 und heute

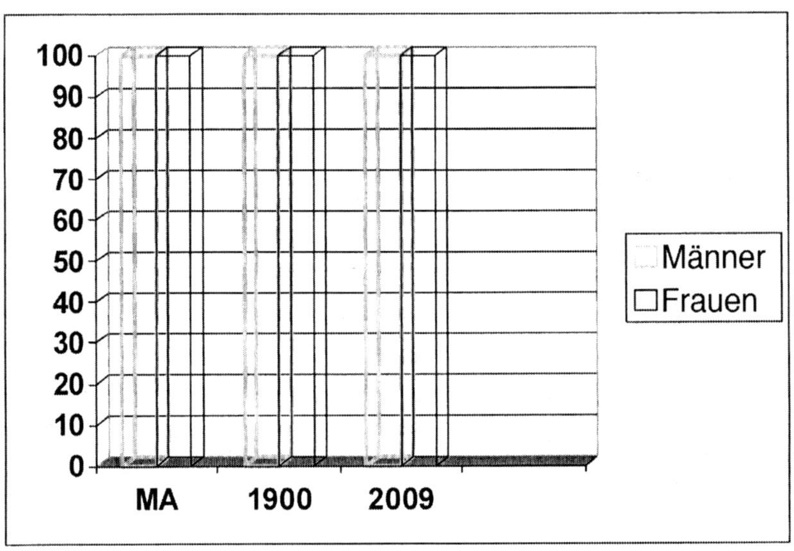

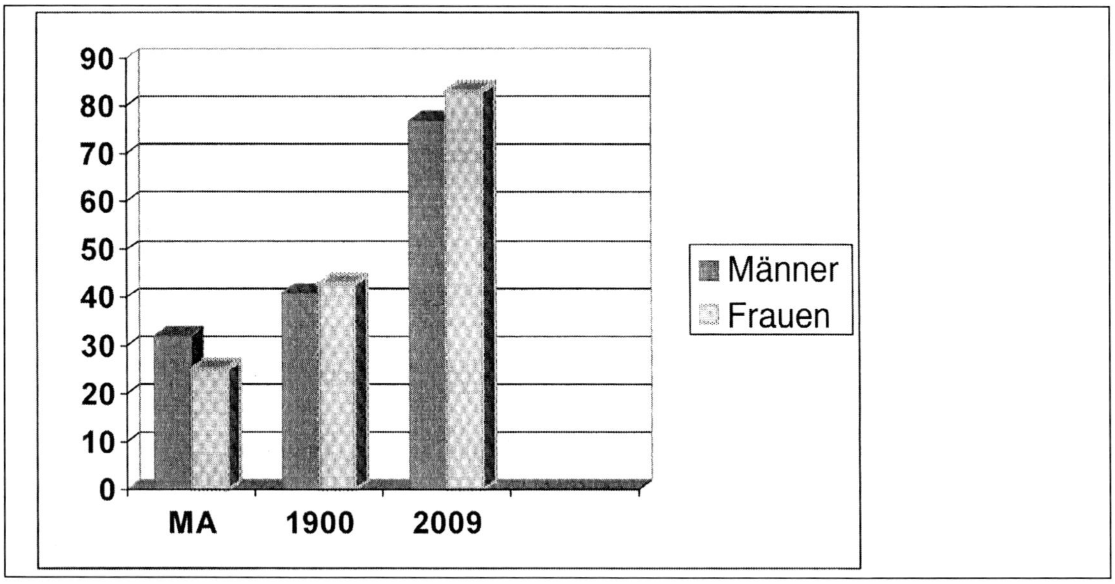

Abb. 75: Lösung „Lebenserwartung im Mittelalter, um 1900 und heute"

2.6 Arbeit mit Geschichtskarten

Im Unterschied zu *historischen Karten,* die in einer vergangenen Epoche entstanden sind und Aufschluss über den Stand der Erkenntnisse und die Perspektiven dieser Zeit geben, stellen *Geschichtskarten* die Vergangenheit aus der gegenwärtigen Sicht dar. Somit sind Geschichtskarten *Darstellungen der Vergangenheit,* die aus kompetenzorientierter Sicht auch wie solche behandelt werden müssen: Neben den Informationen, die aus einer Geschichtskarte gewonnen werden können, ist das Augenmerk auch auf jene Bereiche zu richten, die eine solche Karte mittransportiert: Geschichtskarten sind vereinfachte und reduzierte Abstraktionen von historischen Räumen, Ereignissen und Vorgängen. Diese Reduktionen lassen Spielräume für subjektive Interpretationen durch das Weglassen oder Aufnehmen, bestimmte Perspektiven werden stärker betont, während andere vernachlässigt oder überhaupt verschwiegen werden, Farbgebung und eventuell beigefügte Illustrationen können manipulierend wirken.

Der im folgenden vorgestellte und beliebig erweiterbare Satz von Karteikarten zur „Arbeit mit Geschichtskarten" zeigt anhand eines konkreten Beispiels („Afrika als Zentrum des Sklavenhandels"), das durch andere Kartenbeispiele ersetzt werden kann, Möglichkeiten, wie im Offenen Lernen Schritte vom einfachen Lesen einer Karte bis hin zu komplexen Schritten einer kompetenzorientierten Analyse gegangen werden könnten. Darüber hinaus könnten noch Arbeitsaufträge formuliert werden, die auf eine zeitliche oder thematische Reduktion oder Erweiterung abzielen (ähnlich den Karteikarten 6 und 7). Falls die Karte farbige Auffälligkeiten enthält oder Illustrationen in sie eingefügt sind, sollten dementsprechende Aufgaben zur De-Konstruktion formuliert werden.

Zur Herstellung der Kartei werden die Karten auf Karton kopiert, laminiert und in einem Karteikasten zur Bearbeitung angeboten. Findet Offenes Lernen lediglich im Unterrichtsfach Geschichte statt, sollte die Kartei mehrmals kopiert und bereit gestellt werden, damit alle Schüler/innen mit Material versorgt sind und keine Leerläufe aufgrund von Materialmangel entstehen. Der Karteikasten oder mehrere Kästen werden gut zugänglich im Klassenraum aufgestellt. In einem ersten Durchgang ist es zu empfehlen, die Aufgabenschritte der Reihe nach im gebundenen Unterricht durchzugehen, um die Schüler/innen mit den Aufgaben vertraut zu machen. Die Aufträge, die auf den Karteikarten formuliert sind, können anhand vorgegebener Geschichtskarten gelöst werden, oder die Schüler/innen suchen selbst welche in ihren Schulbüchern oder aus einer Sammlung von Geschichtskarten, die zur Verfügung gestellt wird. Eine Differenzierung erfolgt über die Aufträge auf den Karteikarten: während die Aufträge der Karten 2 und 3 einem einfacheren Niveau entsprechen, stellen insbesondere die Aufgaben der Karten 5 und 7 hohe Anforderungen.

Abb. 76: Karteikarten „Arbeit mit Geschichtskarten"

Arbeit mit Geschichtskarten — Karteikarte 1

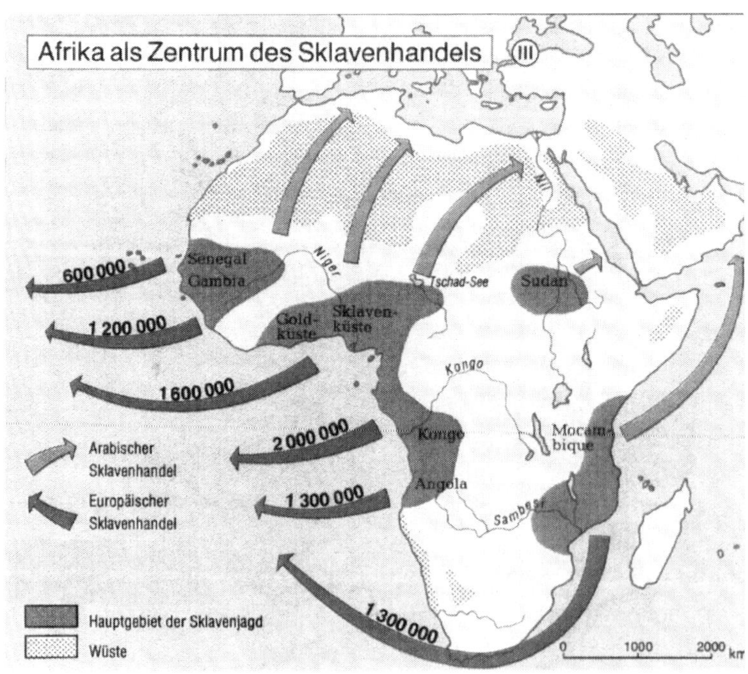

Aus: Westermann Geschichtsatlas. Braunschweig 2000, 25

Arbeit mit Geschichtskarten	Karteikarte 2

1. Schritt: Karte „lesen“

Einzel- oder Partnerarbeit: Betrachtet die Karte und löst die folgenden Aufgaben schriftlich (in eurem Heft): Stellt fest, ...

a) ... mit welchem Thema sich die Karte beschäftigt.

b) ... welcher Raum und welche Zeit auf der Karte dargestellt sind.

c) ... welche Zeichen auf der Karte verwendet werden und was sie bedeuten.

d) ... in welchem Maßstab die Karte gezeichnet ist.

Arbeit mit Geschichtskarten	Karteikarte 3

2. Schritt: Orientierung

Einzel- oder Partnerarbeit: Löst die folgenden Aufgaben schriftlich (in eurem Heft):

a) Untersucht, welche *damaligen* „Staaten“ oder Herrschaftsbereiche auf der Karte dargestellt sind.

b) Überprüft mit Hilfe des Geografie-Atlas, welche Länder oder Städte sich heute in diesen Gebieten befinden.

Arbeit mit Geschichtskarten	Karteikarte 4

Analyse 1

Bittet eure Lehrerin/euren Lehrer um Hilfe, wenn ihr die Aufgaben nicht alleine lösen könnt!

Einzel- oder Partnerarbeit: Untersucht, ob auf der Karte ...

a) ... ein *Zustand* (z.B. ein bestimmter Krieg, die Grenzen eines Landes zu einer bestimmten Zeit) oder eine *Entwicklung* (z.B. Veränderung von Grenzen im Laufe von Jahren oder Jahrhunderten) dargestellt wird. Schreibt eure Beobachtung auf und begründet eure Meinung.

b) ... historische *Veränderungen* sichtbar werden. Haltet schriftlich fest, welche Veränderungen dies sein können und wie sie auf der Karte dargestellt werden.

Arbeit mit Geschichtskarten	Karteikarte 5

Analyse 2

Einzel- oder Partnerarbeit: Betrachtet die Karte genau und sammelt die Informationen in einem Text, den ihr in euer Heft schreibt. Verwendet dazu die Überschrift der Karte und alle Informationen, die ihr der Karte und den angefügten Texten entnehmen könnt.

Arbeit mit Geschichtskarten	Karteikarte 6

Analyse 3

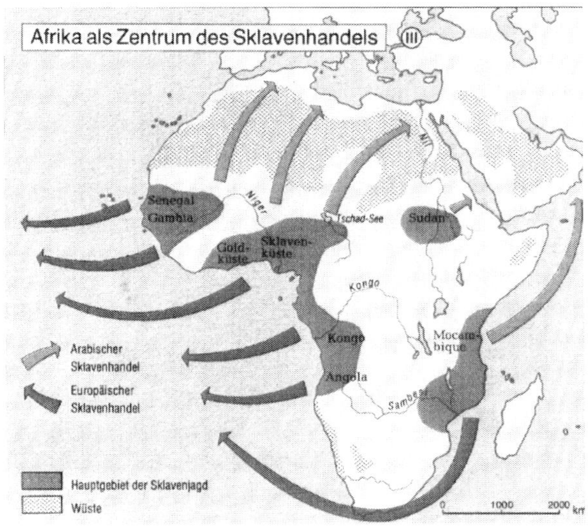

Einzel- oder Partnerarbeit:

1. Stellt fest, was auf dieser Karte im Vergleich zu der Karte auf Karteikarte 1 fehlt.
2. Findet heraus, welche Informationen fehlen, um die historischen Aussagen der Karte lesen zu können. Schreibt eure Beobachtungen auf.

Arbeit mit Geschichtskarten	Karteikarte 7

5. Schritt: Analyse 4

Einzel- oder Partnerarbeit:

3. Bittet euren Lehrer/eure Lehrerin, euch eine Kopie der Karte zu machen. Gestaltet die Karte mit Farben, ergänzt (zum Thema der Karte passende) Symbole und Zeichnungen.
4. Findet heraus, wie die Aussagen der Karte sich durch eure Ergänzungen verändert haben. Schreibt eure Eindrücke in Stichworten auf.

IV. Historische Orientierungskompetenz

1. Schule früher und heute

Einen Ansatzpunkt um bei den Schülern/innen historische Orientierungskompetenz anzubahnen, stellen jene Bereiche der Vergangenheit dar, die eine starke Anbindung an die gegenwärtige Lebenswelt der Lernenden ermöglichen, da dadurch eine unmittelbare Verwendbarkeit der historischen Erkenntnisse – im Sinn der historischen Orientierungskompetenz – eher gelingen kann (vgl. Kühberger 2009, 113; Kühberger 2010b, 40 ff.). Dazu bieten sich Themenkonstellationen an, welche die Schüler/innen aufgrund ihrer eigenen Interessen einbringen (diese könnten z.B. durch Befragungen oder offene Diskussionsrunden eingebracht werden), oder welche jenen Bereichen zuzurechnen sind, von denen angenommen werden kann, dass sie der Lebensrealität der Lernenden entsprechen (u.a. Schule, Freizeit, Kleidung etc.).

So kann man den Schülern/innen etwa eine Schulordnung aus der Vergangenheit vorlegen und mit ihnen die den Jugendlichen in der Vergangenheit abverlangten Verhaltensmuster analysieren. Dabei sollte deutlich gemacht werden, dass es sich bei Schulordnungen um „normative Quellen" handelt, die nicht zeigen, wie die Vergangenheit annähernd war bzw. wie sich Schüler/innen verhielten, sondern jenes Verhalten, das die Schulverwaltung und wahrscheinlich auch die Gesellschaft einfordert(e). Solche Schulordnungen können der Ausgangspunkt für zeitliche Alteritätserfahrungen sein. Durch einen Vergleich mit der Schulordnung, die für die Schüler/innen in ihrer schulischen Lebenswelt Gültigkeit besitzt, können Unterschiede und Gemeinsamkeiten ausgemacht werden, sowie Gründe für Veränderungen herausgearbeitet werden.

> Die Aufgabe besteht darin, dass die Schüler/innen im Vergleich zwischen der Vergangenheit und ihrer eigenen Gegenwart die Veränderbarkeit von gesellschaftlichen Verhältnissen (hier: Normen) erkennen und dadurch die Gegenwart und Zukunft als dynamisch veränderbar und nicht statisch erleben.

Aufträge/Partnerarbeit:

1. Lest die Schulordnung aus den 1950er Jahren genau durch. Welche Regeln fallen euch besonders ins Auge? Warum? Begründet eure Antwort in vollständigen Sätzen.

2. Beschreibt in einigen Sätzen das erwünschte Verhalten der Schüler/innen gegenüber den Lehrern/innen, das ihr in der vorliegenden Schulordnung der 1950er Jahre feststellen könnt. Notiert am Ende eurer Darstellung jene Nummern der Schulordnung aus der Mitte des 20. Jahrhunderts, auf die ihr euch bezogen habt.

3. Lest die Schulordnung, die an eurer Schule derzeit gültig ist.

4. Erstellt einen Raster, in dem ihr die einzelnen Regeln jenen Bereichen (siehe mittlere Spalte) zuordnet, die damit angesprochen werden. Macht dies auch mit der aktuellen Schulordnung!

Schulordnung ca. 1950		Unsere Schulordnung
	Sauberkeit	
	Höflichkeit	
	Sicherheit	
	Lernverhalten	

5. Vergleicht nun die Schulordnungen. Welche Regeln gibt es in der jetzigen Schulordnung nicht mehr? Welche Regeln sind neu? Was könnten die Gründe dafür sein? Fallen euch Unterschiede in der Sprache auf? Wenn ja, schreibt einige Beispiele auf. Warum verändern sich Schulordnungen im Laufe der Zeit? Stellt Vermutungen an und notiert sie im Heft.

6. Welche Schulregel(n) eurer Schule würdet ihr verändern wollen, weil sie euch als nicht zeitgemäß erscheint/erscheinen? Begründet eure Auswahl in einigen Sätzen!

Für die Auswahl der Schulordnung aus der Vergangenheit ist es sinnvoll, eine historische Quelle aus der Umgebung der Schüler/innen auszuwählen. Oftmals besitzen Stadt- oder Landesarchive derartige Dokumente, aber auch bei lokalen Museen könnte man sie finden.

Abb. 77: Beispiel für eine Schulordnung der 1950er Jahre aus Österreich

Unsere Schulordnung

1) Wir kommen rein gewaschen, reinlich gekleidet und rechtzeitig in die Schule.

2) Auf dem Schulweg benehmen wir uns artig und anständig.

3) Vor dem Eintritt in das Schulhaus reinigen wir uns die Schuhe.

4) Die Knaben nehmen ihre Kopfbedeckung schon vor dem Eintreten in das Klassenzimmer ab, die Mädchen sogleich nach dem Eintreten.

5) Im Klassenzimmer begeben wir uns sofort auf unsere Plätze und bereiten uns ruhig auf den Unterricht vor.

6) Wenn der Lehrer oder andere Personen das Klassenzimmer betreten oder verlassen, stehen wir auf und grüßen höflich.

7) Während des Unterrichtes bemühen wir uns, gerade zu sitzen und aufmerksam zuzuhören. Werden wir gerufen, erheben wir uns rasch und antworten laut und deutlich.

8) Wenn einer von uns zu spät kommen sollte, entschuldigt er sich sofort. Gegen sämtliche Lehrpersonen sind wir erbietig [sic], gehorsam, offen und wahr.

9) Während der Pause machen wir keinen Lärm. Beim Spiel im Schulhof sind wir nicht ausgelassen. Zu unseren Mitschülern sind wir immer freundlich und hilfsbereit. Wir wollen einander dienen!

10) In allen Streitfällen, die wir nicht allein in Güte schlichten können, wenden wir uns vertrauensvoll an unseren Lehrer. Einen Verlust oder einen Fund von Gegenständen melden wir sofort.

11) Wir halten unsere Schulräume rein. Auch Bücher und Hefte halten wir sauber und in guten Zuständen.

12) Wir werden daheim stets fleißig lernen und unsere Aufgaben gewissenhaft und rein ausarbeiten.

Quelle: „Unsere Schulordnung" der Erzherzog-Johann-Verlags GesmbH (Graz) o.J, [1950?]. Übernommen aus: http://home.twin.at/vs_dietersdorf/sch_1950.htm [1.6.2010]

2. Kontroverse Aspekte der Umweltgeschichte

In Lebenserinnerungen oder in Oral-History-Interviews werden viel häufiger direkte Orientierungsangebote gemacht als in wissenschaftsorientierten Texten, in denen es eine Tendenz dazu gibt, diese aufgrund der Gattungsspezifik eher implizit – also zwischen den Zeilen – zu kommunizieren.

Da historische Sinnbildungsangebote zur Orientierung in unserer Gegenwart nicht direkt aus der Vergangenheit ableitbar sind, sondern vielmehr mit Urteilen aus der Gegenwart oder vor dem Hintergrund von Zukunftserwartungen gefällt werden, sind sie stark mit gesellschaftlichen und politischen Urteilen verbunden. Diese sind im Idealfall ausgewogen und sachlich begründet, jedoch nicht empirisch aus der Vergangenheit heraus belegbar. Die Schüler/innen sollten daher dazu befähigt werden, Orientierungsangebote in historischen Narrationen zu identifizieren und sich (wenn nötig auch unabhängig von den gemachten Angeboten) eigene Orientierungslinien zu schaffen. So sollen Schüler/innen im Geschichtsunterricht etwa schrittweise dazu befähigt werden, über die Grundlagen (Standpunkt/Perspektive, Wertehaltung, Vorerfahrung/Sozialisation etc.) ihrer Orientierungspunkte zu reflektieren. Im Rahmen einer schulischen Pflichtunterweisung müssen dabei zwangsläufig auftretende demokratische Dissonanzen von den Lehrern/innen ausgehalten werden und vielleicht sogar zum Gegenstand einer allgemeinen Reflexion gemacht werden, ohne in eine Sinnstiftung (Überwältigung oder Bevorzugung einer Beurteilung) zu verfallen.

Die Aufgabe des Geschichtsunterrichtes sollte daher vorrangig darin bestehen, Orientierungsangebote aufzugreifen bzw. den Schülern/innen die Gelegenheit zu geben, ihre eigenen Schlüsse aus der Vergangenheit für die Gegenwart/Zukunft zu ziehen. Da diese Urteile hinsichtlich ihrer inhaltlichen Aussage nicht beurteilbar sind, muss die Aufgabe der Lehrer/innen darin bestehen, die Schüler/innen dahingehend zu fördern, dass diese, (a) die den Urteilen zugrund gelegten historischen Erkenntnisse/Informationen ausreichend kritisch hinterfragen, (b) die in die Urteile hineinspielenden persönlichen und politischen Grundeinstellungen und Wertmaßstäbe bewusst bleiben, (c) die für ausgewogene Urteile notwendige Multiperspektivität und Multikausalität beachtet werden, (d) die Auswirkungen und Folgen ihrer Urteile und Sichtweisen bewusst mitdenken.

Im hier vorgestellten Beispiel sollte man darauf achten, dass die Schüler/innen nicht in eine utopische Vorstellung über das Stromsparen – im Sinn einer *political correctness* verfallen –, sondern differenzierte Argumente unter Beachtung der historischen Perspektive vorstellen.

> Die Aufgabe besteht darin, dass die Schüler/innen fremde Orientierungsangebote als Schlüsse aus der Vergangenheit erkennen und auch dazu befähigt werden, eigene Schlüsse bzw. Urteile aus ihrer eigenen Gegenwart zu ziehen.

Aufträge/Partnerarbeit:

Beantwortet die folgenden Fragen schriftlich:

1. Wie *erlebte* Friederike Haslinger die Einführung der Elektrizität in ihrer Familie?
2. Wie *bewertet* Friederike Haslinger die Einführung des Stroms?
3. Was rät Frau Haslinger aus ihrer Erfahrung im Umgang mit Elektrizität?
4. Welche Folgen hätte der Rat von Frau Haslinger für unsere Gegenwart? Versucht mögliche positive und negative Auswirkungen herauszufinden.
5. Welche Elektrogeräte werden bei euch zu Hause verwendet? Auf welche Geräte könnte man verzichten? Worauf nicht?
6. Welcher Ansicht seid ihr? Wie sollte man heute mit Strom umgehen? Bezieht in eure Überlegungen die Erfahrungen von Frau Haslinger mit ein!

Abb. 78: Egodokument über die Einführung von Elektrizität

Friederike Haslinger wurde 1940 in Wimmersdorf in Niederösterreich geboren. Frau Haslinger gibt neben ihren eigenen Erinnerungen auch die ihrer Mutter (geboren 1906 in Hölzersdorf bei St. Pölten) wieder. In Wimmersdorf, acht Kilometer von Neulengbach entfernt, waren seit 1911 sowohl Strom als auch Petroleum als Energiequellen in Gebrauch.

„Meine Mutter, geboren 1906, war das zweitälteste von acht Kindern, und woran sie beim Thema ‚Licht' dachte, war das Schreiben der Aufgabe im Schein der Petroleumlampe. Dieses Licht, das damals auch noch sehr sparsam verwendet wurde, mußte gleich dreifach genützt werden. Ein Fenster von der Küche zum Vorhaus war der Platz der Lampe. Nun saß ein Kind in der Küche und eines draußen im Vorhaus und schrieb Aufgabe. Weiters wurde noch die Tür zur ‚Saukammer', wo die Großmutter das Futter für die Schweine richtete, aufgemacht, und ein schwacher Schein erhellte auch noch diesen Raum.

Es muß während ihrer Schulzeit gewesen sein, meint Mutter, als der Strom in Wimmersdorf eingeleitet wurde. Aber es hat sich nicht viel geändert, weil sie aus Sparsamkeit nur in der Küche das Licht aufdrehten. In die Mädchenkammer schien es dann durch die Glastür, und so brauchte man auch dort nicht aufzudrehen, denn zum Ausziehen sahen sie genug, und lesen wäre ohnehin nicht in Frage gekommen.

Im Keller und im Stall wurden nach wie vor die Sturmlaternen oder die Petroleumlampe verwendet. Mutter glaubt, dort war der Strom noch gar nicht eingeleitet, das hätte zu viel gekostet.

Die Wäsche wurde gerollt [anstelle des Bügelns]. Dazu stand die Vorrichtung auf dem [Dach]Boden – ein großer Holztisch mit einer Holzrolle.

Als Mutter dann 1930 heiratete, bekam sie ein elektrisches Bügeleisen. Sie kann sich auch noch an einen kleinen Elektrokocher erinnern, den sie zum Kochen der Babynahrung verwendete. Erst Mitte der fünfziger Jahre bekamen wir eine Elektropumpe für die Wasserleitung, und wir brauchten nicht mehr in den Hof zum Brunnen zu gehen und die schweren Wasserkübel zu schleppen. Mein Vater hatte eine kleine Schlosserei und konnte sich auch erst in diesen Jahren eine elektrische Bohrmaschine leisten. Ein Gebläse – mit Strom betrieben – für die Esse [= eine Art Rauchfang] konnte er ein paar Jahre früher anschaffen. Vorher mußte er zur schweren Schmiedearbeit noch dazu einen Blasebalg treten. Das war ein riesiges Ding, ich glaube aus Leder, und stand auf dem Boden. Von dort ging ein Drahtseil durch den Plafond [= Zimmerdecke] in die Werkstatt, an dessen Ende ein Holzbrettchen zum Treten befestigt war.

Auch in meiner Kindheit mußte bei uns noch sehr gespart werden, und man hörte oft: ‚Dreh das Licht ab!'

Ich habe 1958 geheiratet und habe die Windeln noch mit der Hand waschen müssen. Eine Waschmaschine konnten wir uns erst 1966 leisten.

Das Resultat meiner Betrachtung ist, dass die einfachen Menschen die elektronischen Neuerungen wohl dankbar, aber immer sparsam verwendet haben, und wenn das alle so machen würden, könnte die Menschheit auf die Atomkraftwerke verzichten."

aus: Arnold 1986, 65 f.

3. Geschlechterrollen in historischen und zeitgenössischen Fernsehwerbungen analysieren und vergleichen

Werbesendungen sind bei vielen Schüler/innen sehr beliebt und wohl jede Schülerin/jeder Schüler kann mehrere aktuelle Spots, die für bestimmte Produkte werben, nennen. Dieses Vorwissen kann dazu genützt werden, um durch einen Vergleich historischer und aktueller Fernsehwerbungen hinsichtlich der Darstellung der Geschlechter historische Orientierungskompetenz zu erweitern.

In Deutschland wurde 1956 die erste Fernsehwerbung ausgestrahlt, in Österreich 1959 (Hofer/Klein 2005, 51 ff.). Die Ziele waren am Beginn im Wesentlichen dieselben wie heute: Die Konsument/innen sollen auf bestimmte Produkte und auf deren Vorzüge aufmerksam gemacht werden. Dazu bedient die Fernsehwerbung sich bestimmter Mittel wie z.B. leicht verständlicher Botschaften mit hohem Unterhaltungswert, eingängiger Werbesprüche und der Darstellung stereotyper Sozialtypen (vgl. Kühberger 2010a, 116 ff.).

In den 1950- und 1960er Jahren wurden in Deutschland und Österreich – zumindest in den Köpfen und als Wunschträume – traditionelle, ideologisch verklärte weibliche und männliche Rollenbilder restauriert, die eine Trennung der Aufgaben vorsahen – der Mann galt als Ernährer der Familie und war für die Öffentlichkeit zuständig, die Frau für den Haushalt, die Kinder und die Privatsphäre. In der Realität betrug der Anteil erwerbstätiger Frauen in Österreich z.B. 35-40 %, allerdings arbeiteten sie v.a. in „typisch weiblichen" Berufen, zu niedrigeren Löhnen und ihre Erwerbstätigkeit wurde nur als Zusatzverdienst oder Übergangsphase betrachtet (vgl. Thurner 1995, 56 f.).

Die unbezahlte Hausarbeit war in den 1950er und 1960er Jahren für die meisten Frauen aufgrund fehlender Haushaltsgeräte zeitaufwändig und körperlich sehr anstrengend (vgl. Wisinger 1992, 165). Als mit dem Wirtschaftswunder Haushaltsgeräte wie Staubsauger, Waschmaschine, Schleuder oder Kühlschrank Einzug hielten, wäre eine Reduzierung der Hausarbeit und damit der weiblichen Belastungen möglich gewesen. Nun wurden an die „guten Hausfrauen" aber neue zeitintensive Anforderungen gestellt, wie z.B. fantasievoll dekorierte Speisen und Tischdekorationen, die v.a. der Inszenierung eines glücklichen Familienlebens dienten (Brandhauer-Schöffmann/Hornung 1995, 29).

In Werbesendungen dieser Zeit werden das gesellschaftlich erwünschte Familienideal und die damit verbundene Rollenverteilung zwischen Männern und Frauen in übersteigerten Formen aufgegriffen, die aus heutiger Sicht beinahe als Persiflagen erscheinen. Gerade diese Stereotypisierungen und Übersteigerungen machen Fernsehwerbungen der 1950er Jahre zu geeigneten kulturgeschichtlichen Quellen, aus denen Schüler/innen die Vorstellungen (die nicht unbedingt mit der Realität übereinstimmten) über die ideale Familie und die Aufgaben von Männern und Frauen, die in den 1950er Jahren herrschten, rekonstruieren können.

Wie in den 1950er Jahren wird auch in den heutigen Werbungen nicht das reale Geschlechterverhältnis widergespiegelt, sondern Vorstellungen der Werbehersteller/innen oder auch von Gruppen der Gesellschaft, die durch die Werbung angesprochen werden sollen.

Fiereder (2005) und Gostner (2007), welche mehrere hundert Werbespots in österreichischen und deutschen TV-Sendern analysierten, kommen in ihren Arbeiten zu sehr ähnlichen Ergebnissen: Die Rollenzuschreibungen in Fernsehwerbungen des ersten Jahrzehnts des 21. Jahrhunderts sind subtiler als im 20. Jh., aber trotzdem vorhanden: Frauen tragen häufiger erotische Kleidung, während Männer v.a. leger und bequem gekleidet sind; emotionale Aussagen werden v.a. von Frauen gemacht, Männer hingegen lassen kaum oder gar keine sprachliche Emotionalität zu (Fiereder 2005, 14 ff.). Frauen werben überwiegend für Kosmetik, Nahrungsmittel und pharmazeutische Produkte, Männer für Dienstleistungen (z.B. Telekommunikation, Banken, Versicherungen), Süßigkeiten und alkoholische Getränke. Während Frauen in Werbungen pharmazeutische Hilfe bei Gelenks- und Gewichtsproblemen in Anspruch nehmen, brauchen Männer Mittel gegen Gedächtnisschwäche (Gostner 2007, 139). Frauen agieren in den Werbungen häufiger zuhause, Männer sind oft unterwegs oder an ihrem Arbeitsplatz. Insgesamt kommen wenige berufstätige Frauen vor, sie sind häufig im Kontext „Haushalt und Familie" zu finden. Frauen sind auch häufiger nackt oder knapp bekleidet (Gostner 2007, 121 ff.).

Dr. Oetker: www.youtube.com/watch?v=072LrlGvSq8&NR=1

Frauengold: www.youtube.com/watch?v=V0lgdSxtZU0

Persil: www.youtube.com/watch?v=rKL3YBWMFsw

Maggi: www.youtube.com/watch?v=ehzMutTngCw

Abb. 79: Werbespots der 1950er Jahre – Links zu TV-Werbungen der 1950er Jahre (Auswahl/Stand: 30.8.2011)

Aktuelle Werbungen können – in einer begrenzten Anzahl, da sonst die Schüler/innen sehr viel Zeit für die Auswahl verwenden – elektronisch zur Verfügung gestellt werden, sofern sie nicht ohnedies auf den Homepages der Firmen kostenfrei zur Verfügung gestellt werden und über das Internet via Links abrufbar sind. Allerdings muss bei der Auswahl beachtet werden, dass es sich um Spots handelt, bei denen Geschlechterverhältnisse auch wirklich thematisiert werden können.

Die Aufgabe besteht darin, dass die Schüler/innen mit Hilfe eines Analyserasters Vorstellungen über Rollenzuschreibungen in Werbespots vor ca. 50 Jahren und heute erkennen und vergleichen. Sie sollen eigene Schlüsse aus dem Vergleich ziehen und aus ihrer eigenen Gegenwart heraus Wertungen formulieren.

Bevor die Schüler/innen die Werbebeiträge in Partner- oder Kleingruppenarbeit analysieren, müssen sie Informationen über die Ziele und Strategien von Fernsehwerbungen (siehe z.B. Abb. 80) und über die gesellschaftlichen Verhältnisse in den 1950er Jahre erhalten oder sie selbst recherchieren. Da die Fernsehwerbungen der 1950er Jahre zwar im Vergleich zu heutigen Werbungen relativ lang wirken, sie aber trotzdem nicht länger als zwei bis drei Minuten dauern, eignen sie sich gut für eine Analyse, da sie auch mehrmals angeschaut werden können. Der Analyseraster unterstützt die Schüler/innen bei der selbstständigen Erweiterung ihrer historischen Methoden- und Orientierungskompetenz.

Abb. 80: Kurzinformation „Was ist Werbung?“ (vgl. Gostner 2006, 10 ff.)

Werbung will Menschen informieren, beeinflussen und überzeugen, damit diese sich an bestimmte Produkte erinnern und sie auch kaufen. Dafür werden Massenmedien wie Fernsehen, Zeitungen, Plakate, Internet usw. eingesetzt.

Um bestimmte Zielgruppen zu erreichen, werden in der Werbung einfache, verständliche und kurze Botschaften übermittelt. Es werden Gefühle geweckt und Wunschträume geschaffen. Durch die Werbung erhalten die Produkte einen symbolischen Wert, der sich auch auf die Personen, die das Produkt besitzen, überträgt (z.B. der Lenker eines bestimmten Autos hat bei hübschen Frauen große Chancen).

Aufträge / Partnerarbeit:

1. Wählt einen der Werbefilme der 1950er Jahre und einen aktuellen Werbespot aus und seht sie gemeinsam an. Bearbeitet dann folgende Aufgaben schriftlich:

	Fernsehspot der 1950er Jahre	Fernsehspot von heute
Nennt die Produkte, für die in den Spots geworben wird.		
Fasst in Stichworten zusammen, welche Geschichten in den Spots erzählt werden.		

2. Seht euch den Film noch einmal an. Jede/r von euch hat nun eine eigene Aufgabe zu lösen:

- Schüler/in A: Untersuche, wie die Frau/die Frauen/Mädchen dargestellt sind, welche Eigenschaften sie haben, wie sie gekleidet sind, was sie tun.
- Schüler/in B: Untersuche, wie der Mann/die Männer/Buben dargestellt sind, welche Eigenschaften sie haben, wie sie gekleidet sind, was sie tun.
- Schüler/in C: Untersuche, wie der Hintergrund gestaltet ist, was man im Hintergrund sieht.
- Schüler/in D: Untersuche, welche Geräusche und Töne zu hören sind.

3. Tauscht nun eure Ergebnisse im Gruppengespräch aus.
4. Zeichnet eine Tabelle auf ein Plakat und macht eine Gegenüberstellung:

Vorstellungen über Männer im Spot der 1950er Jahre	Vorstellungen über Männer im Spot von heute	Vorstellungen über Frauen im Spot der 1950er Jahre	Vorstellungen über Frauen im Spot von heute

5. Stellt Unterschiede und Gemeinsamkeiten fest und schreibt sie auf.
6. Haltet eure persönliche Meinung zu diesen Werbespots fest. Schreibt sie in Stichworten nieder.

Abb. 81: Analyseraster: Geschlechterverhältnisse in historischen und aktuellen Fernsehwerbungen vergleichen

V. Geschichtslernwerkstatt

Eine Möglichkeit zur Durchführung von Offenem Unterricht bieten projektorientierte Ansätze, die den Schülern/innen in einer didaktisierten Lernumgebung Erfahrungsräume zum Erwerb sowohl von allgemeinen als auch von domänenspezifischen Kompetenzen bieten. Ziel ist es dabei, in einem möglichst eigenständigen Lernprozess ein Produkt zu erzeugen, in den möglichst auch die im Laufe des Lernprozesses erarbeiteten Teilergebnisse einfließen. Eine Form projektorientierten Unterrichts bilden Lernwerkstätten, die auch im Geschichtsunterricht dazu anregen können, theoretische Grundfragen, methodische Wege und praktische Fragen miteinander zu verknüpfen (vgl. Paradies/Linser 2001, 54 f.).

Grundsätzlich sollte bei der Konzeption von fachspezifischen Lernwerkstätten, hier eben von Geschichtswerkstätten, darauf geachtet werden, den Schülern/innen genügend Wahlmöglichkeiten zur Verfügung zu stellen. So wie im Unterricht zu vermittelnde Inhalte lediglich im Rahmen bestimmter Vorgaben (insbesondere durch verbindliche Lehrpläne) frei verhandelbar sind, können in einem verantwortungsbewussten Unterricht nach Meinung der Autor/innen dieses Bandes die zu erwerbenden allgemeinen und domänenspezifischen Kompetenzen nicht der völligen Wählbarkeit durch die Schüler/innen überlassen werden.

Auch wenn der Wahlfreiheit der Schüler/innen im Offenen Lernen hinsichtlich individueller Neigungen und persönlicher Zugänge unabdingbar breiter Raum gegeben werden muss, sollte im Rahmen des historischen Offenen Lernens nicht vergessen werden, dass es sich um einen domänenspezifischen Unterricht handelt, der jedenfalls bestimmte definierte Kompetenzen zu vermitteln hat. Dies meint, dass es das erklärte Ziel des Geschichtsunterrichts sein sollte, den Lernenden jene Denkmodi und die sie bedingenden historischen Kompetenzen zu vermitteln, ohne diese fachspezifischen durch allgemeine Lernziele (z.B. Präsentationstechniken für Referate, Zusammenfassen von Sachtexten) zu sehr zu verwässern oder gar auf beliebige historische Inhalte zu reduzieren. Konzipiert man Lernumgebungen, die den Schülern/innen etwa selbstständige thematische und inhaltliche Vertiefungen erlauben, wie dies etwa bei „Thematischen Landkarten“ oder „Themenbörsen“ intendiert wird (vgl. Adamski 2009, 7 f.), gilt es entlang der domänenspezifischen Kompetenzorientierung drauf zu achten, dass den Lernenden dazu auch entsprechende historische Arbeitstechniken (hier u.a. Hinterfragen von historische Narrationen/De-Konstruktion; Quellenkritik und den Aufbau von eigenen Erzählungen über die Vergangenheit) zur Verfügung stehen und nicht nur einer oberflächlichen Inhaltsorientierung folgend Informationen oder andere Daten unkritisch zusammengetragen und reproduziert werden. Über die Vergangenheit bzw. mit geschichtskulturellen Produkten zu arbeiten bedingt schlussendlich spezifische Herangehensweisen, die Schüler/innen im Rahmen des Geschichtsunterrichts erlernen sollten.

Hauptziel eines kompetenzorientierten Unterrichts in allgemein didaktischer Hinsicht ist es, dass die Schüler/innen erworbene Kompetenzen in unterschiedlichen Situationen selbstständig und immer wieder neu anwenden können (Weinert 2001, 27 f.). Gerade dafür eignen sich Offene Lernphasen, insbesondere Lernwerkstätten, auf besondere Weise: Den Schülern/innen können in Form von Leitfäden, Analyserastern oder Methodenkarteien (vgl. Kapitel B. III) methodische Hilfen angeboten werden, um selbstständig an einem – möglicherweise selbst gewählten – Thema zu arbeiten und die notwendigen historischen Kompetenzen anzuwenden.

Im Folgenden soll anhand einiger Beispiele verdeutlicht werden, wie das Bestreben nach möglichst großer Freiheit der Schüler/innen im Lernprozess mit dem bewussten Setzen von kompetenzorientierten Lernzielen vereinbart werden kann.

1. Private Fotoalben als Quellen im Geschichtsunterricht

Als in den 1960er Jahren der Fotoapparat für viele Menschen erschwinglich wurde, füllten sich in allen Bevölkerungsschichten Fotoalben und Schuhschachteln mit Schnappschüssen und dokumentierten v.a. als wichtig erachtete Familienereignisse wie Geburten, Hochzeiten und Familienausflüge. Die so genannten „Knipserbilder“ zeigen nicht im eigentlichen Sinn den Alltag, sondern das Besondere des Alltags – auch nicht besitzender Bevölkerungsgruppen;

sie zeigen immer wiederkehrende Motive und sind oft auch ähnlich gestaltet (Berg 1994, 192 f.). Sie dienen „der persönlichen Erinnerung, der biographischen Selbstvergewisserung und der familiären Selbstdarstellung" (Pagenstecher, 2009, 6).

Private Fotos sind Erzählungen über – meist besondere – Ereignisse im Leben der Menschen. Daneben sind auf den Fotos aber auch Dinge mit abgebildet, die eigentlich nicht im besonderen Fokus standen, wie z.B. zeitgenössische Kleidung oder Möbel. Fotos sind somit auch bildliche Überreste, an die Forschungsfragen gestellt werden können, die uns in den Alltag der Menschen führen und Auskunft geben über die zeitgenössische Alltagskultur, sie können also als „biographisches, soziales, kulturgeschichtliches und als historisches Dokument gelesen werden" (Berg 1994, 187).

Fotos wird im Allgemeinen ein hoher Grad an Objektivität zugesprochen und es wird häufig angenommen, sie würden die Realität wiedergeben. Allerdings wird die Art, in der sie diese Wirklichkeit zeigen, beeinflusst durch die Auswahl eines bestimmten Motivs und einer bestimmten Perspektive oder durch die Entscheidung für eine Nahaufnahme. Fotos können aber auch durch Retuschen oder digitale Nachbearbeitung nachträglich verändert werden. Viele Fotos werden beschnitten, um besonders interessante Ausschnitte auszuwählen (Sauer 2000, 165 ff.).

Über die Auswahl der Fotos, die ins Album aufgenommen wurden, wird eine individuell-biographische Erzählung über die Vergangenheit im privaten Umfeld vorgenommen. Oft werden in Alben Fotos und andere Bestandteile wie z.B. Texte, Ansichtskarten oder Ausschnitte aus Reisekatalogen in einfachen oder collagenartigen Anordnungen kontextualisiert: Hierarchisierungen, die Auswahl der Platzierung, Hinweise auf Besonderes, Beschriftungen usw. verleihen Alben eine atmosphärische Unmittelbarkeit (Kühberger/Windischbauer 2007, 41).

Entgegen der in Gesprächen mit Geschichtslehrern/innen häufig geäußerten Meinung, dass Bilder im Vergleich zu Schriftquellen einfacher zu handhaben seien, da sie nicht auf Sprache angewiesen und daher universell verstehbar seien, offenbart eine Studie, dass es der Mehrheit der befragten Schüler/innen nicht gelang, Bilder in einen Gesamtzusammenhang oder zeitlich einzuordnen: Sie ignorierten Details oder überinterpretierten sie; sie folgten keiner Systematik, sondern gingen ganz Individuell und sprunghaft vor: sie erkannten zwar das ‚Historische', maßen ihm aber wenig Bedeutung zu; sie blieben auf der Ebene der raschen, oberflächlichen Bildwahrnehmung (vgl. Bernhardt 2007, 422 ff.). Um im Geschichtsunterricht anhand von Fotos historische Re-Konstruktionskompetenz entwickeln zu können, müssen daher die Schüler/innen zunächst einmal über ein Vorwissen und entsprechende Informationen verfügen, um anhand der Bilder historische Kompetenzen und historisches Wissen erwerben zu können.

> Im Folgenden sollen Fotos aus den 1960er Jahren als Quellen gesammelt werden und anschließend zur Re-Konstruktion von Aspekten des Alltags der 1960er Jahre herangezogen werden.
>
> Da Fotos aus sich selbst aber wenig aussagen, müssen die Schüler/innen vorher Informationen (Arbeitswissen) über die 1960er Jahre zur Verfügung gestellt bekommen (z.B. Lehrervortrag oder Schulbuch) oder selbst sammeln. Allerdings muss darauf hingewiesen werden, dass die Fotos aus privaten Alben eine ganz „andere" Geschichte vermitteln können als jene, die in Schulbüchern o.Ä. zu finden ist und die im Zusammenhang mit den 1960er Jahren häufig die Proteste der Jugendlichen, die Hippie-Kultur usw. ins Zentrum setzt.

Vorbereitende Aufträge: Eine Quellensammlung von Fotos aus privaten Alben erstellen

Die Schüler/innen sollen bereits in die Vorbereitung der Lernwerkstatt einbezogen werden, indem sie an der Erstellung des Quellenfundus beteiligt werden. Sie erhalten den Auftrag, jeweils zwei bis vier (nicht mehr, da der Fundus sonst unüberschaubar wird) private Fotos aus den 1960er Jahren aus Fotoalben von Verwandten oder Bekannten mitzubringen.

In Einzelarbeit kleben die Schüler/innen Kopien oder Farbausdrucke ihrer Fotos (damit die Originale unbeschadet erhalten bleiben) auf Foto-Karteiblätter (je ein Foto auf ein Karteiblatt) und füllen dieses so weit wie möglich aus (siehe Abb. 82, S. 130). Die Daten bilden eine Grundlage für die weitere Analyse. Die Karteiblätter erhalten eine fortlaufende Nummer (vgl. Kühberger/Windischbauer 2007, 41 ff.).

Abb. 82: Vorlage für Foto-Karteiblatt

Foto von .... *(Name)* NR.

Klebe dein Foto hier ein!

....

Trage hier die Bildunterschrift ein, falls du eine gefunden hast.

1. Schreibe auf, wo du das Foto gefunden hast (in einem Album, in einer Schachtel usw.). Stelle Vermutungen darüber an, was der Fundort über die Bedeutung aussagen kann, die das Foto für den Besitzer/die Besitzerin hat.

2. Stelle fest, wann das Foto (ungefähr) aufgenommen wurde (Jahreszeit/Jahr).

3. Versuche herauszufinden, wo es gemacht wurde (Staat, Ort, Bundesland).

4. Untersuche, ob es einen besonderen Anlass für das Foto gibt.

5. Halte fest, welchen Raum/Ort es uns zeigt.

6. Kannst du feststellen, wer die Person(en) auf dem Foto ist/sind?

7. Versuche herauszufinden, welcher Bevölkerungsschicht (z.B. Bauern, Arbeiter, Bürger, Oberschicht) oder welchen Berufsgruppen diese Personen angehören.

8. Kannst du herausfinden, wer das Foto aufgenommen hat?

Auf diese Art und Weise ist eine Fotokartei über Aspekte des Alltags der 1960er Jahre entstanden, an der viele, möglicherweise alle Schüler/innen mitgearbeitet haben. Es werden vermutlich Fotos aus verschiedenen gesellschaftlichen Schichten dabei sein, aus verschiedenen Herkunftsländern und -kulturen. Andererseits werden vielleicht viele ähnliche Motive bzw. Anlässe zu finden sein, wie z.B. Feste oder Urlaube.

Arbeit mit den Fotoquellen

Mit der Kartei ist nun die Grundlage für die eigentliche Arbeit gelegt. Ziel soll es sein, dass die Schüler/innen ihre historische Re-Konstruktionskompetenz durch die Arbeit mit den Fotos erweitern. Da Schüler/innen – wie die oben erwähnte Untersuchung ergab – kaum fähig sind, historische Bilder selbstständig zu analysieren, brauchen sie hierzu Hilfestellungen. Neben der Möglichkeit, selbst auszuwählen, anhand welcher Fotos die Schüler/innen ihre Re-Konstruktionskompetenz erweitern möchten, wird – um die Wahlmöglichkeiten für die Schüler/innen zudem zu erhöhen – in Form einer Kartei ein Angebot verschiedener Methoden zur Erschließung der Bilder zur Verfügung gestellt, aus dem sie selbst auswählen können.

Abb. 83: Fotokartei

Guckloch-Methode	**Fotokartei Nr. 1**

Beispiel:

Einzel- oder Partnerarbeit:

1. Wählt ein Foto aus.
2. Schneidet das Guckloch aus (Vorlage siehe Abb. 84, S. 138).
3. Wählt nun mit dem Guckloch einen Ausschnitt auf dem Foto (siehe Abbildung oben) aus und bearbeitet die folgenden Aufgaben (beachtet dabei aber nur den Ausschnitt, den ihr seht, nicht das gesamte Foto!):
   a) Beschreibt in Stichworten, was auf dem Ausschnitt zu sehen ist.
   b) Stellt Vermutungen darüber an, was der Anlass für die Aufnahme dieses Ausschnittes gewesen sein könnte und schreibt diese auf.
   c) Welche Bildunterschrift würdet ihr dem Foto geben, wenn ihr nur diesen Ausschnitt kennen würdet? Schreibt sie auf.
4. Wählt mit dem Guckloch einen anderen Ausschnitt auf dem Foto aus und bearbeitet die folgenden Aufgaben (beachtet dabei aber nur diesen Ausschnitt, den ihr seht, nicht den anderen oder das gesamte Foto!)
   a) Beschreibt in Stichworten, was auf dem Ausschnitt zu sehen ist.
   b) Stellt Vermutungen darüber an, was der Anlass für die Aufnahme dieses Ausschnittes gewesen sein könnte.
   c) Welche Bildunterschrift würdet ihr diesem Foto nun geben, wenn ihr *nur diesen Ausschnitt* kennen würdet? Schreibt sie auf.
   d) Stellt fest, inwiefern die Aussage des Fotos durch die Wahl eines anderen Ausschnittes verändert wurde: Was war beim ersten Ausschnitt das Wichtigste, was ist beim zweiten Ausschnitt das Wichtigste?
5. Betrachtet nun das gesamte Foto und beantwortet die folgenden Fragen:
   a) Beschreibt in Stichworten, was auf dem Foto zu sehen ist.
   b) Stellt Vermutungen darüber an, was der Anlass für die Aufnahme dieses Ausschnittes der Wirklichkeit gewesen sein könnte.
   c) Welche Bildunterschrift würdet ihr diesem Foto nun geben? Schreibt sie auf.
   d) Stellt fest, inwiefern die Aussage des Fotos durch die Wahl der vorigen Ausschnitte verändert wurde. Was ist auf dem Gesamtfoto das Wichtigste?

Puzzle-Methode	Fotokartei Nr. 2

Beispiel:

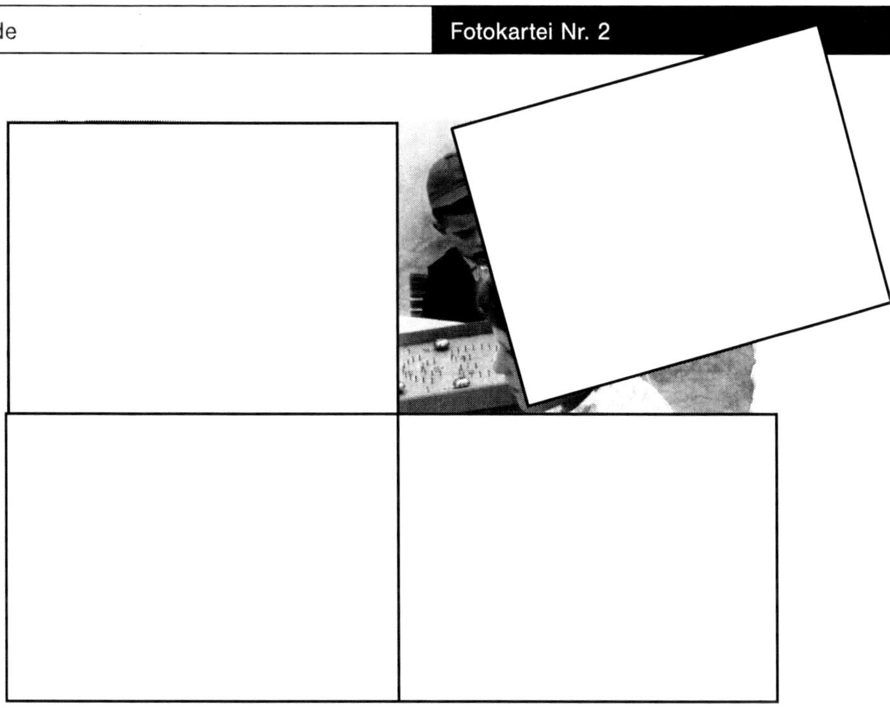

Einzel- oder Partnerarbeit:

1. Wählt ein Foto aus.
2. Zerschneidet ein Blatt Papier, das so groß wie euer Foto ist, in vier gleich große Puzzle-Teile und legt diese auf das Foto, sodass es vollständig abgedeckt ist (siehe Beispiel).
3. Nehmt einen Puzzle-Teil weg und bearbeitet die folgenden Aufgaben (beachtet dabei aber nur den Ausschnitt, den ihr seht, nicht das gesamte Foto!):
   a) Beschreibt in Stichworten, was auf dem Ausschnitt zu sehen ist.
   b) Gebt diesem Ausschnitt eine Bildunterschrift und schreibt sie auf.
4. Nehmt nach und nach die weiteren Puzzle-Teile weg und bearbeitet jeweils die Aufgaben 3. a und b.
5. Betrachtet nun das gesamte Foto und bearbeitet die folgenden Aufgaben:
   a) Beschreibt in Stichworten, was ihr auf dem Foto seht.
   b) Stellt Vermutungen darüber an, was der Anlass für die Aufnahme dieses Fotos gewesen sein könnte.
   c) Gebt dem Gesamtfoto eine Bildunterschrift und schreibt sie auf.
   d) Stellt fest, inwiefern die Aussage des Fotos durch die Wahl der verschiedenen Ausschnitte verändert wurde. Was ist auf dem Gesamtfoto das Wichtigste?
   d) Stellt fest, inwiefern die Aussage des Fotos durch die Wahl der vorigen Ausschnitte verändert wurde. Was ist jetzt, auf dem Gesamtfoto, das Wichtigste?

Umrisszeichnung	Fotokartei Nr. 3

Achtung: Diese Methode eignet sich nur für Fotos, auf denen mehrere Personen zu sehen sind!

Beispiel:

Einzel- oder Partnerarbeit:

1. Sucht euch ein Foto aus.
2. Legt eine Folie darüber und zeichnet mit Folienstift die Umrisse ein (siehe Beispiel).
3. Beschreibt das Foto mit Hilfe des Umrisses genau, bearbeitet dabei die folgenden Aufgaben:
   a) Stellt fest, was im Vordergrund zu sehen ist und was im Hintergrund.
   b) Versucht herauszufinden, aus welchem Milieu die abgebildeten Personen kommen (z.B. bäuerliches oder städtisches Milieu, Jugendliche usw.).
   c) Stellt fest, in welcher Situation die Personen gezeigt werden (z.B. Mittagessen, Ausflug, Geburtstagsfeier etc.).
   d) Weiß man, wer die Personen auf dem Foto sind?
   e) Stellt fest, wie alt die Personen ungefähr sind.
   f) Erstellt eine Tabelle und beschreibt die wichtigen Personen. Achtet dabei auch auf Details!
   g) Beschreibt die Stimmung, die auf dem Foto herrscht.
   h) Was könnt ihr anhand des Fotos über das Leben in den 1960er Jahren erzählen? Schreibt einen kurzen Text. Verwendet dazu auch die Informationen auf dem Foto-Karteiblatt.

Raster-Methode | **Fotokartei Nr. 4**

Beispiel:

Einzel- oder Partnerarbeit:

1. Sucht euch ein Foto aus.

2. Legt eine Folie darüber und zeichnet mit Folienstift und Lineal ein Raster, das aus mindestens 6 Teilen besteht und ordnet den Teilen Buchstaben und Zahlen zu (siehe Beispiel).

3. Erledigt die folgenden Aufträge:

   a) Beschreibt das Foto, auch die Details, mit Hilfe der Raster-Rechtecke: In A1 sieht man, ... B1 zeigt ... Was ist im Vordergrund, was im Hintergrund zu sehen? Welche Stimmung herrscht auf dem Foto?

   b) Was könnt ihr anhand des Fotos über das Leben in den 1960er Jahren erzählen? Schreibt einen kurzen Text. Verwendet dazu auch die Informationen auf dem Foto-Karteiblatt.

Pfeile an den Rand-Methode | **Fotokartei Nr. 5**

Beispiel:

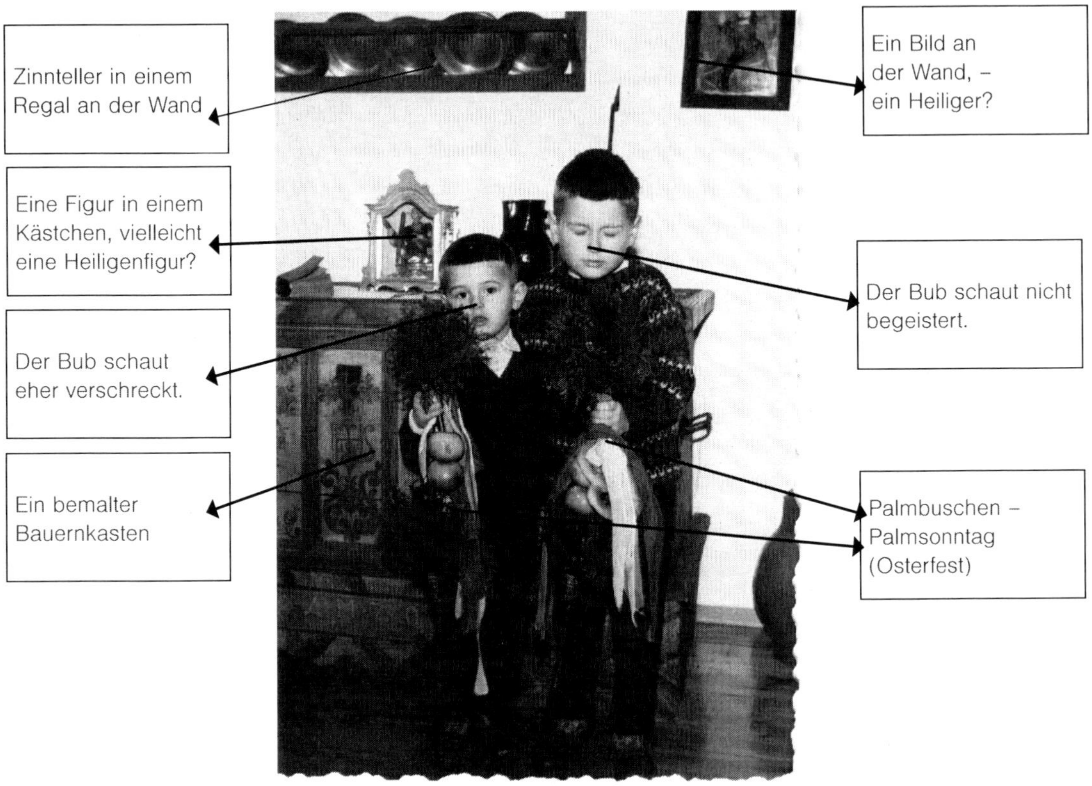

Einzel- oder Partnerarbeit:

1. Sucht euch ein Foto aus.
2. Legt eine Folie darüber und macht mit Folienstift Pfeile von wichtigen Dingen/Personen an den Rand (siehe Beispiel). Schreibt an den Rand, was euch auffällt.
3. Was könnt ihr anhand des Fotos über das Leben in den 1960er Jahren erzählen? Schreibt einen kurzen Text. Verwendet dazu auch die Informationen auf dem Foto-Karteiblatt.

Wahlaufträge	Fotokartei Nr. 6

Wähle aus:

1. Einzel- oder Partnerarbeit: Wählt eines der Fotos, die ihr bereits bearbeitet habt, aus und beendet die folgenden Satzanfänge:

Wenn ich das Bild betrachte,

... sehe ich vor allem ....

... frage ich mich ....

... interessiert mich ....

2. Einzel- oder Partnerarbeit: Wählt eines der Fotos, die ihr bereits bearbeitet habt, aus, gestaltet es um und ergänzt es (zeichnen, malen, schreiben).

3. Einzel- oder Partnerarbeit: Nehmt von zuhause ein aktuelles Foto aus eurem privaten Fotoalbum mit. Sucht euch ein Foto aus der Kartei, das eine ähnliche Situation darstellt. Klebt Kopien der Fotos nebeneinander. Stellt Unterschiede und Gemeinsamkeiten fest. Macht eine Tabelle und schreibt alles, was euch auffällt, auf.

4. Partnerarbeit: Sucht euch ca. 6-10 Fotos aus der Kartei aus und kopiert sie. Gestaltet ein „Zeitpanorama der 1960er Jahre“. Bei dieser „Collage“ dürft ihr auch Texte dazu schreiben, etwas dazu malen oder zeichnen ...

Abb. 84: Guckloch zum Ausschneiden

Guckloch zum Ausschneiden

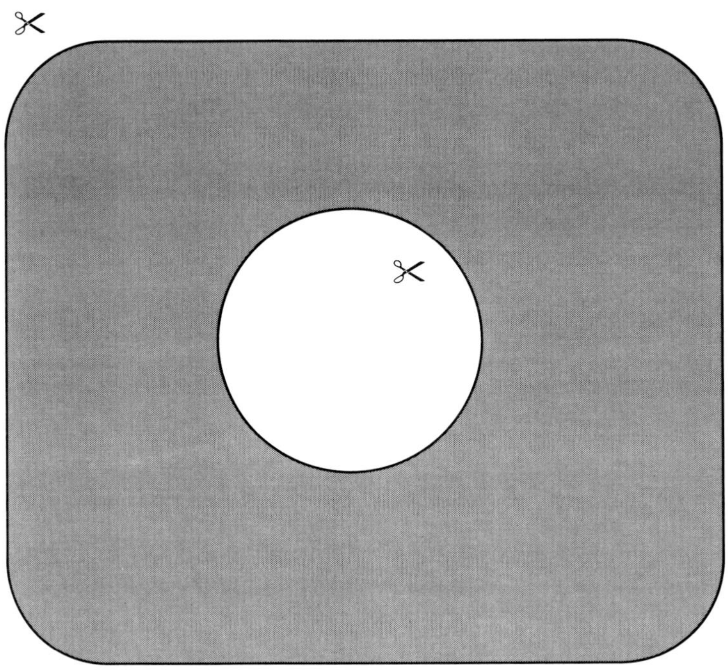

2. Oral-History-Interviews durchführen und analysieren (Re- und De-Konstruktion)

Die Oral-History-Methode eignet sich in mehrerer Hinsicht für die Anbahnung von historischer Methodenkompetenz: Im Falle, dass die Schüler/innen selbst Oral-History-Interviews führen, schaffen sie selbst historische Quellen. Darüber hinaus können sie Schritt für Schritt und mit unterstützenden Aufträgen zur selbstständigen Re-Konstruktion von Geschichte angeleitet werden. Weiters können Oral-History-Interviews hinsichtlich ihrer Triftigkeit überprüft werden, indem mehrere Interviews miteinander verglichen und/oder indem sie mit wissenschaftlichen Texten zum Thema konfrontiert werden. Die Schüler/innen sollten erkennen, dass jedes Erinnern bruchstückhaft ist und durch spätere Informationen, Erlebnisse und Erfahrungen überlagert. Dabei ist jedoch darauf zu achten, dass nicht die Glaubwürdigkeit der einzelnen Zeitzeug/innen infrage zu stellen ist. Mit einer solchen Aktivität kann gezeigt werden, dass Oral-History-Interviews historische Quellen sind, jedoch gleichzeitig auch Erzählungen über die Vergangenheit, die man de-konstruieren kann.

Oral History im Geschichtsunterricht erfordert projektorientierte Methoden, insbesondere ein Hinausgehen aus der Schule. Sollen die Interviews transkribiert und möglicherweise in Form einer Ausstellung, einer Broschüre, einer Audio-CD oder von Videoclips gesammelt und einer bestimmten Öffentlichkeit zugänglich gemacht werden, sind Kooperationen mit anderen Unterrichtsfächern – z.B. Deutsch, EDV, Bildnerische Erziehung – notwendig.

Methodische Grundlagen wie z.B. die Vorbereitung und Durchführung der Interviews und die Beachtung der „Etikette“ können dabei keinesfalls der Individualität der Schüler/innen überlassen werden. Diese Punkte werden über die im Folgenden vorgeschlagene Oral-History-Kartei vermittelt. Mitbestimmung der Schüler/innen ist allerdings bei der Auswahl des Themenbereiches möglich und sinnvoll, denn die Themenpalette, aus welcher ausgewählt werden kann, ist sehr breit. Insbesondere eignen sich alltagsgeschichtliche Themen, weil hier einerseits eine unbegrenzte Anzahl von Zeitzeug/innen zur Verfügung steht und andererseits das Interesse von Schüler/innen an der Alltagsgeschichte – insbesondere im Zusammenhang mit

Familiengeschichte (Borries 2004, 71) – in der Regel groß ist. Als geeignete Themenbeispiele seien genannt: „Wohnen früher und heute", „Was kochten meine Großeltern, als sie jung waren?", „Schule einst und heute", „Der erste Fernseher", „Das erste Auto in unserer Familie", „Als wir das erste Telefon bekamen", „Das Handy hält Einzug", „Als wir zum ersten Mal einen Computer benutzten" usw.

Bei der Auswahl der Themen wurde explizit das Thema Nationalsozialismus und Holocaust ausgeklammert. Einerseits sind immer weniger Zeitzeug/innen am Leben, und die Kinder und Enkel von Zeitzeug/innen zu interviewen, die vom Hörensagen berichten, gilt nicht nur in der wissenschaftlichen Communitiy als nicht unproblematisch. Allerdings könnte hier auf bereits bestehende Bestände von Interviews zurückgegriffen werden,[1] was jedoch bedeutet, dass man sich auf die Dekonstruktion der bereits vorhandenen Erzählungen beschränkt und nicht selbst Quellen schafft. Bedacht werden muss auch, inwieweit sich Interviews mit Holocaust-Opfern für eigenständiges Arbeiten eignen oder ob in bestimmten Klassen und Unterrichtssituationen eine stärkere Lenkung durch die Lehrperson erforderlich ist (vgl. Kühberger 2007a; Kühberger 2007b).

1 Z.B. www.mauthausen-memorial.at/index_open.php.

Im vorliegenden Beispiel wurde eine Kartei zur Anwendung der *Oral-History-Methode* erstellt, die Aufträge anbietet, welche von der Aneignung des Wissens über die Methode, über Vorübungen zur Anwendung, Tipps zur Durchführung und Reflexion reichen. Die Kartei kann unabhängig vom gewählten Thema eingesetzt werden. Es ist nicht erforderlich, dass alle Schüler/innen alle Aufträge und Karteikarten bearbeiten.

Eine Möglichkeit zur Differenzierung besteht darin, dass die Schüler/innen – entweder aufgrund eigener Entscheidung oder aufgrund von Vorgaben der Lehrperson – bestimmte Aufträge auswählen oder weglassen. So z.B. sind die Aufträge 8 und 10 anspruchsvoller und könnten in einem Wochenplan als Wahlaufträge angeboten werden.

Im Rahmen der Lernwerkstatt entsteht ein Quellenfundus von Oral-History-Interviews, der die Grundlage für die weitere Arbeit bilden sollte.

Abb. 85: Oral-History-Kartei

Was ist Oral History?	**Oral-History-Kartei Nr. 1**

Partnerarbeit: Lest den folgenden Text und schreibt offene Fragen auf. Versucht diese Fragen gemeinsam mit den Mitschülern/innen und eurer Lehrerin/eurem Lehrer zu beantworten:

Oral History heißt übersetzt „mündliche Geschichte". Oral History ist eine Methode, bei der Zeitzeugen und Zeitzeuginnen über Bedingungen und Erfahrungen in ihrem vergangenen Leben befragt werden. Dabei entstehen in Form von Interviews historische Quellen, die einen Beitrag zur Aufarbeitung der Zeitgeschichte leisten. Zeitzeugen/innen erzählen dabei ihre Sicht auf die Vergangenheit. Die Interviews geben in der Regel Auskunft über das Alltagsleben, Leben, Wohnen, Arbeiten und die Freizeit der Menschen.

Die Interviews zeigen *nicht* „die Vergangenheit, wie sie wirklich war" (das kann nämlich kein Buch und kein Mensch). Vielmehr geben sie uns Einblicke in die Vergangenheit. Erst durch das Sammeln und Vergleichen vieler Interviews zum selben Thema und durch die Gegenüberstellung mit anderen Quellen und mit geschichtlichen Forschungsergebnissen bekommen wir einen Blick darauf, wie die Vergangenheit gewesen sein könnte.

Auf ein Thema einigen und Informationen beschaffen	**Oral-History-Kartei Nr. 2**

Bevor ihr die Interviews vorbereitet und durchführt, müsst ihr euch auf ein Thema einigen. Hier findet ihr einige Ideen:
- Wohnen früher und heute
- Schule einst und heute
- Als wir das erste Telefon bekamen
- Das Handy hält Einzug
- ...

Dann müsst ihr euch über das Thema informieren. Diese Informationen kann euch entweder eure Lehrperson zur Verfügung stellen oder ihr recherchiert in eurem Geschichtsschulbuch, in der Bibliothek und im Internet.

Fasst die Ergebnisse übersichtlich zusammen.

Vorbereitung des Interviews	**Oral-History-Kartei Nr. 3**

1. Überlegt, wie viele Personen ihr befragen wollt (als positiv hat es sich erwiesen, wenn jeweils zwei Gruppenmitglieder gemeinsam eine Person interviewen).

2. Wählt die Personen aus, die ihr befragen werdet. Beachtet dabei folgende Fragen: Welches Alter müssen diese Personen ungefähr haben, damit sie zum Thema etwas erzählen können? Ist es für das Thema wichtig, dass die Personen einer bestimmten gesellschaftlichen Schicht oder einer bestimmten Berufsgruppe angehören? Ist das Geschlecht der Befragten entscheidend? usw.

3. Wie nehmt ihr den ersten Kontakt zu den Befragten auf (z.B. durch einen Brief, ein Mail oder einen Anruf)? Wie informiert ihr die Befragten über euer Vorhaben?

4. Welche technischen Geräte braucht ihr, um die Interviews in guter Qualität aufnehmen zu können? Wie könnt ihr diese Geräte beschaffen?

5. Sammelt in der Gruppe maximal zehn Fragen, die ihr euren Interview-Partnern/innen stellen wollt, und sammelt sie in einem Fragenkatalog. Stellt Fragen, auf die auch wirklich ausführlich geantwortet werden kann! Keine Fragen stellen, die nur mit Ja oder Nein zu beantworten sind!

Vorübung: Aktives Zuhören	**Oral-History-Kartei Nr. 4**

Beim Interview ist es wichtig, dass ihr zu den Befragten ein gutes, vertrautes Verhältnis aufbaut und dass ihr gut zuhören und nachfragen könnt. Die folgende Übung soll euch dabei helfen. Klärt vor Beginn der Übung genau die Rollen (A, B, C):

Gruppenarbeit (3 Personen):

1. A erzählt eine Geschichte (z.B. den Inhalt eines Filmes oder ein Erlebnis vom letzten Wochenende).
2. B hört zu und stellt Fragen, wenn etwas nicht genau verstanden wurde oder wenn ein Teil der Geschichte unklar blieb. B muss möglichst viele Informationen sammeln, darf aber keine Kommentare abgeben oder das Erzählte von A bewerten!
3. C beobachtet A und B und gibt B am Ende Rückmeldung: Hat B gut zugehört und sinnvoll nachgefragt? Wo hätte man noch nachfragen können/müssen? Hat B die Erzählung von A in irgendeiner Weise gestört?
4. Ihr könnt nun die Übung wiederholen und dabei die Rollen tauschen.

Vorübung: Erinnern wir uns an dieselben Ereignisse?	**Oral-History-Kartei Nr. 5**

Beim Erinnern gibt es nicht „die eine, wahre Erinnerung“. Wir können Dinge vergessen, an manche Dinge erinnern wir uns gern, andere sind uns unangenehm und wir erinnern uns vielleicht daran, aber wir sprechen nicht darüber. Das gilt auch für Oral-History-Interviews.

Die folgende Übung soll euch bewusst machen, wie unterschiedlich Erinnerungen an ein und dasselbe Ereignis sein können:

Gruppenarbeit (3-4 Personen):

a) Wählt ein Erlebnis aus eurer gemeinsamen Vergangenheit aus, wie z.B. den ersten Tag an der Schule, die ihr jetzt besucht, den letzten Wandertag, eine Exkursion, den Schikurs, einen Museumsbesuch oder ähnliches. Jede/r schreibt nun in Einzelarbeit fünf Minuten lang ihre/seine Erinnerungen an dieses Ereignis nieder.

b) Lest eure Texte vor und vergleicht sie: Welche Gemeinsamkeiten in euren Erinnerungen könnt ihr finden und welche Unterschiede? Wie könnte es zu den Unterschieden gekommen sein?

c) Freiwillige Zusatzaufgabe: Versucht nun, aus den Einzelgeschichten eine gemeinsame Geschichte über das Ereignis zu schreiben.

Checkliste zur Durchführung eines Oral-History-Interviews	**Oral-History-Kartei Nr. 6**

✓Hakt bei der Durchführung eurer Interviews die Punkte ab, die ihr erledigt habt!

	Wir vergessen Fragenkatalog und Aufnahmegerät nicht!
	Wir begegnen unseren Interview-Partnern/innen freundlich und respektvoll.
	Wir wählen einen ruhigen, ungestörten Raum für die Befragung aus.
	Wir informieren unsere Interviewpartner/innen: Was ist das Thema des Projektes? Was soll mit den Interviews geschehen? Wie lange soll das Interview ungefähr dauern? ...
	Wir nehmen zu Beginn folgende Informationen auf Band auf: Name des Interviewers/der Interviewerin, Name der/des Befragten, Ort der Befragung, Datum.
	Wir beginnen mit einer sehr offenen Frage und lassen die Befragten erzählen! Wir fragen erst später nach!
	Wir fragen unsere Interview-Partner/innen, ob sie auch Fotos, Briefe oder andere Dinge aus der Zeit haben, die sie uns zur Verfügung stellen könnten (und die wir natürlich wieder unversehrt zurückbringen).
	Wir bedanken uns am Ende für die Bereitschaft der Befragten, aus ihrer Vergangenheit zu erzählen.

Auswertung von Oral-History-Interviews 1	**Oral-History-Kartei Nr. 7**

Welche inhaltlichen Schwerpunkte sind im Interview festzustellen? Gibt es im Interview Auffälligkeiten bei der Betonung bestimmter Dinge oder Ereignisse, zeigt der/die Befragte besondere Gefühle usw.?

Wählt ein Interview aus, hört es euch gemeinsam an und tragt eure Beobachtungen in eine Tabelle ein:

Minuten	Inhaltliche Schwerpunkte	Auffälliges (z.B. lange Pausen, Betonung, Änderung im Sprechtempo oder in der Sprache, Themenwechsel usw.)

Tauscht die Ergebnisse in einem Klassengespräch aus!

Auswertung von Oral-History-Interviews 2	**Oral-History-Kartei Nr. 8**

Welche Haupt- und Nebenstränge sind in der Erzählung festzustellen?

Wählt ein Interview aus, hört es euch gemeinsam an und vervollständigt die Mindmap:

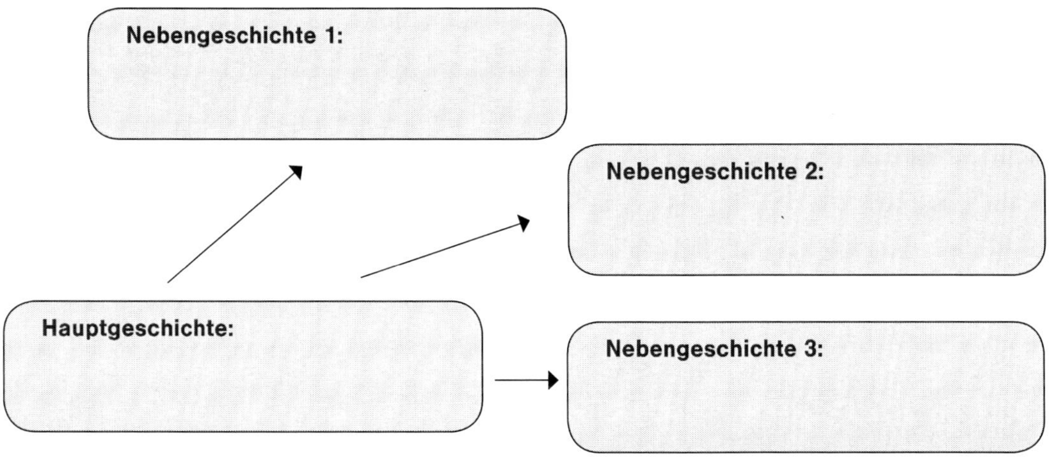

Tauscht die Ergebnisse in einem Klassengespräch aus!

Reflexion	**Oral-History-Kartei Nr. 9**

Einzelarbeit:

Verfasse einen kurzen Text über eines der Interviews, der folgende Fragen beantwortet:

- Was beeindruckt mich an der Erzählung über die Vergangenheit? Was finde ich interessant? Warum?
- Was finde ich befremdend oder komisch? Warum?
- Welche Gefühle löst die Geschichte in mir aus? Welche Gründe gibt es dafür?
- Finde ich die Zeitzeugin/den Zeitzeugen sympathisch oder unsympathisch? Was könnten die Gründe dafür sein? Welchen Einfluss könnten diese Gefühle auf meine Wahrnehmung der Erzählung des Zeitzeugen/der Zeitzeugin haben?

Selbst Geschichte schreiben	**Oral-History-Kartei Nr. 10**

Einzel- oder Partnerarbeit: Am Ende der Arbeit mit den Interviews stehen euch eine Reihe von Informationen und Quellen zu eurem Thema zur Verfügung. Übernehmt nun die Rolle einer Schulbuchautorin/eines Schulbuchautors:

Verfasst mit Hilfe dieser Materialien einen Text zu eurem Thema,
wie er in einem Geschichtsschulbuch stehen könnte.

3. Migration und Familiengeschichte – eine Teil-Re-Konstruktion

Das Interesse von Schülern/innen an ihrer Familiengeschichte ist groß (vgl. Borries 2004, 71). Gleichzeitig meint der Ethnologe Sökefeld, es sei eine Aufgabe der Kultur- und Sozialwissenschaften, sich mit der „Normalität" der Einwanderer zu beschäftigen und aufzuzeigen, dass nicht nur Migrant/innen von Differenz gekennzeichnet seien, dass es sich bei der Vorstellung von der Homogenität der Einheimischen um eine Schimäre handle (Sökefeld 2004, 54). In der hier vorgestellten Lernwerkstatt wird daher versucht, Migration als ständig stattfindenden Prozess in den Rahmen von Familiengeschichten zu integrieren: In fast jeder Familie finden sich Angehörige, die vom Land in die Stadt gezogen sind, um hier zu studieren, einem bestimmten Beruf nachzugehen oder vielleicht auch, um einengenden Familienbanden zu entfliehen. Vielleicht führte eine Liebesbeziehung eine/n Verwandte/n in einen anderen Teil des Heimatlandes oder sogar ins Ausland. In vielen Familien besteht nach wie vor Brief- oder Mailkontakt zu Verwandten in den USA, die in den Nachkriegsjahren ausgewandert sind. Nachkommen ehemaliger so genannter „Gastarbeiter/innen" oder von Kriegsflüchtlingen aus dem ehemaligen Jugoslawien leben heute vielleicht schon als Staatsbürger/innen in Österreich oder Deutschland, ebenso Migranten/innen mit unterschiedlichsten Wurzeln. Schüler/innen oder deren Angehörige haben möglicherweise einen Elternteil, der ursprünglich aus einem fernen oder auch näheren Land stammt etc.

All diese Wanderungserfahrungen fließen in das folgende Beispiel ein, mit dem Ziel die eigene Sichtweise durch Erkenntniszugewinn und Selbstreflexion mehrperspektivisch zu erweitern und die eigenen familienbiografischen Erfahrungen auf die historisch gewachsenen sozialen Strukturen des gesellschaftlichen Umfelds zu beziehen.

Neben der systematischen Auseinandersetzung mit dem historischen und aktuellen Phänomen Migration ist es im Geschichtsunterricht im Sinn der Lebensweltorientierung angeraten, auf konkrete Schicksale, auf lokale und regionale Beispiele Bezug zu nehmen. Allerdings muss – im oben geäußerten Sinn – jeder (auch unbewusste) „Zwang" vermieden werden, die eigene Migrationsgeschichte öffentlich (in der Klasse) zu präsentieren, da dies mit einer – wenn vielleicht auch nur persönlich so empfundenen – Stigmatisierung oder einer Zuordnung an einen Platz, der nicht eingenommen werden möchte, einhergehen kann. Dem wird im folgenden Beispiel entgegengewirkt, indem die Wanderungsgeschichten engerer oder auch entfernterer Familienangehöriger erforscht und vorgestellt werden können, was die eigene Migrationsgeschichte durchaus mit einbeziehen *kann* (aber nicht muss).

Der Aufbau der Kartei ermöglicht Differenzierungen sowohl hinsichtlich des Interesses der Schüler/innen als auch ihrer Fähigkeiten: Die „Forschungsaufgaben" können mithilfe der Informationskarte (Abb. 87, S. 147) von allen Schülern/innen erfüllt werden. Die Analyseaufgaben der Kartei reichen von eher einfachen (z.B. Einträge in die Migrationslandkarte machen) bis zu komplexeren und anspruchsvolleren Aufgaben (z.B. eine Migrationsgeschichte schreiben). Auch hier wurde versucht, weiter zu differenzieren, indem Satzfragmente angeboten werden, die bei Bedarf verwendet werden können oder auch nicht.

> Die Schüler/innen „erforschen" in der hier vorgestellten Geschichtswerkstatt die eigene Familiengeschichte im Bezug auf Migrationserfahrungen. Mit Hilfe der gesammelten Materialien systematisieren sie die Ereignisse und schaffen eigene (Teil-)Re-Konstruktionen.

Auftrag/Einzelarbeit:

1. Mache dich mit dem Begriff „Migration“ vertraut (siehe Abb. 86 Begriff Migration).
2. Befrage Menschen aus deinem Familien-, Freundes- und Bekanntenkreis, ob sie selbst oder jemand aus ihrer Verwandtschaft oder dem Bekanntenkreis im Laufe seines Lebens innerhalb eines Landes oder von einem Land in ein anderes gewandert ist. Fülle mindestens zwei Karteikarten aus (siehe Abb. 87 Informationskarte „Wanderungen in meiner Familie“) und bringe sie in die Schule mit. Es ist durchaus möglich, dass du auf einer Karteikarte nicht alle Informationen ausfüllen kannst. Das ist Teil der Geschichtsforschung. Geschichtswissenschaftler/innen können nicht immer alle offenen Fragen beantworten.
3. Befestige deine ausgefüllten Informationskarten an der Zeitleiste (siehe Abb. 88 „Zeitleiste Migrationsgeschichte“).
4. Markiere auf den Landkarten die Ausgangpunkte der Wanderungen mit je einem grünen Punkt und die Ziele der Wanderungen mit je einem roten Punkt (siehe Abb. 89 „Migrationslandkarte“). Schreibe auf die Punkte eine Kennnummer (grüne Punkte für den Herkunftsort; rote für den Zielort) oder verbinde die Punkte mit einem Faden, damit man die Wanderbewegungen nachverfolgen kann.
5. Löse mindestens drei Aufgaben aus der Migrations-Kartei.

Abb. 86: Begriff Migration

Migration heißt „Wanderung“.

Seit es Menschen gibt, wandern sie. Die Gründe für diese Wanderungen sind sehr unterschiedlich:

- *Wirtschaftliche Gründe:* Zu wenig Nahrung, keine Arbeitsplätze usw.
- *Umweltgefahren:* Zerstörung der Landschaft durch Trockenheit, Überschwemmung, Erdbeben, Vulkanausbrüche usw.
- *Kulturelle Gründe:* Können von der Bevorzugung eines anderen Lebensstils über Verfolgung von kritischen Künstlern/innen bis hin zur Vermeidung einer Beschneidung von Mädchen (z.B. Sudan) gehen.
- *Religiöse Gründe:* Verfolgung wegen eines bestimmten Glaubens (z.B. Vertreibung der Protestanten aus dem katholischen Salzburg im 18. Jh.)
- *Ethnische Gründe:* Verfolgung einer bestimmten Volksgruppe, z.B. Juden im nationalsozialistischen Deutschland, Kurden in der Türkei
- *Politische Gründe:* Verfolgung aus politischen Gründen (z.B. Regimekritiker in Ungarn 1956 oder in der Tschechoslowakei 1968), Flucht vor Krieg (z.B. ehemaliges Jugoslawien, Tschetschenien), Vertreibungen und Zwangsumsiedlungen wie z.B. Vertreibung von Juden aus dem nationalsozialistischen Deutschland, von Deutschen aus dem Sudentenland nach 1945
- *Ausbildung:* z.B. Wanderung von Handwerkern im Mittelalter („Walz“), Studium im Ausland etc.
- *Persönliche Gründe:* z.B. Liebesbeziehungen, Interesse an einem bestimmten Land oder einer bestimmten Kultur, Bevorzugung eines anderen Lebensstils etc.

Eine Migration kann ein ganzes Leben dauern, sie kann aber auch zeitlich begrenzt sein. So z.B. flohen viele Juden aus dem nationalsozialistischen Deutschland in die USA – nur wenige kehrten nach Ende der nationalsozialistischen Herrschaft wieder nach Deutschland oder Österreich zurück. Eine Migrantin/Ein Migrant kann aber auch wieder in die ursprüngliche Heimat zurückkehren, wie z.B. die so genannten „Schwabenkinder“: Kinder von verarmten Bauern aus Vorarlberg, Tirol, Südtirol und der Schweiz zogen vor allem im 19. Jh. jährlich im Frühjahr nach Schwaben in Deutschland, um dort im Sommer und Herbst als billige Arbeitskräfte für Bauern zu arbeiten. Im Winter kehrten sie wieder in die Heimat zurück.

Eine Migration kann über Tausende Kilometer in einen anderen Erdteil stattfinden, sie kann aber auch nur über einige Kilometer – z.B. von einem Dorf in die nächste Stadt – erfolgen. Findet die Wanderung innerhalb eines Landes statt, spricht man von „Binnenwanderung“.

Wanderungen in meiner Familie

Name: ____________________

wanderte von: ____________________

nach: ____________________

Klebe hier ein Foto (oder eine Fotokopie) deines/deiner Verwandten ein, falls eines vorhanden ist.

ungefährer Zeitpunkt der Wanderung: ____________________

Motive für Wanderung: ____________________

Gibt es Erinnerungen an den Verlauf? ____________________

____

Sonstige Erinnerungen: ____________________

____

Abb. 87: Informationskarte „Wanderungen in meiner Familie“

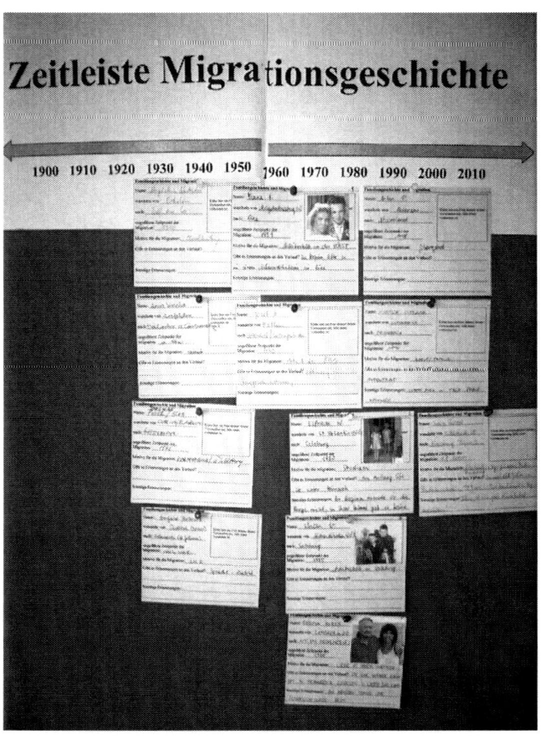

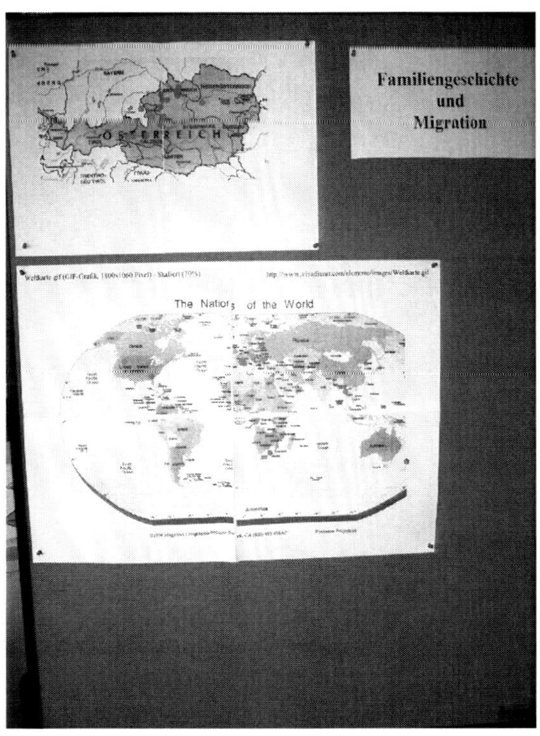

Abb. 88 (links): Zeitleiste Migrationsgeschichte

Abb. 89 (rechts): Migrationslandkarte

Abb. 90: Migrations-Kartei

Gründe für Migration	**Migrations-Kartei Nr. 1**

Partnerarbeit:

a) Informiert euch auf dem Blatt „Begriff Migration" über mögliche Gründe für Migration.

b) Arbeitet nun an der Zeitleiste zur Migrationsgeschichte: Sammelt alle Gründe (Motive), die auf den dort befestigten Informationskarten für Wanderungen angeführt werden. Listet sie übersichtlich auf und fasst ähnliche Gründe zusammen. Gestaltet eine Statistik. Heftet diese Übersicht nun neben die Zeitleiste.

c) Wertet eure Ergebnisse nun aus, indem ihr sie schriftlich (in Sätzen) zusammenfasst. Vermeidet aber Verallgemeinerungen! Ihr könnt nur Aussagen über die von euch gefundenen Personen machen. Für allgemeine Aussagen zur Migrationsgeschichte stehen euch zu wenige Einzelschicksale zur Verfügung!

Ausgangs- und Zielorte	**Migrations-Kartei Nr. 2**

Partnerarbeit:

a) Arbeitet an der Zeitleiste zur Migrationsgeschichte: Sammelt alle Ausgangs- und Zielorte, welche dort zu finden sind. Listet sie übersichtlich auf und fasst sie nach Kontinenten oder häufigen Ausgangs- und Zielländern zusammen. Gestaltet eine Statistik. Heftet diese Übersicht nun neben die Zeitleiste.

b) Wertet eure Ergebnisse nun aus, indem ihr sie schriftlich (in Sätzen) zusammenfasst. Vermeidet aber Verallgemeinerungen! Ihr könnt nur Aussagen über die von euch gefundenen Personen machen. Für allgemeine Aussagen zur Migrationsgeschichte stehen euch zu wenige Einzelschicksale zur Verfügung!

Zeitpunkt der Migration

Migrations-Kartei Nr. 3

Partnerarbeit:

a) Arbeitet an der Zeitleiste zur Migrationsgeschichte: Sammelt alle Zeitangaben zur Wanderung, welche dort zu finden sind. Listet sie übersichtlich auf und gestaltet eine Statistik. Heftet diese Übersicht nun neben die Zeitleiste.

b) Wertet eure Ergebnisse nun aus, indem ihr sie schriftlich (in Sätzen) zusammenfasst. Vermeidet aber Verallgemeinerungen! Ihr könnt nur Aussagen über die von euch gefundenen Personen machen. Für allgemeine Aussagen zur Migrationsgeschichte stehen euch zu wenige Einzelschicksale zur Verfügung!

Eine Migrationsgeschichte schreiben

Migrations-Kartei Nr. 4

Verfasse einen Text zum Thema „Die Migrationsgeschichte meiner Oma/meines Cousins/ meiner Nachbarin/...". Die folgenden Sätze und Satzteile sollen dir als Anregung zum Schreiben dienen:

Mein Uropa hieß ... Er wurde ... in ... geboren. Auf dem Foto sieht mein Uropa sehr steif aus, er lächelt überhaupt nicht. Im Jahr ... zog er von ... nach ... Der Grund für diese Wanderung war ...

In seiner neuen Heimat hat er eine Frau gefunden. Er hat geheiratet und ist Vater von vier Kindern geworden. Meine Familie lebt noch immer in diesem Ort, in den mein Uropa im Jahr ... gewandert ist.

Einen Sachtext zur Migration verfassen	**Migrations-Kartei Nr. 5**
Stell dir vor, du bist Redakteur/in eurer Schülerzeitung. Verfasse einen sachlichen Beitrag für die Schülerzeitung zum Thema „Migration".	

4. Schulbuchvergleich - Schulische Geschichtsdarstellungen hinterfragen (De-Konstruktion)

Da Schulbuchvergleiche - im Sinn eines Vergleiches von unterschiedlichen historischen Erzählungen über die Vergangenheit - im schulischen Lernen noch zu wenig Raum gewonnen haben, könnte man dazu eine Geschichtswerkstatt anbieten. Über die hier getätigten Überlegungen hinaus findet man dazu Anregungen bei Schreiber/Mebus (2005).

Die Konzeption des hier vorgestellten Schulbuchvergleiches lässt sich sehr einfach auf andere Themen übertragen. Es werden dazu lediglich zwei (oder mehr) ähnliche historische Darstellungen aus Schulbüchern benötigt, die sich mit derselben Fragestellung beschäftigen. Die Aufgabe besteht darin, dass die Schüler/innen die beiden Texte genau durchlesen und im Anschluss mit Hilfe einer Tabelle Unterschiede und Gemeinsamkeiten der Darstellungen herausarbeiten und die Belegstellen im Text anzugeben wissen.

Im Anschluss wird mit den Schülern/innen die grundlegende Frage aufgeworfen, warum die Geschichte in den Schulbüchern nicht gleich erzählt wird. Die Reflexionen zu den möglichen Gründen sollten verschriftlicht und/oder mit anderen Schülern/innen diskutiert werden. Auf diese Frage sind unterschiedliche Reflexionsebenen zu erwarten. Sinnvolle Antworten sind u.a.:

- unterschiedliche Autoren/innen
- unterschiedliche Fragestellungen/Interessen (deshalb teilweise auch andere Inhalte)
- unterschiedliche Gewichtung der Inhalte
- genauere Recherche in wissenschaftlicher Literatur oder in Quellen (vgl. Wer begleitet Peters?)
- unterschiedliche Bewertungen (Werturteile) z.B.: Peters nimmt in Besitz vs. Er schließt Verträge (inhaltlich ist beides möglich, „in Besitz nehmen" verweist aber stärker auf einen willkürlichen Akt, während „Vertragsabschluss" die Handlung vorerst nur beschreibt u.v.m.

Möglich sind aber auch Antworten wie z.B. Platzgründe in einem Schulbuch (Layout) oder sprachlich Angemessenheit eines Schulbuches.

Aufträge/Partnerarbeit:

Die beiden folgenden Texte stammen aus unterschiedlichen Schulbüchern und erzählen ähnliches über die deutschen Kolonien im 19. Jahrhundert.

1) Bearbeitet die Fragen aus dem Raster.

2) Welche Unterschiede könnt ihr feststellen?

3) Warum können derartige Unterschiede entstehen? Stellt Vermutungen an!

Text 1		Text 2
Belegstelle	Fragen zum Vergleich der Schulbücher	Belegstelle
	Ab wann beteiligte sich Deutschland an der kolonialen Aufteilung der Welt?	
	Wer begleitete Carl Peters auf seiner Expedition?	
	Wie erhielt Peters die Gebiete in Ostafrika?	
	Nenne die Schritte nach Carl Peters Expedition hin zur Kolonie Deutsch-Ostafrika!	
	Was veränderten die Deutschen in der Kolonie?	
	Welche anderen deutschen Kolonien entstanden?	

Unterschiede zwischen den beiden Texten:

Mögliche Ursachen für die Unterschiede:

Abb. 91: Vergleich von Schulbuchtexten

Deutsche Kolonien
Auch Deutschland wollte Kolonialmacht werden. So machte es Deutschland anderen europäischen Mächten gleich und nahm sich Länder, die eigentlich jemand anderem gehörten.

Auch Deutschland will Kolonien
Ab 1884 beteiligte sich auch Deutschland am Kampf um die Aufteilung der Welt. Der Kaiser, Unternehmer, Militärs und immer mehr Politiker hatten Kolonien für das Reich gefordert und die Regierung stimmte nach anfänglichem Zögern schließlich zu. Deutsche Kaufleute, Forschungsreisende, Offiziere, Siedler und Abenteurer zog es nun verstärkt nach Afrika. Auch im Auftrag der Regierung sollte Land erworben werden.

Die Expedition von Carl Peters
Einer von ihnen war der Pfarrerssohn Carl Peters. Er hatte 1884 die „Gesellschaft für deutsche Kolonisation" gegründet. Für diese Gesellschaft unternahm Peters im November 1884 mit sechs Dienern und vierzig Trägern eine Expedition in das östliche Afrika. In fieberhafter Eile durchquerte die Gruppe das Land mehrerer ostafrikanischer Völker, um durch Verträge mit den regierenden Fürsten deren Gebiete zu deutschem Besitz zu machen.

Deutsch-Ostafrika
Gleichzeitig mit Peters waren aber auch französische und britische Expeditionen mit demselben Ziel unterwegs. Es gelang Carl Peters dennoch innerhalb von fünf Wochen Verträge mit zwölf Fürsten abzuschließen und ein riesiges Gebiet zu erwerben, das 1890 die Regierung in Berlin als Kolonie Deutsch-Ostafrika übernahm. List, Betrug und Gewalt waren immer auch im Spiel, wenn die Deutschen Kolonien gründeten.

Gloger 2000, 180

Ein „deutsches Indien" in Afrika?
Auch in Deutschland wurde seit Mitte der 1880er Jahre in der Öffentlichkeit immer stärker die Forderung nach Kolonien erhoben. Als Gegengewicht gegen Indien, das als Schatzkammer des britischen Empire galt, glaubten viele, ein „deutsches Indien" in Afrika errichten zu können. Eine der ersten deutschen Kolonien wurde Deutsch-Ostafrika. Mit zwei anderen Deutschen, sechs Dienern und 40 Trägern unternahm Carl Peters im Auftrag der Gesellschaft für Deutsche Kolonisation im November 1884 eine Expedition in das östliche Afrika. Im Verlauf der fünfwöchigen Expedition nahm Peters ein Gebiet von der Größe Süddeutschlands in Besitz. 1884 erteilte Bismarck seinen Erwerbungen den kaiserlichen Schutzbrief, 1890 wurde Deutsch-Ostafrika eine Kolonie des Deutschen Reiches. Unter deutscher Herrschaft wurden die Verwaltung, das Verkehrsnetz und die Wirtschaft des Landes neu gestaltet. Auch in anderen Gebieten Afrikas wurden koloniale Initiativen [= Unternehmungsgeist] unterstützt. So erwarb sich das Deutsche Reich die Kolonien Südwestafrika, Togo und Kamerun. Deutschland besaß damit ein ansehnliches Kolonialreich, dessen Größe aber dennoch jeweils nur ein Drittel der Besitzungen Englands und Frankreichs ausmachte.

Aus: Ballhausen 1988, 213

Literatur

Adamski, Peter: Portfolio für den Anfängerunterricht. In: Geschichte lernen 96/2003a, S. 29-33.

Adamski, Peter: Portfolio im Geschichtsunterricht. In: GWU 54/2003b/1, S. 32-50.

Adamski, Peter: Auf vielen Wegen ins Land der Pharaonen. Innere Differenzierung im Geschichtsunterricht. In: Geschichte lernen 131/2009, S. 2-13.

Adamski, Peter: Gruppen- und Partnerarbeit im Geschichtsunterricht. Historisches Lernen kooperativ. Schwalbach/Ts. 2010.

Altrichter, Herbert u.a.: Unterrichten in heterogenen Gruppen: Das Qualitätspotenzial von Individualisierung, Differenzierung und Klassenschülerzahl. In: Specht, Werner (Hrsg.): Nationaler Bildungsbericht Österreich 2009. Bd. 2. Graz 2009, S. 341-360.

Ammerer, Heinrich/Windischbauer, Elfriede: Kopiervorlagen für Geschichte und Politische Bildung. Kommentierte Materialien zur Förderung politischer und historischer Kompetenzen. Linz 2008.

Ammerer, Heinrich/Windischbauer, Elfriede: Kompetenzorientierter Unterricht in Geschichte und Politischer Bildung: Diagnoseaufgaben mit Bildern. Wien 2011.

Amrhein-Kreml, Renate u.a.: Prüfungskultur. Leistung und Bewertung (in) der Schule. Klagenfurt 2008.

Arnold, Viktoria (Hrsg.): „Als das Licht kam". Erinnerungen an die Elektrifizierung. Wien 1986.

Astleitner, Hermann: Das Verhältnis von Wissenschaft und Praxis bei innerer Differenzierung im Unterricht: Das besondere Problem der Umsetzungshilfen. In: Gastager, Angela u.a. (Hrsg.): Pädagogisches Handeln: Balancierung zwischen Theorie und Praxis. Landau 2007, S. 137-146.

Ballhausen, Hans-W. et al.: Geschichte und Geschehen 9. Ausgabe N, Gymnasium. Stuttgart 1988.

Barricelli, Michele: Geschichtsprojekte. In: Günther-Arndt, Hilke (Hrsg.): Geschichtsmethodik. Handbuch für die Sekundarstufe I und II. Berlin 2007, S. 111-118.

Bauer, Ingrid: Frauen im Krieg. In: Die andere Geschichte. Eine Salzburger Frauengeschichte von der ersten Mädchenschule (1695) bis zum Frauenwahlrecht (1918). Hrsg. v. B. Mazohl-Wallnig. Salzburg 1995, S. 285-334.

Berg, Ronald: Die Photografie als alltagsgeschichtliche Quelle. In: Berliner Geschichtswerkstatt (Hrsg.): Alltagskultur, Subjektivität und Geschichte. Zur Theorie und Praxis von Alltagsgeschichte. Münster 1994, S. 187-198.

Bernhardt, Markus: Vom ersten auf den zweiten Blick. Eine empirische Untersuchung zur Bildwahrnehmung von Lernenden. In: Geschichte in Wissenschaft und Unterricht 7-8/2007, S. 417-432.

Bm:bwk (Hrsg.): Grundsatzerlass zum Projektunterricht. Tipps zur Umsetzung. Wien 2001.

Bohl, Thorsten: Prüfen und Bewerten im Offenen Unterricht. Weinheim/Basel 2005.

Bohl, Torsten/Kucharz, Dietmut: Offener Unterricht heute. Konzeptionelle und didaktische Weiterentwicklung. Weinheim/Basel 2010.

Borries, Bodo von: Sektion 1 – Geschichtsunterricht und Migration. Ergebnisse des Geschichtswettbewerbs 2002/2003 „Weggehen – Ankommen. Migration in der Geschichte". In: Alavi, Bettina/Henke-Bockschatz, Gerhard (Hrsg.): Migration und Fremdverstehen. Geschichtsunterricht und Geschichtskultur in der multiethnischen Gesellschaft. Idstein 2004, S. 69-83.

Borries, Bodo von: Das Fach Geschichte im Spannungsfeld von Stoffkanon und Kompetenzentwicklung. In: Borries, Bodo von: Lebendiges Geschichtslernen, Schwalbach/Ts. 2004, S. 138-168.

Borries, Bodo von: Empirie. Ergebnisse messen (Lerndiagnose im Fach Geschichte). In: Körber, Andreas/Schreiber, Waltraud/Schöner, Alexander (Hrsg.): Kompetenzen historischen Denkens. Ein Strukturmodell als Beitrag zur Kompetenzorientierung in der Geschichtsdidaktik. Neuried 2007, S. 653-673.

Borries, Bodo von: Fallstricke interkulturellen Geschichtslernens. Opas Schulbuchunterricht ist tot. In: Crossover Geschichte. Historisches Bewusstsein Jugendlicher in der Einwanderungsgesellschaft. Hrsg. v. V. B. Georgi/R. Ohlinger. Bonn 2009, S. 25-45.

Brandhauer-Schöffmann, Irene/Hornung, Ela: Von der Erbswurst zum Hawaiischnitzel. Geschlechterspezifische Auswirkungen von Hungerkrise und „Fresswelle". In: Albrich, Thomas u.a. (Hrsg.): Österreich in den Fünfzigern. Wien 1995, S. 11-34.

Brunner, Ilse: Über das eigene Lernen nachdenken. In: Pädagogische Führung 14/2003, S. 88-90.

Brunner, Ilse/Schmiedinger, Elfriede: Leistungsbeurteilung in der Praxis. Der Einsatz von Portfolios im Unterricht der Sekundarstufe I. Linz 2001.

Brügelmann, H.: Öffnung des Unterrichtes. Befunde und Probleme der empirischen Forschung. In: H. Brügelmann/A. Fölling/S. Richter (Hrsg.): Jahrbuch Grundschule 1998. Seelze-Velber 1998, S. 8-42.

Christoffer, Sven et al.: mitmischen 1. Leipzig 2007.

Claussen, Claus: Freie Arbeit als Element eines Konzepts der Öffnung von Schule und Unterricht. In: Ders. (Hrsg.): Handbuch freie Arbeit: Konzepte und Erfahrungen. Weinheim/Basel 1995, S. 13-23.

Dawson, Ian: Time for chronology? Ideas for developing chronological understanding. In: Teaching History 117/Dezember 2004, S. 14-24.

Donaubauer, Stefan: Fernsehen mit Knopp. In: Praxis Geschichte 5/2006, S. 48-52.

Donhauser, Gerhard u.a.: Geschichte und Geschehen. Wien 2008, S. 22-23. URL: www.oebv.at/sixcms/media.php/71/325441/GUG3_Neue_Welt.pdf [28.1.2010].

Dräger, Jörg: Individuelle Förderung für ein faires und leistungsstarkes Schulsystem. In: Faulstrich, Werner: Grundkurs Fernsehanalyse. Paderborn 2008.

Dräger, Jörg/Ölkers, Jürgen: Heterogenität und Bildung. Individuelles Fördern in Deutschland. Hindernisse und Herausforderungen. Gütersloh 2009, S. 4-8.

Everett, Susanne: Geschichte der Sklaverei. Augsburg 1998.

Faust-Siehl, Gabriele: Lernzirkel – Themenbezogene Freiarbeit im wahldifferenzierten Unterricht. In: Claussen, Claus (Hrsg.): Freie Arbeit als Element eines Konzepts der Öffnung von Schule und Unterricht. In: Ders. (Hrsg.): Handbuch freie Arbeit: Konzepte und Erfahrungen. Weinheim/Basel 1995, S. 24-31.

Feindt, Andreas: Kompetenzorientierter Unterricht – wie geht das? Didaktische Herausforderungen im Zentrum der Lehrerarbeit. In: Friedrich Jahreshefte 2010, S. 85-89.

Fiereder, Viktoria: Gender und Fernsehwerbung. Die Darstellung von Geschlechterrollen in der Fernsehwerbung anhand eines empirischen Vergleiches aktueller Werbespots auf ORF1 und ATV+ (=Magisterarbeit am Fachbereich Erziehungswissenschaft und Kultursoziologie der Universität Salzburg). Salzburg 2005.

Franz Josef I.: An meine Völker: In: Wiener Zeitung, 29. Juli 1914, S. 1.

Frey, Karl: Die Projektmethode. Der Weg zum bildenden Tun. Weinheim und Basel 1996.

Friedel, Holger: Lernwerkstatt heißt Differenzierung. Wie man sich mit rechtsradikalen Behauptungen auseinandersetzen kann. In: Geschichte lernen 131/2009, S. 41-47.

Galeotti, Carlo: Mussolini ha sempre ragione. I decaloghi del fascismo. o.O. 2000.

Gautschi, Peter: Lernen an Stationen. In: Mayer, Ulrich u.a. (Hrsg.): Handbuch Methoden im Geschichtsunterricht. Schwalbach/Ts. 2004, S. 515-531.

Gautschi, Peter, Geschichte lehren, Lernwege und Lernsituationen für Jugendliche. Bern 2005^{3}.

Gautschi, Peter: Guter Geschichtsunterricht. Grundlagen, Erkenntnisse, Hinweise. Schwalbach/Ts. 2009.

Gimpl, Margarete/Windischbauer, Elfriede: Längsschnitt zur Geschichte der Heilkunst. URL: www.veritas.at/online-material/32921 [22.10.2010].

Gloger, Eberhard et al.: mitmischen. Geschichte und Politik. Leipzig 2000.

Gostner, Samantha: Das Frauenbild in der Werbung. Inhaltsanalyse zum Frauenbild in der Fernsehwerbung 2006 (= Magisterarbeit am Fachbereich Kommunikationswissenschaft der Universität Salzburg). Salzburg 2007.

Häcker, Thomas/Winter, Felix: Portfolios – ein Beitrag zur Demokratisierung des Lernens und der Leistungsbeurteilung. In: Beutel, Silvia-Iris/Beutel, Wolfgang (Hrsg.): Beteiligt oder bewertet? Leistungsbeurteilung und Demokratiepädagogik. Schwalbach/Ts. 2010, S. 292-309.

Hamann, Brigitte/Rettich, Rolf: Ein Herz und viele Kronen. Das Leben der Kaiserin Maria Theresia. Wien 1985.

Hammerschmid, Helmut/Pramper, Wolfgang/Windischbauer, Elfriede: Geschichte live 2 NEU. Textteil. Geschichte und Sozialkunde/Politische Bildung, 6. Schulstufe. Linz 2008.

Hanisch, Ernst: Der Lange Schatten des Staates. Österreichische Gesellschaftsgeschichte im 20. Jahrhundert. Wien 1994.

Helmke, Andreas: Unterrichtsqualität und Lehrerprofessionalität. Diagnose, Evaluation und Verbesserung des Unterrichts. Seelze-Velber 2008.

Hiess, Joseph: Glasenbach. Buch einer Gefangenschaft. Wels 1956.

Hillingmeier, Klaus: Duell im Atlantik. In: G/Geschichte. Menschen – Ereignisse – Epochen 3/2010, S. 28-32.

Hochschild, Adam: Schatten über dem Kongo. Die Geschichte eines der großen, fast vergessenen Menschheitsverbrechen. Stuttgart 2002.

Hofer, Natalie/Klein, Nicole: Werbung: Film und Spot: eine Analyse von Werbefilmen und Werbespots unter Berücksichtigung von werbegeschichtlichen und sozioökonomischen Bedingungen sowie von film- und gestaltungstechnischen Merkmalen. Diplomarbeit an der Wirtschaftsuniversität Wien, 2005. URL: www.wwgonline.at/content.php?lang=de&p=85 [9.6.2010].

Hofmann, Franz/Moser, Gerlinde: Offenes Lernen planen und coachen. Ein Handbuch für Lehrerinnen und Lehrer der Sekundarstufe. Linz 2006.

James, Peter/Thorpe, Nick: Keilschrift, Kompass, Kaugummi. Eine Enzyklopädie der frühen Erfindungen. Zürich 1998.

Kinderlexikon A-Z. München 1994.

Konrad, Klaus: Selbstgesteuertes Lernen. Profile und Lernwirksamkeit. In: Unterrichtswissenschaft. Zeitschrift für Lernforschung 1/2009, S. 55-76.

Körber, Andreas/Schreiber, Waltraud/Schöner, Alexander (Hrsg.): Kompetenzen historischen Denkens. Ein Strukturmodell als Beitrag zur Kompetenzorientierung in der Geschichtsdidaktik. Neuried 2007.

Krammer Reinhard/Mebus Sylvia: Gezeichnete Leitartikel. Die Wende in der DDR in den Karikaturen des Westens und des Ostens. In: Krammer, Reinhard/Ammerer, Heinrich (Hrsg.): Mit Bildern arbeiten. Historische Kompetenzen erwerben. Neuried 2006, S. 102-116.

Krammer, Reinhard: Historische Kompetenzen erarbeiten – durch das Arbeiten mit Bildern? In: Krammer, Reinhard/Ammerer, Heinrich (Hrsg.): Mit Bildern arbeiten. Historische Kompetenzen erarbeiten. Neuried 2006. S. 21-37.

Kühberger, Christoph: Faschistische Selbstdarstellung. Eine Retortenstadt Mussolinis als Bühne des Faschismus. Berlin 2001.

Kühberger, Christoph: Dimensionen der Verantwortung von Geschichtslehrer/-innen am Anfang des 21. Jahrhunderts. Exemplarische Einblicke. In: Kühberger, Christoph u.a. (Hrsg.): Wahre Geschichte – Geschichte als Ware. Die Verantwortung der historischen Forschung für Wissenschaft und Gesellschaft. Rahden/Westf. 2007a, S. 163-180.

Kühberger, Christoph: Historisches und politisches Denken. Von Gleichem und Domänenspezifischem. In: Historische Sozialkunde 2/2010b, S. 40-46.

Kühberger, Christoph: Kinder – Werbung – Kinderwerbung. In: Kühberger, Christoph/Windischbauer, Elfriede: Politische Bildung in der Volksschule. Annäherungen aus Theorie und Praxis. Innsbruck/Wien, 2010a, S. 116-123.

Kühberger, Christoph: Kompetenzorientiertes historisches und politisches Lernen. Methodische und didaktische Annäherungen an Geschichte, Sozialkunde und Politische Bildung. Innsbruck/Wien 2009.

Kühberger, Christoph: Le competenze disciplinari nel nuovo curriculo austriaco di storia. In: mundus. Rivista di didattica della storia n. 2/ anno I/2008, S. 34-37.

Kühberger, Christoph: Oral History als „fertige Geschichte" lesen. Zum Umgang mit Zeitzeugeninterviews in der Gedenkstättenarbeit. In: Didaktisch-methodische Hefte der Zentralen Arbeitsstelle für Geschichtsdidaktik 1/2007.

Kühberger, Christoph: Rekonstruktionszeichnungen und historisches Lernen. Geschichtsdidaktische Reflexionen zu Chancen und Problemen. In: Archäologie Österreichs 1/2008, S. 50-60.

Kühberger, Christoph: Werben für eine Sache. Mit Printwerbung arbeiten. In: Informationen zur Politischen Bildung 29/2008, S. 46-50.

Kühberger, Christoph/Windischbauer, Elfriede: „Uni-Ferkelei". Die 68er-Bewegung in Österreich. In: Geschichte lernen 133/2010, S. 38-43.

Kühberger, Christoph/Windischbauer, Elfriede: Kleidung und Mode in unterschiedlichen Lebenswelten seit 1950. Annäherungen für den Geschichtsunterricht. In: Historische Sozialkunde 4/2007, S. 41-44.

Kühberger, Christoph/Windischbauer, Elfriede: Kommentar zum Lehrplan der AHS-Unterstufe und Hauptschule „Geschichte und Sozialkunde/Politische Bildung" (2008). URL: www.gemeinsamlernen.at/siteVerwaltung/mBeitrage/Arbeitsmappe/Lehrplankommentar_GSK_PB_2008_09.pdf [17.7.2010].

Kühberger, Christoph/Windischbauer, Elfriede: Literacy als Auftrag? Zur Förderung bei Leseschwächen im Geschichtsunterricht. In: Geschichte lernen 131/2009, S. 22-29.

Lehrplan der Hauptschulen, allgemeiner Teil. URL: www.bmukk.gv.at/medienpool/865/hs1.pdf [21.10.2010].

Mathis, Christian: Stationenlernen. In: Günther-Arndt, Hilke (Hrsg.): Geschichtsmethodik. Handbuch für die Sekundarstufe I und II. Berlin 2007, S. 95-98.

Mayer, Ulrich: Umgang mit Statistiken. In: U. Mayer/H.-J. Pandel/G. Schneider (Hrsg.): Handbuch Methoden im Geschichtsunterricht. Schwalbach/Ts. 2007^2a, S. 208-224.

Mayer, Ulrich: Das Diagramm – am Beispiel von Wahrergebnissen der Weimarer Republik. In: H.-J. Pandel/G. Schneider (Hrsg.): Handbuch Medien im Geschichtsunterricht. Schwalbach/Ts. 2007^2b, S. 146-169.

Moser, Stefan: Die Kelten am Dürrnberg. Eisenzeit am Nordrand der Alpen (= Schriften aus dem Keltenmuseum Hallein, Bd. 1). Hallein 2010.

Mussolini, Benito: Ich rede mit Bruno. Essen 1942.

Olivia, Gianni: Balilla. In: Isnenghi, Mario (Hrsg.): I luoghi della memoria. Simboli e miti dell'Italia unita. Rom/Bari 1996.

Pagenstecher, Cord: Private Fotoalben als historische Quelle. In: Zeithistorische Forschungen/ Studies in Contemporary History. Online Ausgabe 6/2009, H. 3. URL: http://www.zeithistorische-forschungen.de/16126041.Pagenstecher-3-2009.

Pandel, Hans-Jürgen: Geschichtsunterricht nach PISA. Kompetenzen, Bildungsstandards und Kerncurricula. Schwalbach/Ts. 2005.

Paradies, Liane/Linser, Hans Jürgen: Differenzieren im Unterricht. Berlin 2001.

Peschel, Falko: Offener Unterricht. Idee – Realität – Perspektive und ein praxiserprobtes Konzept zur Diskussion. Teil 1: Allgemeindidaktische Überlegungen. Hohengehren 2009.

Prashnig, Barbara: LernStile und personalisierter Unterricht. Neue Wege des Lernens. Linz 2008.

Preuss-Lausitz, Ulf: Die offene Gesellschaft und ihre Schule. Zur Zukunftsfähigkeit des Lernens unter Bedingungen von Vielfalt. In: Friedrich Jahresheft 2004, S. 14-17.

Principles and Standards of the Oral History Association. URL: www.oralhistory.org/?s=Evaluation [30.5.2010].

Ramseger, Jörg: Offener Unterricht in der Erprobung. München 1985².

Reich, Kersten: Konstruktivistische Didaktik auf dem Weg, die Didaktik neu zu erfinden. In: Voß, Reinhard (Hrsg.): LernLust und Eigen-Sinn. Systemischkonstruktivistische Lernwelten. Heidelberg 2005, S. 179-190.

Reketat, Heike: Offener Unterricht – eine Förderungsmöglichkeit für hoch begabte Kinder in Regelschulen!? Münster 2001.

Rohr, Christian: geschichte.aktuell 1. Linz 2005.

Ruf, Urs/Winter, Felix: Qualitäten finden. Der Blick auf die Defizite hilft nicht weiter. In: Friedrich Jahresheft 2006, S. 56-59.

Salner-Grindling, Ingrid: Querfeldein: individuell lernen – differenziert lehren. Wien 2009.

Sauer, Michael: Bilder im Geschichtsunterricht. Typen, Interpretationsmethoden, Unterrichtsverfahren. Seelze-Velber 2000 (2007).

Sauer, Michael: Methodenkompetenz als Schlüsselkompetenz. In: Geschichte, Politik und ihre Didaktik 3/4/2002, S. 183-192.

Sauer, Michael: Geschichte unterrichten. Eine Einführung in die Didaktik und Methodik. Seelze 2006⁵.

Schindelbauer, Manfred: Thema Geschichte 6. Klasse. Vom Beginn der Neuzeit bis zum Ende des Ersten Weltkrieges. Lehrbuch für Geschichte und Sozialkunde/Politische Bildung. Wien 2006.

Schreiber, Waltraud/Mebus, Sylvia (Hrsg.): Durchblicken. Dekonstruktion von Schulbüchern. Eichstätt 2005.

Schuchter, Johanna: So war es in Salzburg. Salzburg 1977.

Schulze, Winfried: Neuere Geschichte – ein problematisches Fach. In: H.-J. Goertz (Hrsg.): Geschichte. Reinbeck b. Hamburg 1998, S. 287-317.

Sénécheau, Miriam: Elementarisierung und Handlungsorientierung. Ur- und Frühgeschichte im Unterricht zwischen Bastelanleitung und experimenteller Archäologie. In: Elementarisierung im Schulbuch. Hrsg. v. E. Matthis/C. Heinze. Bad Heilbrunn 2007, S. 207-225.

Siebert, Horst: Pädagogischer Konstruktivismus. Lernzentrierte Pädagogik in Schule und Erwachsenenbildung. Weinheim und Basel 2005.

Sökefeld, Martin: Jenseits des Paradigmas kultureller Differenz. In: Alavi, Bettina/Henke-Bockschatz, Gerhard (Hrsg.): Migration und Fremdverstehen. Geschichtsunterricht und

Geschichtskultur in der multiethnischen Gesellschaft. Idstein 2004, S. 47-55.

Spiegel-Verlag: Der Spiegel/44. Hamburg 1962.

Stern, Thomas: Förderliche Leistungsbewertung. Wien 2008.

Strotzka, Heinz/Windischbauer, Elfriede: Offenes Lernen im Geschichtsunterricht für die Sekundarstufe. Wien 1999.

Thurner, Erika: Die stabile Innenseite der Politik. Geschlechterbeziehungen und Rollenverhalten. In: Albrich, Thomas u.a. (Hrsg.): Österreich in den Fünfzigern. Wien 1995, S. 53-60.

Tomlinson, Carol A.: How to Differentiate Instruction in Mixed-Ability Classrooms. Upper Saddle River. New Jersey 2005².

Trautwein, Caroline: Vom Wissensvermittler zum Lerncoach? In: Praxis Schule 6/2009, S. 5-8.

Tschirner, Martina: Lernstationen als Chancen für Differenzierung. Am Beispiel des Themas „Kindheit und Jugend in der DDR". In: Geschichte lernen 131/2009, S. 48-69.

Vaupel, Dieter: Das Wochenplanbuch für die Sekundarstufe. Schritte zum selbstständigen Lernen. Weinheim und Basel 1995.

Voß, Reinhard: Die neue Lust auf Unterricht und das Wissen, sich auf eine „ungemütliche Sache" einzulassen. In: Ders. (Hrsg.): Unterricht aus konstruktivistischer Sicht. Die Welten in den Köpfen der Kinder. Weinheim und Basel 2005, S. 8-13.

Wallrabenstein, Wulf: Offene Schule – offener Unterricht. Ratgeber für Eltern und Lehrer. Reinbek bei Hamburg 1997.

Weinert, Franz E.: Vergleichende Leistungsmessung in Schulen – eine umstrittene Selbstverständlichkeit. In: Ders. (Hrsg.): Leistungsmessung in Schulen. Weinheim und Basel 2001, S. 17-31.

Werner, Johannes: Geschichte. Grundlagen, Arbeitstechniken und Methoden. Freising 2005².

Westermann Geschichtsatlas. Braunschweig 2000.

Willner, Mark et al.: Global History and Geography. New York 2006.

Windischbauer, Elfriede: Offene Lernformen im Geschichtsunterricht. In: Geschichte in Wissenschaft und Unterricht 11/2006/Jg. 37, S. 628-649.

Windischbauer, Elfriede: Planarbeit. In: Günther-Arndt, Hilke (Hrsg.): Geschichtsmethodik. Oldenburg 2007, S. 99-102.

Windischbauer, Elfriede: Leistungsfeststellung im kompetenzorientierten historisch-politischen Unterricht. In: Historische Sozialkunde 1/2009, S. 14-24.

Winter, Felix: Leistungsbewertung. Eine neue Lernkultur braucht einen anderen Umgang mit den Schülerleistungen. Baltmannsweiler 2006 (Winter 2006a).

Winter, Felix: Diagnosen im Dienst des Lernens. Diagnostizieren und Fördern gehören zum Unterrichten. In: Friedrich Jahresheft 2006, S. 22-28 (Winter 2006b).

Winter, Felix: Auf dem Weg zu persönlich bedeutsamen Leistungen. Portfolioarbeit. In: Praxis Schule 5-10. 5/2008, S. 43-47.

Wisinger, Marion (Hrsg.): Land der Töchter: 150 Jahre Frauenleben in Österreich. Wien 1992.

Wustinger, Renate: Mutig individualisieren. – www.bmukk.gv.at/medienpool/17423/mat_wustinger.pdf [31.1.2010].

Zweig, Stefan: Die Welt von Gestern. Erinnerungen eines Europäers. Frankfurt/M. 1993.

Internetquellen

www.mauthausen-memorial.at/index_open.php [30.5.2010]

www.institut-beatenberg.ch/seite.php?top_id=3&nav_id=111&unav_id=34&unav_modul=0 [25.7.2010]

www.auswandererbriefe.de/regionale.../BB_Prang-10-04-1887.doc [3.3.2010]

www.wasistwas.de/geschichte/alle-artikel/artikel/link//b200c2499c/article/die-schlacht-bei-trafalgar/-7c05c71e06.html [27.8.2010]

www.hanisauland.de/lexikon/a/absolutismus.html [25.7.2010]

www.politik-lexikon.at/absolutismus [25.7.2010]

www.bpb.de/popup/popup_lemmata.html?guid=GBZY76 [25.7.2010]

www.statistik.at/web_de/statistiken/bevoelkerung/geburten/index.html [10.10.2007]

www.statistik.at/web_de/statistiken/bevoelkerung/geburten/index.html [10.10.2007]

http://home.twin.at/vs_dietersdorf/sch_1950.htm [1.6.2010]

www.youtube.com/watch?v=072LrlGvSq8&NR=1 [2.7.2011]

www.youtube.com/watch?v=V0lgdSxtZU0 [2.7.2011]

www.youtube.com/watch?v=rKL3YBWMFsw [2.7.2011]

www.youtube.com/watch?v=ehzMutTngCw [2.7.2011]

Bildnachweise

Le Nouove Generazioni. In: Gioventù Fascista, a I/n.4 (12.4.IX).

Martin van Meytens: Maria Theresia, um 1750, Gemäldegalerie der Akademie der bildenden Künste, Wien.

Reproduktionszeichnung: Illustration von M. Feyerer-Fleischanderl, in: Geschichte live 2. Veritas Linz, 2. Aufl. 2009.

Karikatur zur Kuba-Krise aus der britischen Zeitung „Daily Mail" von 1962, zitiert aus Spiegel-Verlag, Hamburg, 1962: Der Spiegel/44.